中学语文现当代文学作品教学研究

谭华 杨荣 王星虎 主编

线装书局

图书在版编目（CIP）数据

中学语文现当代文学作品教学研究 / 谭华，杨荣，王星虎主编. — 北京：线装书局，2023.2
ISBN 978-7-5120-5273-4

Ⅰ. ①中… Ⅱ. ①谭… ②杨… ③王… Ⅲ. ①中学语文课—教学研究 Ⅳ. ①G633.302

中国版本图书馆CIP数据核字（2022）第223333号

中学语文现当代文学作品教学研究
ZHONGXUE YUWEN XIANDANGDAI WENXUE ZUOPIN JIAOXUE YANJIU

主　　编：	谭　华　杨　荣　王星虎
责任编辑：	姚　欣
出版发行：	綫裝書局
	地　　址：北京市丰台区方庄日月天地大厦B座17层（100078）
	电　　话：010-58077126（发行部）010-58076938（总编室）
	网　　址：www.zgxzsj.com
经　　销：	新华书店
印　　制：	成都市兴雅致印务有限责任公司
开　　本：	710mm×1000mm　16开
印　　张：	16.5
字　　数：	310千字
版　　次：	2023年2月第1版第1次印刷
定　　价：	78.00元

前　言

　　现当代文学作品在中学语文教材中占据了较大篇幅，无论是现当代小说、散文还是诗歌，都在中学语文教材中发挥着举足轻重的作用。在此类体裁篇目的教授过程中，语文教师需在关注学生学情的基础上，着力研究其时代性和独特性，才能在教学过程中将学生、文本、课堂有效地结合起来。如何尽可能地向学生诠释文本的内容主旨以及如何有效地引导学生走进文本，并能在教师的引导下学会赏析文本，教学策略的合理运用就显得尤为重要。值得注意的是，哪怕是同一体裁的文章，类型不同，教学策略及应用方法的选择也应有所不同，必须有相应的侧重性才能合乎文本的特性以及学生的特质。

　　例如，针对现当代散文篇目的学习，应关注其所具有的诗性及小说性特征，摒弃单纯地从小说六要素着手、生硬地肢解小说的传统手法，引导学生学会鉴赏、学着把握散文的审美性特征。此外，还需根据其本身丰富的内涵、较强的审美性，着力提升学生的语文能力和审美能力，并树立学生正确的价值观念。再如，现代派小说在中学语文教材中所占据的重要地位，尤其是在高中语文教材中，无论是西方的现代派文学，还是受西方现当代文学思潮影响下的中国现当代文学，选入到语文教材中的有关篇目都对一代又一代的中学生产生了重要的影响，如卡夫卡的《变形记》、伍尔夫的《墙上的斑点》、贝克特的《等待戈多》等等。故此，采用行之有效的教学方法对小说的象征性、荒诞性、心理性和不确定性进行深入探究将有助于小说教学的进一步延伸，例如：比较阅读法、文本细读法、图式建立法和意识追踪法等，紧扣文体特点、编者意图和教学现状。

　　此外，与之切合的教学方法的运用也将提升现代散文阅读教学的研究。如批注式阅读法，在阅读的过程中记录自身的感受、理解、评价和质疑，而意随文生是批注式阅读最突出的特点之一，以批注的形式将阅读过程中的随感呈现出来，鼓励自由和创意性的表达。散文文体的笔法自由、随意赋形，与批注式阅读法的意随文生有异曲同工之妙两者的有机融合更加相得益彰。再如，精读法在中学语文现代诗歌教学中的应用研究也是值得深入探索的，学生在充分领会和感悟文本的基础上，以自己的情感来构建文字意义，然后获得阅读体验和情感升华。在课堂教学活动中，教师作为活动的引导者，要以学生为主体，引导学生主动运用精读策略去精读现代诗歌，帮助学生更加有效地阅读现代诗歌。除此之外，体验式阅读教学法对现当代散文的教学研究也有着独特的意义，因为，体验式教学是教学过程中根据学生的认知特点和规律，通过构建还原情境，来展现教学内容，使学生在亲历的过程中产生情感体验，生成新意义的一种教学形式。在体验式阅读教学中，要让学生去体验、探究、发现，进而产生感悟与思考，从而达到语文课程标准中要求的工具性与人文性相统一。

事实上，现当代文学作品在中学语文教材中所具有的独特意义对于一线的语文教育工作者而言是有目共睹的，在本书中将进行详细的论述，此处不再赘述。本书的研究及论述主要基于与之相关的研究综述和教学实践及教学案例，笔者虽竭尽全力但难免有不尽之处，期待同仁和读者的指正。

目 录

前　言 ··· 1

高中现当代散文体验式阅读教学策略研究 ··· 001

　　摘　要 ··· 001
　　绪　论 ··· 002
　　第一章　高中现当代散文体验式阅读教学的核心概念界定 ················ 007
　　第二章　高中现当代散文体验式阅读教学的价值和意义及二者之间的关系
　　　　　　··· 016
　　第三章　高中现当代散文体验式阅读教学的现状及成因 ················· 021
　　第四章　高中现当代散文体验式阅读教学的实施策略及应用 ·········· 024
　　结　语 ··· 034
　　参考文献 ·· 035
　　附　录 ··· 037

现当代散文的诗性和小说性特征及其教学策略研究 ········ 042

- 摘　要 ········ 042
- 绪　论 ········ 043
- 第一章　散文相关概念及特征界定 ········ 047
- 第二章　现当代散文教学中存在的问题及其突破的重要性 ········ 058
- 第三章　基于诗性和小说性特征的现当代散文教学策略 ········ 066
- 结　语 ········ 081
- 参考文献 ········ 082
- 附　录 ········ 084

高中现代散文批注式阅读教学研究 ········ 095

- 摘　要 ········ 095
- 绪　论 ········ 096
- 第一章　高中现代散文批注式阅读教学概述 ········ 103
- 第二章　高中现代散文阅读教学现状 ········ 117
- 第三章　高中现代散文批注式阅读教学策略 ········ 135
- 结　语 ········ 154
- 参考文献 ········ 155

精读在中学语文现代诗歌教学中的应用策略研究 ……… 158

 摘　要 ……… 158
 绪　论 ……… 159
 第一章　现代诗歌教学中精读策略的理论基础 ……… 162
 第二章　建构主义理论在中学语文现代诗歌精读教学中的应用策略
    ……… 167
 第三章　多元智能理论在中学语文现代诗歌精读教学中的应用策略
    ……… 174
 第四章　元认知理论在中学语文现代诗歌精读教学中的应用策略 ……… 180
 结　语 ……… 188
 参考文献 ……… 189

高中语文现代派小说教学策略探究 ……… 191

 摘　要 ……… 191
 绪　论 ……… 192
 第一章　高中语文现代派小说选文研究及教学现状 ……… 199
 第二章　现代派小说文体特点及教学内容的选择 ……… 210
 第三章　高中语文现代派小说教学策略 ……… 221
 结　语 ……… 246
 参考文献 ……… 247
 附　录 ……… 250

高中现当代散文体验式阅读教学策略研究

王 雪

摘 要

体验式教学是教学过程中根据学生的认知特点和规律,通过构建还原情境,来展现教学内容,使学生在亲历的过程中产生情感体验,生成新意义的一种教学形式。在体验式阅读教学中,要让学生去体验、探究、发现进而产生感悟与思考,从而达到语文课程标准中要求的工具性与人文性相统一。因此在语文课程标准的要求下,把体验式阅读运用于高中现当代散文教学是十分必要的。本文从体验式阅读教学的基本理论出发,立足于高中现当代散文阅读教学缺少体验的现象,探讨了有关高中现当代散文体验式阅读教学的实施策略。

绪论部分主要介绍了本论文的研究源起,文献述评,研究意义,研究方法以及研究创新。

第一部分主要对"现当代散文"和"体验式阅读教学"这两个核心概念进行了阐述。明确了本研究中"现当代散文"的范围和类型,分析了"现当代散文"的特征,以及对"体验式阅读教学"的概念及特征进行了界定和分析,为探讨体验式阅读在高中现当代散文教学中的实施奠定了理论基础。

第二部分主要对体验式阅读教学的价值与意义进行了阐述。实施体验式阅读教学能够确保学生的主体地位,提升学生的审美能力,激发学生的创新能力等。同时,在这一部分中也对体验式阅读教学与现当代散文两者之间的关系进行了阐述,为本论文的策略探究提供了理论依据。

第三部分分析了高中现当代散文体验式阅读教学存在的现状。包括以下四个方面:不分文体,忽视体验局限;压缩时间,虚化体验的过程;设定前提,限制体验的范围；脱离文本，泛化体验的内容。同时，在这一部分中也对存在这些现状的原因进行了分析。

第四部分重点研究了体验式阅读在高中现当代散文教学中的实施策略，增加体验的时间，拓宽体验的范围。同时，笔者将从现当代散文的文体特征出发，提出具体的策略，为一线教师运用体验式阅读教学提供了思路。

关键词：高中；现当代散文；体验式阅读教学；策略研究

绪　论

一、研究缘起

散文是高中语文教学的重要组成部分，高考分值较高，其地位意义重大。因此在《普通高中语文课程标准（2017年版）》中的学习任务群5中明确："本任务群旨在引导学生阅读古今中外诗歌、散文、小说、剧本等不同体裁的优秀作品，使学生在感受形象、品味语言、体验情感的过程中提升文学欣赏能力，并尝试文学写作，撰写文学评论，借以提高审美鉴赏能力和表达能力。"[1]《普通高中语文课程标准（2017年版）》在"学习目标与内容"中提到："要感受作品中的艺术形象，理解欣赏作品的语言表达，把握作品的内涵，理解作品的创作意图。结合自己的生活经验与阅读写作经历，发挥想象，加深对作品的理解，力求有自己的发现。"[2]还有"从语言、构思、形象、意蕴、情感等多个角度欣赏作品，获得审美体验，认识作品的美学价值，发现作者独特的艺术创造。"[3]在语文课程标准中提到的要求中，可以充分地说明散文在高中语文教学中的重要作用，更有利于提升学生的文学审美能力、鉴赏能力以及表达能力的培养。

同时，作为语文学习的基础知识之一，学生学习散文是必不可少的。在《普通高中语文课程标准（实验）》中也曾明确指出"体验"对语文教学的作用。明确指出："充分调动自己的生活经验和知识积累，在主动积极的思维和情感活动

---

[1] 普通高中语文课程标准：2017年版 / 中华人民共和国教育部制定 [S]. 人民教育出版社，2018：17.

[2] 普通高中语文课程标准：2017年版 / 中华人民共和国教育部制定 [S]. 人民教育出版社，2018：17.

[3] 普通高中语文课程标准：2017年版 / 中华人民共和国教育部制定 [S]. 人民教育出版社，2018：18.

中，获得独特的感受与体验。"[1] 由此可见，想要学好散文，对文本中作者所流露的情感而言，体验是不可缺少的过程之一。学生通过体验的过程能够更好地体会作者的情感，走入文本，走进作者，从而提高学生对于学习散文的兴趣。所以，要如何在课堂中引导学生的体验，也就成了散文教学中的重要内容。

在语文阅读教学的过程中，部分教师所教授的阅读内容多是以高考所涉及的知识为主。学生机械记忆教师教授的高考所涉及知识，而逐渐对阅读的内容失去兴趣。在语文阅读教学过程中，教师往往会按照设计好的教学目标而进行教学，对文本中内容进行浅层分析，对文本中作者所流露的情感停留于表面，从而很难调动学生学习相关知识的积极性以及对文本内容的思考。长此以往，语文教学会更偏重工具性，而轻人文性，对学生的长远发展会造成极大的影响。

在阅读教学中，为了能激发学生对文本的热情与兴趣，在具体情境中体察文本中浅表、隐藏的各种信息为己所用，进行研究与探索。在探索中发现，体验式阅读的方法较适用于高中散文阅读教学，并且教学效果较明显。它使阅读成为学生个性化的行为，能够很好地提升学生的阅读能力、审美能力以及鉴赏能力。

二、文献述评

（一）有关体验式教学的研究

在国外的体验式教学的教育思想，我们可以追溯到古希腊时期，杜威的经验主义教育思想以及卢梭的自然主义教学思想。杜威在《经验与教育》一书中，提出的新三中心论，"学生中心""经验中心""活动中心"，认为个人在社会生活中与人接触时，会相互影响、相互学习，逐渐习得社会生活的能力。由于经验与生活紧密联系，能够很好地促进个人的成长。同时，也强调了学生不应该只从课本上获取知识与能力，还要从生活中汲取经验。

我国教育家对体验式教学提出了一些定义，对于体验式教学的含义、特征、方法、评价、策略进行了综合的分析与探究。代表性的著作有辛继湘的《体验教学研究》（2005年），强调体验教学以人的生命发展为根本，应该注重学生的主体地位，发挥学生的主动性，去积极发现与探索文本之中的内容。

杨四耕的《体验教学》（2005年）书中介绍了体验式教学的含义与特征，除此之外还对体验的过程、方法、评价进行了进一步的阐述。钟启旸的《体验式课程的教学知识》在书中介绍了体验式学习的意涵与理论基础，也包括了体验式学

---

[1] 普通高中语文课程标准：实验 / 中华人民共和国教育部制定 [S]. 北京：人民教育出版社，2003：8.

习在教师的教学法内容中如何发展的问题。

还有一些学术论文与期刊对体验式教学概念的界定、体验式教学的目的以及在教学中具体的实施策略等方面进行了详细的阐述：

李宪勇、李香娥的《体验教学：含义、特征与实施》，在本篇期刊中重点分析了体验教学的特征，包括有主体性、生命性、情感性、生活性、亲历性、个体性等。对教学中具体的实施策略也进行了进一步的阐述，包括有转变教师的传统观念、积极的创设情境、关注个体感受等。

闫守轩的《体验与体验教学》，在本篇期刊中认为教学中的体验过程是师生之间的一种沟通交流的过程，同时也是不断对生命活动的探索过程，在交流互动中感受生命、发展生命。

刘方芳的《浅谈体验式语文教学》，认为体验式教学的目的是全面提高学生素质，提升学生的阅读兴趣，培养学生的创造能力，促进学生整体发展的过程。与此同时，在本篇期刊中，也提到了有关于体验式教学在实践中的策略，包括运用音乐情境、运用多媒体情境、分角色朗读、分角色扮演等。

（二）有关语文体验式阅读教学的研究

在杨四耕所著的《体验教学》（2005年）中对体验式阅读教学进行了简单的概述，并介绍了阅读文本的体验式模式主要有三种："通读文本，整体感悟；精读文本，加深体验；拓展文本，丰富体验。"[1] 对于这三种体验模式而言，重点强调了体验的过程中要走进文本、走进作者，重视对文本的分析与挖掘，结合相关的背景知识，走入作者所传递的情感之中。

同时，于漪老师也对语文体验式阅读教学进行了阐述，认为学生在语文阅读的过程中，应当注重从自身的个性特点出发，结合自己的语文阅读能力，深入文章内容，真正地走进文本，获得自我阅读能力的提升。所以在体验式阅读教学过程中，教师要积极地引导学生，能够联系生活相关的内容进行体验。

在体验式阅读教学的研究中，比较有代表性的论文有王叶婷的《高中语文体验式阅读教学探索》、邓君的《高中语文体验式阅读教学研究》、戴蓉菁的《体验式文学阅读教学初探》以及周建的《体验式阅读教学——高中语文新课程教学研究及实践探索》等。他们都在论文中对体验式阅读教学的概念界定、体验式阅读教学的特征以及在教学中实施的策略都做出了具体的阐述。

同时，还有一些期刊对体验式阅读教学进行了阐述，有沈凤臣的《体验式教学在语文阅读教学中的策略探究》（《语文学刊》，2015年），认为语文体验式阅

---

[1] 杨四耕.体验教学[J].福州：福建教育出版社，2005：144.

读教学有以下的实施策略："在情感朗读中体验、在语言想象中体验、在活动互动中体验和在对话交流中体验。"[1] 有房小磊的《高中语文体验式教学策略探究》，认为在语文体验式阅读教学中的应用策略包括创设情境、反思对比、实践体验等。在本期刊中还重点强调了在语文阅读教学中，要注重学生的主体地位。也提出了大多数教师对体验式阅读教学的误区，创设情境的过程中不应该过多地使用多媒体课件，而应针对文本内容而选择多媒体的使用。

通过以上文献我们可知，在语文学科中体验式阅读教学已经被更多的教师所接受，并运用于教学之中。我们可以发现它与传统式的教学方式有很多的不同之处。传统式教学课堂氛围较为沉闷，多以教师灌输式为主。而体验式教学课堂氛围较为活跃，注重学生的主体地位。

对传统式教学与体验式教学的差异进行了总结，如下表：

教学方式	传统式教学	体验式教学
对比内容	课堂沉闷	课堂活跃
	机械记忆	学习后反思
	教师与学生单向沟通	教师与学生双向沟通
	以教师为中心	以学生为中心

通过对比我们可以发现，在应试教育的影响下，教师强调知识的灌输，忽视了学生的个体情感的体验。没有亲自体验的语文教学，必然缺失生命的色彩。所以，当今的教学中我们急需体验式教学的加入，在学习系统知识的同时，特能够在体验中感悟，在体验中创造知识。

（三）有关散文体验式教学的研究

在中国知网查找到的有关散文体验式教学的文献很少，主要的论文也仅有1篇，且为初中阶段，傅娜的《初中散文体验式教学研究》。

三、研究意义

（一）理论意义

传统的阅读教学中重视传授，教师与学生之间是教—受的关系。学生拘泥于文本，机械地进行学习，忽视了语文学科的人文性，所以很难达到良好的学习效果。而体验式阅读教学的出现，改变了传统的阅读教学方式。体验式阅读教学重

---

[1] 沈凤尘.体验式教学在高中语文阅读教学中的策略探究[J].语文学刊，2005（8）：98.

视探究，将老师与同学之间的关系定性成你——我的关系，这样师生之间的沟通就会处于一种平等的状态。此种教学模式改善了传统阅读教学中重工具性的观念，而鼓励学生发挥想象，真正体会到文学中所蕴含的魅力。笔者希望本文的研究成果能使课堂教学方式更加多样，提升学生对于散文阅读的学习能力。

（二）实践意义

在高中现当代散文中实施体验式阅读教学的方式，一方面，能够有利于教师在教学过程中重视文本的内容，能够深层次地去分析与挖掘文本，去体会文本中更深层的内涵，感受与体验作者内心的情感世界。另一方面，也有利于增强学生对文本的理解能力，唤醒自我的创造能力与想象能力。在学习的过程中，学生将自身经验与他人经验进行积累与转化，并获得个性化的阅读体验。从而提升学生的语文阅读素养与能力，为学生未来的发展做好铺垫。

四、研究方法

1. 文献法：通过查阅相关的文献资料，对体验式阅读教学的含义、特征、体验目的以及在教学过程中的具体实施策略等内容有了一定了解，从而确定了本论文的研究方向。

2. 访谈法：通过与一线教师谈话的方式，对教师备课的准备、教学过程等方面有了一定了解。同时也通过与学生之间的谈话，掌握了在散文阅读课上学生的基本学习情况以及学习状态等。通过对教师和学生双方的谈话内容，促使了本论文研究内容的真实性与实用性。

3. 案例分析法：通过查阅相关的文献资料、课堂实录、教学案例等途径，来收集关于体验式阅读在高中散文教学中的应用资料，并选择合适的教学策略。通过综合性的整理与分析，完成高中阅读体验的过程。在此基础上，制定合理的散文阅读教学的实施策略，从而有效地引导教师合理地利用体验式阅读的方式完成散文教学的任务。

五、研究创新

从文体特征的角度入手解决教学问题，提出有效的教学策略与方法。有效地拉近作者与学生的距离，学生与文本的距离。使学生真正地走入文本，走进作者，体会作者所流露的真挚情感。真正落实到散文中所要学习的知识，为高中散文阅读教学提供思路和方法的借鉴。

第一章　高中现当代散文体验式阅读教学的核心概念界定

第一节　体验式阅读教学的概念界定及特征

一、体验式阅读教学的概念界定

（一）体验的含义

所谓体验，是个体主动地亲历或"虚拟地亲历"某个事件，是以主体实践的方式更好地认识个体的心理活动与客观世界，从而获得一定的情感认知的实践活动。作为一种感性的活动，它将人的全部感官活动引入其中，同时又指向人的内心世界与情感世界。在《现代汉语词典》中，对于体验的解释是利用实践的方式认识周围的世界，主要活动的形式是自己的亲身经历。

我们都知道，在教学中学生学习的知识以间接经验为主。而获得经验的方式有两种，一是通过自己的亲身经历获得经验，二是通过他人的讲述获得经验。也就是说，经验可以通过个体亲身经历所获得。由此可见，体验和经验有着密切的联系。在整个学习的过程中，学生学习的都是前人的间接经验，但在这些间接经验的学习中，每个人所体验出的情感却都是独一无二的。所以对学生来说，这些间接经验是他们体验的基础，而他们的体验则是对这些间接经验的升华。但是在教学中，由于学生自身的体验与间接经验存在着差距，所以教师要通过合理地创设教学情境来缩小学生体验与经验的差距，以便让学生更好地体验间接经验。

（二）体验式阅读教学的含义

在传统式的教学中，课堂多是偏重于灌输，学生被动地接受老师所给出的信息，忽视了学生的主体地位。在此过程中主体缺少对文本的参与，从而使学生对阅读课失去学习的兴趣。那么，在体验式阅读教学的方式中，就是将学生的被动接受变成主动，主动参与到阅读之中，拉近师生之间的交流，拉近学生与文本之间的距离。也可促进老师、同学之间的探讨与交流，让学生形成对文本的独特见解与思维方式。而体验则是需要主动亲历的行为，所以体验在语文阅读教学中是必不可少的。

在语文体验式阅读教学中，体验是与个体紧密相连的，更注重个体人格与身心发展的过程。体验式阅读教学不再只关注对文本知识的识记与理解，而更注重的是感知文本中人物、行为、事件以及思想感情。主体主动地参与到文本之中，用心去与文本交流，把得到的感受刻在脑海之中。

在语文阅读教学中强调体验的作用，因其阅读本身就是一种体验的过程。一部好的作品是作者对生活、情感、生命体验的过程，学生在阅读时就是对作家所抒发的情感进行体验的过程。如在《小狗包弟》中，作者巴金通过叙述了一条小狗的悲惨遭遇，包弟与我们一家人的相处，从而体现出作者对包弟的同情与愧疚之情。如果巴金没有亲身经历这些事情的话，他是很难写出这样感情真挚、情感深刻的作品来。所以，对于一部作品而言，就是作家的一种体验过程。学生在阅读后可以根据自身经历去体验作家的情感，从而生成新的情感体验。

在体验式阅读教学中，是师生之间的交流沟通过程，与文本之间的对话。其中文本中的人物、事件等方面都蕴含着作者对人生的体验以及对生命的反思，这些体验和反思使文章具有价值与意义。语文体验式阅读教学鼓励学生感受与体会文本的内容，通过调动已有的生活经验、生活经历去感受作者所抒发的情感，去体会文本情感之中的深刻内涵，从而达到更好的阅读效果。

以高中语文阅读教学为例，上文中指的间接经验在阅读教学中就是作者的作品，而作者通过自己对生活、生命、情感等方面的体验，有感而发形成了这些作品。然而，由于有些作品与学生存在时间与空间上的差距，以至于学生无法体会其中蕴含的深刻情感。所以，这就需要教师通过创设情境，在情境之中引起学生对文本的兴趣，从而调动学生的亲身经历去体会文本情感之中的深刻内涵。同时这也是教师实现教学目标的一种教学方式，在完成教学任务时，也可以提升学生的阅读能力。

二、体验式阅读教学的特征

（一）个体独特性

一千个读者有一千个哈姆莱特，对每一位读者来说，在完成一篇文章的阅读后，都会有属于自己独特的阅读体验。每个人的生活经验与阅读能力都不相同，因此导致每位读者的阅读体验产生的原因也有很大的不同。同时，阅读是个人行为，体验也是不能被替代的。在面对同一篇文章，重复阅读很多次时，所产生的体验也是不相同的。因此，在语文阅读教学中，教师要将学生们看作是独立的个体，从而使学生获得对阅读所产生的独特体验。

在语文阅读教学过程中，读什么是受客观条件所限制的，是不可被选择的。但是，对于怎么去读、读后会有哪些感受是可以由学生所选择的，都是学生个性化的行为。同时，在阅读教学过程中，教师不应该把自己对文本内容的理解与分析来替代学生。而是要让学生成为阅读的主人，给他们提供一个可以自由选择的阅读的空间，作为独立的个体去获得相应的情感体验。

（二）多元开放性

传统的阅读教学是一种自我封闭的模式，大多数教师局限于课前所准备的教学目标，上课形式多是一成不变的。其形式多是以作者为中心，以文本主旨为中心，以教参为解读文本的参考依据，且多以讲授法为主要的授课方式。在整个教学过程中，学生的学习过程是机械的、沉闷的、缺乏乐趣的。

体验式阅读教学则与传统的阅读教学有着本质的不同。在以往的阅读教学中，教师只关注着与语文课本相关的课外读物，而体验式阅读教学则注重让学生从生活中选取，把选取合适的读物加入到学生的阅读当中，让学生在一个开放自由的文学世界中遨游。从多方面吸收营养，让学生逐渐喜爱阅读课。且体验式阅读教学受接受美学的影响，不再以作家、文本为中心，也不再以单纯讲授知识的方式进行教学。而是将教学过程看成是一个非预设的、动态的过程。师生立足于文本，各自敞开独特的经验世界、情感世界以及精神世界。师生对文本进行分析与解读，在解读与交流中使不同的想法进行碰撞，经过激烈的冲击，最后达到互相理解与接纳。不再把自己局限在课本的字词句中，也不再专注于死记硬背一些知识点。所以只有开放式的阅读教学课堂，才会更好拉近师生之间的距离。让学生吸收多元化的知识，才能更好地提升学生的阅读质量。

（三）平等对话性

长期以来，在传统教学中教师都是作为课堂上的主角，在教学中讲授课本上的知识及道理，控制着课堂中学生的活动。在教学的过程中，学生一般作为配角与听众，学生按照教师的步骤一步一步地进行阅读，被动地接受教师经过自己的阅读经验总结而来的知识，而学生也只能记录教师咀嚼过的知识。也有一部分教师为了活跃课堂氛围，象征性地提出一些问题，但学生大多数也都是敷衍了事地回答。在教师占据课堂主体地位的教学中，虽然教师与学生有一定的交流，但是这种交流是不平等的。教师这种填鸭式教学实际上并没有真正地完成教学任务，学生的学习能力也没有得到实质性的提升。因此，在体验式阅读教学中，打破了这种没有交流的师生关系，打破了在课堂上教师垄断一切话语的权利，树立起教师与学生平等对话的权利，也加强了学生与作者之间的对话与交流。

所谓的平等，不仅仅是语言层面交流的平等，更为重要的是精神层面的平等。即使教师的年龄与经验远远高于学生，但是教师应当尊重学生的课堂主体地位，将话语权还给学生。在此过程中教师不可过于严厉，将学生拒而远之。而可以像一位可信任的朋友，用足够的耐心去倾听学生内心所发出的声音，从而去理解与接纳学生的想法。在散文体验式阅读教学过程中，教师可以利用问题讨论的方式，拉近与学生之间的距离，充分给予学生尊重。通过认真地倾听学生的想法，去发现学生在阅读中所存在的问题，并积极引导学生的思考。教师在对话中将自己的观点呈现给学生，可以让学生对其观点进行点评，而不是一味地给学生灌输自己的观点。通过对话的方式使学生与教师共同成长，共同感受生命的价值与意义。

（四）内在生成性

体验式阅读教学是以学生体验为中心的教学，主要是主体内部认知结构重组的过程，是一种心理与精神上结合的活动，具有内在生成性。在学习的过程中，让学生通过主体的自主选择与重组，经过一系列的心理活动，将作者笔下的语言转化为具体的情境。然而这一系列的活动，都是在主体内部进行的，只有自己能感受到，其他人是无法感知到的。在主体内部的体验是清晰可见的，可以从主体的外部动作以及细微的表情变化中感受到。而有一些体验与感受还是一种模糊的状态，学生是无法用言语表达出来的。但是这种体验到的感受又是真实存在的，会存在于主体的潜意识之内，保留在主体的内心深处。在未来的情感体验过程中，与当时的产生的体验与感受生成一种新的体验。

（五）情感体验性

体验式阅读教学是一种具有情感体验的教学方式，这种方式在阅读教学的过程中十分注重培养学生的情感体验。利用学生用已有经历与经验去感受与体验作品本身所蕴含的情感和哲理，最后再生成一种更深刻的情感体验。这种情感体验会潜藏在学生的内心深处，在未来的某次情感体验中又有可能被唤起，再次生成新的情感体验，使之作品中作者流露的情感得到进一步的升华。从而为培养学生的阅读能力、审美能力、创造能力提供了方向。

以上的论述，是笔者对体验式阅读教学的核心概念以及特征进行的阐述，目的在于为进一步研究本论文奠定良好的理论基础。

第二节 现当代散文的概念界定、类型及特征

一、现当代散文的概念界定

（一）散文的概念

"散文并不是一种严格意义上的文体概念，它只是在文学实践过程中约定俗成的文本概念。对散文的定义，向来用'排除法'。也就是说，凡是在文体上说

不清、道不明的，就会被放进'散文'的这个框里。"[1]

在中国古代，"散文"一词大约最早出现在北宋太平兴国时期。《辞海》中认为：中国六朝以来，为区别韵文与骈文，把凡不押韵，不重排偶的散体文章统称"散文"。

（二）关于现当代散文概念的讨论

现当代散文包括现代散文和当代散文，因二者之间不论是文体上的特征还是理论发展方面都有十分紧密的联系，所以一般将两者一并讨论，称为现当代散文。

现代散文是近数年来出现的一种新型的散文，主要指1919年—1949年间的散文。从"五四"新文化运动到中华人民共和国成立的这30年间，中国现代散文就像雨后春笋一样破土而出，一夜间生根发芽，绽放花蕾。因此面对此情此景，各界学者展示出了强烈兴趣，开始探究起这种新文体的来龙去脉。20世纪初，梁启超就在《中国散文理所表现的感情》提出了"新文体"的概念，"务为平易畅达""纵笔所至不检束""其文条理明晰，笔锋常带感情"。其后，刘半农提出"文学的散文"这一概念，认为散文应该是文学的散文而非文字的散文。周作人称"文学的散文"为美文。王统照将叙述的散文、描写的散文、激动的散文、教训的散文、时代的散文等五类文学散文合称为"纯散文"。可以看到，刘半农等人都强调现代散文应该具有文学性，这就将散文与应用文、学术论文等文体区分开来，此外还强调散文是表达自己的个人的人格色彩。由此可以看出来，在这30年间，学界已经有了一个对散文内涵的统一的标准和审美追求。

当代散文则是指中华人民共和国成立后直至今日的散文创作。这一时期的散文主要继承了四十年代解放区以纪实为主的纪实性散文和古典散文，纪实性散文导致中华人民共和国成立初期"通讯""报告"极盛一时，古典散文则促成六十年代"诗"化的散文创作的热潮。

在王荣生的《散文教学教什么》中，认为"在中国现代，小说、诗歌、戏剧等，被称之为纯文学，散文则被称之为杂文学，文学作品中除去小说、诗歌、戏剧之外，都是散文。在当代，散文的地盘被进一步挤压。凡是形成了文学规范、能指明文类特征的文章，逐渐从散文中分离出去，比如通讯、特写、报告文学、报刊言论文章、传记、演讲、科普小品、学术礼记、语言、通化、儿童

---

[1] 王荣生.散文教学教什么[M].上海：华东师范大学出版社，2014：25.

故事等。"[1]

认为在中学语文教学中的"散文"特指"现代散文",主要分为以下两种:"宽泛的范围是指除去诗歌、小说、戏剧等纯文学和实用文章,并剔除通讯、特写、报告文学、报刊言论文章、演讲词、科普小品、学术礼记等已经独立门户的文章之后,剩余下来的那些文章。紧缩的范围是在上述范围之外,进一步圈出回忆录、序言、杂文、散文诗等文体特征已比较清晰的文类,所剩余下来的那些作品。"那么针对本论文的研究对象,个人比较认可王荣生教授对现当代散文的分类方式。

二、现当代散文的类型及特征

(一)现当代散文的类型

散文作品多以语言优美、思想丰富、耐人寻味为特点。入选高中语文教材的现当代散文作品篇目不仅有以上特点,且更侧重于抒发作者的内心情感。通过写景或者叙事来表达作者对事物的看法,在作品中流露出真实的情感。我们可以大致将人教版现当代散文作品分为以下几类:

1. 写人记事类散文

写人记事类散文主要借以写人和叙事来抒发情感,也称之为叙事性散文。它是以叙事为主线的,且叙事要在字里行间流露着作者的真情实感。在此类散文中内容偏向记事的,则为记事散文;内容偏向写人的,则为写人散文。无论是记事散文还是写人散文都有其共同要遵守的要素:时间、地点、人物、事件。无论作者要如何选材,都应该表达出作品中作者所流露的思想感情。

2. 写景状物类散文

写景状物类散文多是作者抒发自己的主观情感,情感丰富、耐人寻味,故把这类散文称之为抒情散文,侧重于抒情。作者把对自己的生活经验、生活感悟以及对美的发现与认识,通过写人、记事、写景的方式来表达出来。内容上多是以主观抒情为主,其中也会夹杂着叙述与议论来写。

3. 议论随笔类散文

议论类的散文侧重于抒发作者对于某个事件、现象的思考与感受,其明显的特征就是借用议论文的框架与散文的写作手法来抒发作者的情感,并不过多的写人记事与写景状物,这也是议论散文比较突出的文体特征。在此类文章中字里行间都夹杂着强烈的感情色彩以及作者对事件、现象的态度,透过文字可以观察到

---

[1] 王荣生. 散文教学教什么 [M]. 上海:华东师范大学出版社,2014:25.

作者行文时思维的缜密以及清晰的逻辑性。

随笔类散文相比前面几种散文的类型，它具有灵活性的特征，行文自如，不拘一格。在内容上没有特定的主体与格式，可以说是随感而发。作者多在随意漫谈时抒发情感，对生活中任何事情都可以用随笔来记录。所以，其主题多源于生活中的点点滴滴。

笔者将人教版高中语文教材中的现当代散文篇目进行了分类整理，见表1.1。

表1.1 高中现当代散文分类整理

类型	人教版教材	篇目	作者	年代
写人记事	必修一第三单元	《小狗包弟》	巴金	当代
	必修一第三单元	《纪念刘和珍君》	鲁迅	现代
	必修一第三单元	《记梁任公先生的一次演讲》	梁实秋	现代
写景状物	必修二第一单元	《荷塘月色》	朱自清	现代
	必修二第一单元	《故都的秋》	郁达夫	现代
	必修二第一单元	《囚绿记》	陆蠡	现代
议论随笔	必修五第三单元	《咬文嚼字》	朱光潜	现代
	必修五第三单元	《说"木叶"》	林庚	当代
	必修五第三单元	《谈中国诗》	钱锺书	现代
	必修四第三单元	《拿来主义》	鲁迅	现代

（二）现当代散文的特征

关于现当代散文的特征，就是散文的"情"。散文以抒情为主，提倡自由地表达个人内心最真实的情感。但散文的抒情与小说、诗歌的抒情是不同的。如小说的抒情是通过塑造鲜明的人物形象，构建完整的故事情节，情节上的跌宕起伏，从而凸显小说的主题，达到抒情的目的。诗歌的抒情是跳跃自如，凝练集中，给人一种脱离日常生活之感。而散文的抒情，则是基于生活的细节和生活的片段，是与日常生活联系在一起的。由此可知，散文的抒情不是泛泛而谈的，而是通过质朴的语句抒发出细腻又真实的情感。

王荣生教授曾讲过，"散文是日常的，是用常态的心境叙写日常生活。散文记人，很少是大红大紫的人；散文叙事，很少是大起大落的事；散文描绘的景与物，绝非隔世之景、稀罕之物；散文中的谈资，也很少涉及大是大非。"[1] 如高中

---

[1] 王荣生. 散文阅读教学设计的原理[J]. 语文教学通讯，2012，11：33.

必修一第三单元的写人记事散文，《小狗包弟》一文，主要叙述的就是巴金与小狗包弟的故事。《记梁任公先生的一次演讲》一文，主要叙述通过一次演讲过程来体现对老师的崇敬之情。这些散文作品都是描写现实的生活中的人、事、物，都是身边的小事，透过这些小事来抒发自己的情感。在我们的现实生活中，我们有时也会有这样的情感产生。

散文具有真实性的特点。在特定的事件、特定的场景中，描绘着作者真实的经历以及内心的真实情感。由此可见，散文可以通过叙述真人、真情、真景、真物来抒发情感。如《小狗包弟》一文中，通过描述包弟的悲惨遭遇，表现出作者的愧疚忏悔之意，也从侧面展现出那个时代惨无人道的现实。可以说，散文是作者通过具体的真实事件来描绘现实感受和生活境遇的一类文体。

此外散文还具有情感性的特点。侧重于抒发作者内心情感，主要通过真实的情感来打动读者。如高中必修二第一单元的写景状物散文，包括《荷塘月色》《囚绿记》《故都的秋》都是通过对景物的描写，来体现作者的内心情感变化过程，对现实生活美好的追求与向往。在《荷塘月色》中，作者通过对月色与荷塘的描写，来抒发了自己淡淡的哀愁以及对美好生活的向往。由此可见，散文中作者通过真实的所见所闻来抒发内心的感受，其文本中的作者情感变化就是文章的主线。

在特征方面除了常见的日常性、真实性、情感性之外，最重要的应该是散文的诗性与小说性。散文追求真实性，但是在作者创作的过程中，常常也会运用想象和虚构等非真实性的手法。所以，想象和虚构的手法并不是小说所独有的特征。散文又与诗歌有异曲同工之处，如在《陈情表》《出师表》等抒情性散文中，抒发情感等方面更为强烈，并且在叙事语言上富于节奏和音韵美，因而兼具了一些诗的品质。所以散文与诗歌并不是完全独立的，两者可以相互包含。总的来说，"散文可以在保持自身性质的同时，兼容诗的想象、意象、节奏和小说的描写叙述。散文最大的长处即在于把诗这种最主观、最能刺激读者幻想的文学样式，和小说这种最客观、最适宜临摹社会人生的文学样式，将这两者的优点都融会贯通了。"[1] 所以，现当代散文是介于诗歌和小说之间的一种文学样式，且很好地融合了抒情和叙事两个方面的特征。

现当代散文的抒情性。散文情感的表达离不开字句的锤炼、情感节奏的起伏和意境的营造，但是这其中最直观的、最能为读者首先感受到的应该是散文语言的诗性。如朱自清的《荷塘月色》就是以作者心理情绪的变化来体现散

---

[1] 陈剑晖.论诗性散文——兼谈散文与诗歌的异同[J].海南广播电视大学学报.2003, 2: 9.

语言的，文中写"我"心里不宁静，想起荷塘遂决定出门夜游，看到月下荷塘得以暂时平静，回家后想起现实的生活，仍然不宁静。这一情感脉络贯穿了全文，外在呈现出来的就是散文诗化的语言结构，但其内在则是通过诗化的语言表达作者内心的真实情感。另外，散文的语言还具有节奏美，随着情感的波动而产生起伏变化，这种节奏变化是作者内心情感的体现。如郁达夫的《故都的秋》，作者描写秋天景色时，先以南国之秋作为铺垫，从而引出对北国秋天的眷恋。笔锋一转，再写南国之秋不如北国之秋。如此反复，情感跳跃起伏，错落有致，展现出语言和情感的节奏美。同时，诗歌在本质上还注重意境，是指作者融合情感意志对客观对象进行诗意勾勒。而散文的意境则主要是实境，是将客观的人、事、物通过叙事手法而进行感性的升华。现当代散文兼具了诗歌抒情性的特征，用清新明丽，简洁质朴的语言，寥寥数语描绘出生动形象又意境深邃的情感。通过对客观的人、事、物的细腻描写，最终达到情感上的升华，给读者留下更广阔的体验空间。

  现当代散文的叙事性。小说是文学作品里侧重叙事的体裁。小说里有完整的故事情节，鲜明的人物形象，明确的时代背景和贴切的环境。现当代散文在叙事方面着重细节描写，这一点与小说十分吻合。现当代散文中的细节描写主要体现在对人物、事件、景物等方面的刻画中，作者通过描写现实生活中某一普通场景或者某一普通事物的细枝末节来表达自己的细腻情感。如巴金的《小狗包弟》，作者通过叙述包弟与我们一家人相处的时光，体现出对包弟的喜爱之情。但是在"文革"的背景下，不得不把包弟送走，从而表达出作者对于包弟的愧疚之情。通过巴金自己的亲身经历，从而来表现出内心的情感变化。那么题材的真实性始终是散文的主体部分，也是散文题材的基本要求。其虚构的部分只是为某一创作意图而服务，可以在尊重文本本身客观事实的情况下，进行适当的加工与整合。如朱自清的《荷塘月色》，文中在描绘眼前的月下荷塘时就虚写了江南采莲的情节，再联想到当下北方零落凋败的景象，感慨昔日江南的美好时光不知何日能再见，心里是"颇不宁静"的。这种虚构只是在创作时传情达意的一种手段，是以作者在现实生活中的真实体验、真实感受和真实情感为基础的。现当代散文兼具了小说叙事性的特征，作者通过对人物、事件、景物的描述，从而表达出作者内心的真实感受。在学习现当代散文的过程中，我们不应把作者的情感变化停留在叙述的事件上，而是应该通过作者所叙述的事件来走入作者的内心深处，去体验其所表达的真实情感。

  综上所述，现当代散文是其界于诗歌和小说之间，从而带有诗与小说的部分特征，主要体现的是叙事与抒情。在现当代散文作品中，叙事的部分是作者在现实生活的真实体验，以真实情感为基础的，所以在阅读后可根据自身经历去体验作家的情感，从而生成新的情感体验。而对于散文作品中抒情的部分，也是我们学习散文的困难之处。在体会作者情感之时，总是停留在表面诗化的语言，无法真正走进作者的内心世界。针对于此，在学习现当代散文作品时，提供行之有效的情感体验的方式是当务之急。

第二章 高中现当代散文体验式阅读教学的价值和意义及二者之间的关系

第一节 体验式阅读教学的价值

一、有利于激发学生的阅读兴趣，确保学生的主体地位

在实际的教学过程当中，有部分教师依旧采用传统的阅读教学方式。教学中将更多的阅读知识直接传递给学生，学生被动地去接受教师所灌输的知识，在课堂中忽视了学生主体的地位，大大地降低了学生的阅读体验。学生没有时间去读完一篇完整的文章，更没有时间去自主体悟、品味语言以及深入思考。久而久之，课堂上老师在不停地讲解，学生很难真正对文本产生阅读的兴趣，渐渐地学生的自主阅读意识会变得模糊。

学生主体意识是否清醒，是学生的身心能否得到有效发展的标志。主体意识的强弱，在某种程度上决定着学生的身心发展水平与认知程度。对此，要唤醒学生的主体意识，实践是关键，但在教学过程中兴趣才是前提。对于唤醒学生的主体意识，体验式阅读教学是一个很好的教学方式。叶圣陶老先生曾说过："学习是自己的事情，如果不发挥他们自己的主观能动性的话，无论如何都是学不好的。"[1] 体验式阅读教学则需要学生的主动参与，通过联想、想象去体悟作者所要表达的情感，并联系自己以往的生活经验、情感经历去产生对文本独特的情感体验。老师将这种独特的体验加以鼓励、引导，使其推动学生深入地理解与体验。在这个过程中，学生体验到自主发现的乐趣，体会到自身的价值，因而他们会对下一次的学习活动充满期待。学生的主体意识确保了他们在学习过程的主体地位，这也正是新课程标准明确提出的。

---

[1] 叶圣陶. 叶圣陶教育文集 [M]. 北京：人民教育出版社，1994：55.

二、有利于联系学生的新旧知识，提升学生的审美能力

在学习的过程中，学生们不断地积累学习的经验，但是这样的经验往往比较浅显，并没有真正地落实到学生的实际行动中。体验式阅读教学方式则是深入学生的实际中，将学生从原本比较单调的阅读行动中解放出来，让学生结合自己的实践经验进行阅读，并利用自己实际行动解决阅读过程中遇到的问题。同时有效地实现新旧知识之间的联系，从而引导学生获得更深刻的学习体验。

如果学生只是简单掌握阅读知识，无论阅读内容多么的优美，学生依然不能有效地感受到。那么体验式阅读教学则有效地弥补了这一缺点，加强学生对于语文阅读内容的理解，让学生在体验中感受到文章内容的优美。《新课标》明确了高中语文的课程目标，明确了"审美鉴赏与创造是指学生在语文学习中，通过审美体验、评价等活动形成正确的审美意识、健康向上的审美情趣与鉴赏品味，并在此过程中逐步掌握表现美、创造美的方法。"[1] 可以看出语文学习对审美能力的提高有重要的作用。其中包含着文字、内容、情感、意境美，等待着读者去挖掘与体味。那么对美的感知可以称之为审美体验，在体验式阅读教学中，审美体验是非常重要的方面。通过阅读中的审美体验让学生去感受美、认识美的过程，促进学生审美能力的提升。

三、有利于调动学生的联想想象，激发学生的创新能力

传统的语文教学多以灌输为主，教师从教材中提取、分析知识，然后把教师认为重要的内容教授给学生，针对文本的内容实际上都是教师的理解。这样的教学方式导致学生的思维方式是一致性，问题答案是标准的。长此以往，培养的学生只有共性，没有了个性。因此学生之间只会人云亦云，缺乏联想与想象能力。没有联想与想象，也没有了个性，也就没有了创造能力。

于漪曾说过："我们教语文，当然不能把事先准备好的种种知识、结论一股脑儿塞进学生的脑子，捆住他们的想象力、创造力的翅膀，而是应该千方百计地使他们在读写的过程中'思接千载''视通万里'，激发他们深思飞跃、处于创造气氛中，享受丰富的精神生活。"[2] 在语文阅读教学的过程中主要是注重学生的阅读体验，让学生在轻松的氛围中，善于从不同的角度去思考问题，从而有效地调

---

[1] 普通高中语文课程标准：2017 年版 / 中华人民共和国教育部制定 [S]. 人民教育出版社，2018：17.

[2] 于漪. 于漪文集第 1 卷教育教学论 [M]. 济南：山东教育出版社，2001.

动学生各种感官,发挥学生的语文想象力。通过对文章阅读内容的理解,深刻地体会到文章作者的情感。同时,也可以注入自己的理解与情感,从而达到对文章内容的升华与创造。如果在阅读教学中没有了体验的过程,学生很容易失去自我,感受也不会很深刻,也不会有自我建构的能力,更不会有创造内容的发生。

在新课程标准中,曾多次提到要求人们提高思维能力,增强其探索精神与创新能力。其中明确指出了对语文学习除了知识能力的增长外,还要兼顾对学生创新能力的培养。高中生大部分都已成年,心理与生理上都趋于成熟。在他们接受义务教育阶段,对一定的知识积累和阅读能力,观察、分析、判断、感受的能力都有了一定的高度。所以在高中阶段的教学应该更关注学生思考问题的深度与广度,把重点放在培养和发展他们自主探究与创新的能力,使学生掌握探究的方法和探究问题的意识。体验式阅读教学不能教学生如何去创造,但是却可以通过在教学过程中培养学生的创新能力,使学习语文的过程是积极主动地探索。

第二节　体验式阅读教学的意义

一、体验式阅读教学改变了固化的语文阅读教学模式

目前,教育制度正在悄然发生着变化,随之教育模式发生着改变,从一味地追求知识型人才,在向创造型人才而转变。在语文阅读教学过程中,面临高考的巨大压力,教师没有改变过去的教学方式。在这样传统的教学方式下,教师负责灌输知识,而学生只是在接受知识,导致学生与文本的接触时间减少,更不会对文本有深刻的理解。有时教师也会准备几个问题让学生来回答,但是学生的思维都被固化,没有了自己的想法,给出的答案与参考答案并无出入。长此以往,教师只是灌输知识,学生只是学习知识的机器,也少了更多新奇的想法,更不会有自己独特的文本体验。那么体验式阅读教学,目的是为学生打造一个开放且自由的学习课堂氛围。在开放自由的教学氛围之中,学生能有充分的时间与文本之间交流沟通,对文本内容充分理解,使学生在课堂之上处于一种主动积极的状态,积极地分析与思考文本的内容。让学生独立地观察与思考,建构属于自己的知识体系。与此同时,也加强了师生之间、生生之间、生与文本之间的交流。打破了课堂是教师的主场秀的形式,增强了课堂的活跃氛围,改变了以往的上课模式,提高了学生的主体地位。

二、体验式阅读教学促进学生核心素养的发展

高中阶段学生心理与生理上都趋于成熟,对外界事物有自己的理解能力与判

断能力，同时也是学生个性化发展的关键。凡事都喜欢主动地去探索，不再是乖巧吸收老师的灌输。已经不再喜欢机械地背诵知识，而是喜欢主动去理解知识并记忆。因此，在语文教学过程中，教师要重视对学生的思维能力的培养，同时也要让学生真正地走入文本之中，与学生进行交流沟通，对文本内容有更深入的理解。通过与作者深入的交流，对所表现出的人生态度、人生观念有了一定的认识，从而间接影响着学生的身心发展。所以，在学生发展的过程中，并不是只传授知识与技能。是为了培养可以促进社会发展的人，而不是只会学习的人。因此，在教学过程中，教师要正确引导学生对文本情感体验的认识，加强对学生核心素养的培养，使其更好地适应社会发展需要的必备品格和关键能力。体验式阅读教学更加符合当前新课程改革对阅读教学的要求。

第三节 体验式阅读教学与现当代散文的关系

一、体验式阅读教学与语文课程标准相契合

通过研究《普通高中语文课程标准（2017年版）》中，笔者发现"体验"在新课程标准中出现的频率较高。在课程目标中明确提出："感受和体验文学作品的语言、形象和情感之美，能欣赏、鉴别和评价不同时代、不同风格的作品，具有正确的价值观、高尚的审美情趣和审美地位。"[1]"要感受作品中的艺术形象，理解欣赏作品的语言表达，把握作品的内涵，理解作品的创作意图。结合自己的生活经验与阅读写作经历，发挥想象，加深对作品的理解，力求有自己的发现。"[2] 还有"从语言、构思、形象、意蕴、情感等多个角度欣赏作品，获得审美体验，认识作品的美学价值，发现作者独特的艺术创造。"[3] 通过这些要求，可以充分说明体验在教学中的重要作用。从上文的体验式阅读教学的含义我们可知，其体验式教学核心的就是"体验"，这同新课程标准强调"体验"在阅读教学中的重要性是十分契合。

---

[1] 普通高中语文课程标准：2017年版 / 中华人民共和国教育部制定 [S]. 人民教育出版社，2018：17.

[2] 普通高中语文课程标准：2017年版 / 中华人民共和国教育部制定 [S]. 人民教育出版社，2018：6.

[3] 普通高中语文课程标准：2017年版 / 中华人民共和国教育部制定 [S]. 人民教育出版社，2018：18.

二、体验式阅读教学与现当代散文的相通性

（一）情感上相通

由于散文是日常性的文章，并且都是情感真挚的作品。而体验式阅读教学注重学生情感的内在生成，学生通过阅读来体悟作者在文中所流露出的情感，并将其内化为自己的主观感受。所以，在体验式阅读教学中，教师应该给予学生充分的自由，学生可运用体验式阅读的方法与文本进行平等的对话，拉近与教师之间的距离，拉近与作者、文本之间的距离，去体会文本中作者所流露的真情实感，尊重学生的主体性，从个性化阅读中产生独特的见解。

（二）本质上相通

体验式阅读教学强调的是体验，教师在教学过程中创设情境，作为主体的学生经过心理上构建画面或者实践形成一种感同身受的情感，再结合自身的背景，实际情况去"亲身经历"文章中作者所叙述的情景，激发新的体验。与此同时，散文的特征还具有日常性，文章不论是从选材还是内容上都十分贴近生活，甚至更加突出生活，所抒发的情感很容易引起学生的共鸣，调动已有的生活经验、生活经历，对情感起到一个升华的作用，从而激起学生进行体验的兴趣。

（三）目的上相通

文学作品具有强大的感染力，而现当代散文因其自身特殊的表达方式，所展示出来的情感也最丰富。学习散文的目的除了让学生获得相应的文学知识，更重要的是希望学生在积极参与的同时能发现自我，从中获得生命的、精神的、生活的意义。而体验式阅读教学的目的也是充分利用现当代散文中文学作品的人文性，帮助学生养成主动积极阅读的习惯，并从中获得生命的价值与意义。

（四）文体特征上相通

人教版高中语文教材中现当代散文大致分为三类，写人记事散文、写景状物散文和议论随笔散文。这些现当代散文的基本特征是取材广泛、笔法灵活、表现自由、不拘一格并且情文并茂。主要的文体特征是其抒情性和叙事性，表现在对作者所流露情感结合自身的经验、情感去理解与体会的过程。而体验式阅读教学也是一个非预设的、动态的过程。学生可以对文本进行开放自由的解读与理解，从而升华对文本的体验，所以说二者在文体特征方面也有相通之处。

现在的学生习惯了机械地接受知识的灌输，而忽略了自身再创造的能力。尤其是针对现当代散文这种情感浓厚的文学作品，"佛系"的学习态度愈加普遍。因为体验式阅读教学与现当代散文的关系紧密，所以对于解决现当代散文教学中存在缺乏情感体验的问题十分有帮助。

第三章　高中现当代散文体验式阅读教学的现状及成因

第一节　存在的现状

目前，由于体验式阅读教学可以切实解决教师在散文教学中遇到的难题，从而得到了许多教师的关注。有部分教师在自己的散文阅读课上实施了体验式阅读教学，被大多数同学予以支持。但是在教学过程中出现了许多低效的情况。对此情况，应该引起教师们的重视。

一、不分文体，忽视体验的局限

在教学中，体验式阅读教学主要适用于文学类的文章进行教学，实用类文章以及叙述类文章则不太适用。那么以说明文为例，它既没有跌宕起伏的情节，也没有波澜不惊的情感。其本文内容多以平实的文字，科学的逻辑为主。对于此类文章，就不能让学生用多次诵读的方式去分析与探索文本的情感，这时教师就要引导学生理性地思考、细致地观察、理清文章的思路。如在学习科普说明文《宇宙的未来》这篇课文时，其核心内容是讲对宇宙未来进行科学预测的观点和推论。有位执教老师在教学中，因文章较长而把诵读作为了主要教学方式，想通过多次诵读来掌握文本内容，一堂课下来让同学们反复读了三遍。课后学生表示，对于文章的内容并没有完全把握，不清楚文章到底讲的是什么内容。显然，并不是文章篇幅长就要给学生大量的时间去品读，这样反而适得其反，浪费了大量的时间。大部分教师都认为长篇幅的文章需要给学生多一点时间去品读，并没有把文体作为选择体验时间长短的标准。认为任何一类文体都需要长时间的体验过程，但是却忽视了一个关键问题，体验更多的是结合自身经历、生活经验去感悟文本中作者的情感。而不是品读时间长、诵读次数多而决定的。与之相反，文学类的文章则要通过学生的多次诵读。所以，体验更适用于文学类的作品。所以，我们要清楚哪类文体需要体验，哪类文体不需要或体验时间可以短一点。

二、压缩时间，虚化体验的过程

在高中的语文课堂教学中，上课时间仅有四十分钟，但教学内容却比较多。大部分教师害怕不能完成教学内容，从而减少了学生对于文本内容的理解与体验情感的时间，让学生对文本的认识存留表面。

例如，在上巴金的《小狗包弟》这篇课文时，有位执教老师将了解小狗包弟的经历，感悟作者情感作为了其中的一个教学目标。在教学设计的过程中是通过让学生阅读第十到十三自然段，在这几段文字中，来领悟与体会作者的情感。其中可以充分地显示出作者所表达的情感是真诚的，文字是通俗易懂的，在字里行间里都流露着作者对包弟的愧疚之情。而执教老师只给了三分钟的时间去阅读体验这三段话的情感，事实上三分钟读完是较为轻松的，但是对于学生体悟情感而言时间太短了。在学生读得非常投入的情况下，逐渐走入文本之中，走入作者的内心深处之时，教师就已经开始讲了。根据老师课前准备的教学目标，就已经想好了要讲什么内容以及学生该有哪些情感的体验。读后老师并不是针对段落问学生体会到了哪些情感，而是开始讲解内容和文句用法。在老师开始讲解的过程中，使学生错失了深入文本的体验过程，打破了学生将要形成的情境。

三、设定前提，限制体验的范围

在传统的阅读教学下，教师会结合教参上的内容，把认为重点的知识讲授给学生。在授课时，教师在解决体裁、情感、语言特色等一系列问题的时候，会采取直接讲授的方式，减少了学生与课本的接触，同时也限制了学生们的思想。在现当代散文中，大部分文章所描述的人、事、景、物都需要把表面上所呈现的内容剥离出去，着重探寻文章内在所表达的更深层次的情感。因此限制体验的范围，对于进一步挖掘文章更深层的内容，有很大的阻碍。

例如，在学习鲁迅的《记念刘和珍君》课文时，有位执教老师在带领学生解决了生字词、文章结构后，要求学生要有感情地品读文本。通过品读，让学生能够对文本内容的情感有不同的见解。但是这位执教老师在布置品读任务时，重点强调了要用"悲愤交加"的情感基调进行品读。教师给予了学生品读情感的方向，那么在读的过程中学生的思维也都在"悲愤交加"的情感范围内进行思考的。最后所有同学的情感体验都变成了教师所规定的情感范围内，都成为了标准答案。在这个过程中，学生没有了自己对于文本内容的理解，不会产生自己对文本独特的见解，更不会产生区别于他人的情感体验。同时，在规定的范围内限制了学生的思维能力，导致学生无法体验更多的情感，也无法获得真实的情感体验。

四、脱离文本，泛化体验的内容

体验式阅读教学注重在原本认知的基础上，与作者进行深层次的对话，感受作者的情感世界。文本是阅读的媒介，学生需要通过阅读来感知文本。但在实际的语文阅读教学中，部分教师出现了脱离文本的现象。一是过多地依赖于使用多媒体，追求生动、形象的教学情境，忽略了文本本身。的确，在运用多媒体创设情境中，课堂变得生动有趣，也更有效地渲染了课堂的气氛，为学生提供了视听动画更为逼真的体验。在这种虚拟的教学方式中，学生能够得到美感的体验。但是在教学中多媒体还是处于一种辅助性的教学手段，不能代替文本在学生学习过程的作用。不可过多使用多媒体，要适当地选择。二是在教学中，教师选择的讨论话题与文本内容无关，无法引起学生的思考。学生只会根据这个话题去谈自己的感受。但这个话题并没有与文本有较大的联系，从而显得苍白无力。

第二节　成因分析

一、对文本解读不够重视

对于文本而言，是我们在教学过程中所需要学习的作品，也是师生之间学习与沟通交流的对象。但在教学中，教师更偏重于语言文字的运用、对古诗词的理解以及写作能力的培养，并没有把阅读教学放在重要的位置上，更加谈不上教师们对于散文的重视。大部分教师都会认为散文的文章通俗易懂，并不需要花大量的时间去理解与分析。因此都不愿意把大量的时间放在散文教学上，有时一节课就能讲完一篇文章。那么对于文本而言，"一个具体的文学作品总是渗透着作家本人的生活经历与人生经验，因此对它的解释也必然要求解释者拥有相关的生活阅历或人生经验与之呼应。所以，教师应引导学生走入文本，用心灵去倾听作者的叙述，让学生与文本中的人物进行精神的对话，与文本语言展开心灵碰撞。"[1]在对于文本的学习时，教师本不够重视散文教学，更加不会重视学生对文本内情感的把握。对散文的学习，更多是掌握作者所要表达的情感，这也是散文文本的最主要特征。学生的生活经验、阅历大不相同，对文本的理解程度也会有所不同。因而教师更应该关注学生对于文本情感的把握，使学生能够更深刻地体会作者的情感，而不仅仅只停留在表面。

二、学生的心理因素

体验式阅读教学要真正地落到实处，更多是要关注学生在阅读时的心理状态，这个过程是体验式阅读教学不可忽视的问题。在阅读的过程当中，有些学生

---

[1] 曹爱琴.给学生多一些阅读的空白[J].语文教学通讯，2006（2）：21.

的心理不可避免地会发生着变化，产生一些积极或消极的心理因素。教学过程中，学生产生的积极情感是可以对于文本学习产生积极的作用，能够很好达到阅读的效果。学生在产生消极情感时，教师如果没有及时地对学生的情感进行纠正与引导，很有可能会导致学生的消极情感无法消除而停留在脑海之中。与此同时，学生带着消极的心理态度去体会作者所要表达的情感时，体验到的情感也多是消极的。究其原因，主要还是对文本体验的时间过短而导致的，在没有深入到文本时，就被打断走进更深层次的可能，从而体验只会流于表面。那么，针对学生阅读心理的变化，教师要增加文本的体验时间。

三、带有过多的功利性

因应试教育的影响，大部分学生与教师都存在一种急功近利的心理。教师通常把散文教学当成了答题技巧的教学，很少有教师能够自己走入文本去体验作者的情感，更谈不上去引导学生走进文本去体悟。在教学过程中，教师占主要地位，学生更多是听众的角色。教师偶尔会在课堂上问到某段、某句体现了作者流露出什么样的情感，但是在此过程中也都按照课前设定的流程走的，并不能真正地达到学生走进文本去体验情感。同时，学生为了高考能够得到较高的分数，也只是在掌握教师所传授的答题技巧。对于文本之中作者到底传达出哪些情感，也都是不以为然的。长此以往，现当代散文阅读教学的课堂氛围沉闷，成为一潭死水。也大大降低了学生学习散文的兴趣，没有了兴趣，更谈不上学生能够自主地走进文本中，也谈不上学生能够自主地去体会作者所表达的情感。

第四章　高中现当代散文体验式阅读教学的实施策略及应用

在语文阅读教学中，教师应该关注现当代散文教学的体验过程。增加体验的时间，拓宽体验的范围，提升对文体的认识。同时，笔者也将从现当代散文的文体特征出发，提出更加有效的体验策略，增加学生对于散文的学习兴趣以及对散文作品中较难理解的情感部分有所帮助。如在课堂上可以借助语言、多媒体等方法，来吸引学生走入课堂。在每堂课的导语部分，多引用古文，或一个小故事来调动学生的兴趣与积极性，进而达到教学的目的。另外，教师要配合教材选择良好的教学方法，如多次诵读、分角色扮演等，来调动学生的积极情绪进入课堂之中。学生在这样开放的学习环境下，更有利于师生之间、生生之间的交流，形成良好的师生氛围。

第一节 具体的实施策略

一、感知文本激起体验

现当代散文作品大多都是作者将生活中的所见所闻，进行整理加工，再用清新优美的诗化语言将其叙述出来。所叙述的事情大部分是片段式的，学生须在对事物有初步认识后，才能走进文本体会作者所要传递的情感。因此，当把文本展现到学生眼前时，学生首先要做的就是激发自身的感官认识，并结合自身的生活经验和社会经验去思考、感受，形成对事物的初步理解和认识。因现当代散文兼有诗歌和小说的部分特征，从而导致一般的散文内容都兼具抒情和叙述这两方面。所以学生在接触文本之时，对散文内容以及情感的认识可能是模糊，带有不确定性，这时就需要教师对所学习内容、情感等方面提供一个明确的方向。让学生初步感知文本，激起学生体验的欲望。教师可以通过多媒体，创设生动的教学情境，充分调动学生的积极性，将散文的内容、情感通过情境的方式变得直观化、生动化。但是绝对不能过多依赖多媒体设备，应回归文本本身，通过情境构建画面引发学生与文本的共鸣，从而获得情感上的初步体验。同时，教师应以学生为主，有针对性地让学生通过文本内容自己选择讨论的话题，这样才能让学生有兴趣主动地去感受和体验。

（一）语言呈现

教师的语言具有传递功能，在教学中教师应该运用生动形象的语言，根据教学内容的需要，利用语言来创设课堂情境。教师的语言可以慷慨激昂、也可风趣幽默。把学生带入情境中，带入文本之中，激发学生的情感。

例如在郁达夫《故都的秋》的教学中，设计导入环节：秋天是一年四季里感情最丰富的季节，每个人对秋天都有不同的感受。有的人看到收获、希望，有的人看到消逝、伤感。我们曾经学过很多关于秋天的古诗，杜甫在《登高》仰天长叹"无边落木萧萧下，不尽长江滚滚来"，表达了韶光易逝、壮志难酬的感慨；刘禹锡在《秋词》说"自古逢秋悲寂寥，我言秋日胜春朝"，表达了对秋天的赞美；李白在《宣州谢朓楼饯别校书叔云》对酒吟诵"长风万里送秋雁，对此可以酣高楼"，展现了作者洒脱豪迈的态度；那郁达夫身处异乡，在这样复杂的季节所描绘的故乡的秋天会是什么样的呢？接下来我们就一起去探索一下。教师在叙述的时候语气应该贴合当时的气氛，叙述出秋天带给人的希望或伤感。同时通过不同文人对秋的描述对郁达夫眼中的秋天设置了一个悬念，学生会产生疑问，郁达夫眼中的秋天会是伤感的还是充满希望的？产生这一情感的原因是什么？郁达夫描写故都的秋，仅仅是因为对故乡秋天的怀念吗？还是想通过故乡的秋天表达其他的感情呢？这种针对性明确的问题，可以充分调动学生探索文本内容的欲望。在展现不同文人对秋有不同描绘的同时，也调动了学生的兴趣，丰富学生对秋的审美体验，同时还能引起学生去探索更深层次的情感。另外，本篇导入中涉及了之前学过的几首古诗，古诗朗读的语气是抑扬顿挫，节奏鲜明，用古诗导入，更容易吸引学生的注意力。

其次，我们可以利用散文的情感性。抒情性散文通常没有贯穿全篇的情节，却洋溢着浓烈的诗情画意。文章内容感情真挚、语言生动，作者常常会运用到象征和比拟的手法，将思想情感寓于其中。它在反映生活的方法上与诗近似，但又不像诗那样讲究节奏和声韵。因此需要人们从"散"中见"整"，去探寻文章所表达的情感。例如朱自清的《荷塘月色》这篇文章是按照作者的观察顺序写的，先略写了沿着荷塘小路的景色，再分别详写了荷塘四面的景色，最后写的是作者的联想。本篇文章全篇在写景色，作者情感变化十分委婉隐晦，因此学生在体验时很难将自身经验、生活经历移入文本所描绘的对象中。这时教师可从介绍写作背景入手，使学生对文章的初步认识得到深化，体会作者借景抒情的本意。所以在介绍背景时语言要充满情感，温柔低沉，详略得当，重点要介绍与课文相关的部分。此时的教室内的气氛一定是寂静温和的，在这样的背景叙述的情境中，教师可以成功地将学生带入情境之中。不仅能够充分地激发学生对文本内容的学习兴趣，也能使学生有针对性地在背景中体验情感，也更有助于学生对文本内容的理解以及对作者所抒发情感的把握。

教师也可通过语言的节奏、声调来创设具体的情境，让学生走入情境，体会作者的情感。如《记念刘和珍君》一文，这篇文章是一篇综合性散文。从内容上看，本篇文章包含叙述、议论、抒情等方面，将现代散文诗性和小说性的特征都包含在内。但是通过文章我们可以看到，整篇文章虽然内容丰富，却杂而不乱。作者的立场、观点以及态度是非常明确的。他愤怒地控诉段政府杀害爱国青年的暴行，痛斥走狗文人下劣无耻的流言，无比沉痛地悼念刘和珍等遇害青年，奉献他的悲哀和尊敬，一方面告诫爱国青年要注意斗争方式，另一方面颂扬"为了中国而死的中国的青年"的勇毅，激励人们"更奋然而前行"。其中鲁迅说与不说的矛盾的情感，让学生难以捉摸。这时教师可以有针对性地对文章中重点内容，用语言变换着节奏、语气反复进行朗读。如"惨象，已使我目不忍视了；流言，尤使我耳不忍闻。我还有什么话可说呢？我懂得衰亡民族之所以默无声息的缘由了。沉默呵，沉默呵！不在沉默中爆发，就在沉默中灭亡。"教师一定要读出哀痛、失望、控诉的语气。让学生在老师变化的语气中体会鲁迅的情感，学生受到情绪的感染，从而更有利于加深体验过程。

由此可知，教师通过生动的语言将学生带入文本，使学生沉浸在教师语言文字所描绘的世界。在这样的语言形式下，能够激发学生的体验过程。通过语言的情感变化，学生更容易结合自身经历和换位思考等方式快速进入文本之中。在文本中探寻作者所要表达的情感，寻找与作者在情感上的共通之处，与作者共命运同呼吸。同时，也能达到良好的课堂氛围，创造轻松愉快的课堂情境。但是，在选择语言创设情境时，要注意结合文本的内容，使之实现对文本的认识。在此过程中不能脱离于文本，脱离文本的体验便不能称之为体验了。

（二）多媒体呈现

1. 图像呈现

图像呈现是指教师在课堂上利用图片、视频等教学手段创设与教学内容相关的情境。运用图片、视频等教学手段使教学内容变得生动、直观。可以更好地增强学生的兴趣，同时引发联想、想象，唤起学生自己的情感经验，从而将情感更好地融入到特定的情境中去体验。

合适的图片，能够通过色彩、形象等方面去引发相关的体验。如在讲授陆蠡的《囚绿记》时，可以通过一些有关"绿色"的图片，如饱含生机嫩绿色、充满厚重感墨绿色、即将逝去的黄绿色等不同的样貌。通过学生对不同绿色的了解，去感受绿色带来的生机。同时设置问题，这样充满生命的绿色，本应自由自在地怒放，为什么作者却要将其"囚"起来？通过这样的问题设置，可以让学生明确，绿也是有不同的状态，但每个状态都是对生命的一种诠释，但作者却将这种代表鲜活生命的颜色囚起来，肯定有特殊的原因。从而激发学生的兴趣。在教师的引导下，促进学生透过绿色而走入陆蠡的内心世界，体悟作者的情感。

2. 音乐呈现

音乐呈现是指教师在课堂上利用背景音乐、名家朗诵等形式来创设有关教学内容的情境。通过或悲或喜的音乐基调来影响学生情绪，从而激发学生参与到文本之中，最终获得体验的过程。

有些学生因自身经历的局限性，在进行体验时会遇到无从下手的障碍。因此在教学过程中，可选择那些与文本情感相同的背景音乐，让学生能够伴随着音乐去感受文章的喜怒哀乐、跌宕起伏的情节，促使学生能够激发内心的情感，加深对文本情感的理解以及内容的掌握，发展学生深层体验的审美能力。我们可以选择情感基调相契合的背景音乐，结合背景音乐来调动学生的情感体验。如《故都的秋》里的秋天是以"清""静""悲凉"为题眼的，抒发了作者向往、眷恋故都之秋的真情实感。所以，这篇文章的情感基调应该是悲伤的，但是大部分学生并没有离开过自己的家乡，无法体会离开家后颠沛流离的感觉。因此在学生体验的过程中，我们可以选择曲子哀婉低沉的排箫演奏的《秋梦曲》作为背景音乐，通过情感基调相一致的音乐，进一步带动学生走进作者内心的深处，来激发学生的体验。

（三）调动生活经验

现当代散文具有叙事性与抒情性的特征，作品中所叙述的事件或描写的景物，或多或少的会在生活中出现过。因此，在品味作品的语言时，不应只停留在语言文字上，而是要把生活经验联系到语言文字上去。如徐学菊，邵明华在讲授《囚绿记》的教学实录中就利用了学生的生活经验来激发学生学习文本的兴趣，通过生活经验，来加深对文本中语言文字的理解，有利于体会作者所要抒发的情感。教学实录如下：

"师：课前我们布置了预习的内容，要求大家搜集与绿色有关的感悟。下面我们交流一下。

生：我印象中最深刻的绿色是家乡小溪流边的水草，我很难用语言将它描绘出来，但那柔嫩的绿色随着水波摇荡，让人忘怀得失，如痴如醉。

生：我感触最深的是深秋时节的树叶，那是一种饱经沧桑的暗绿，夹杂着一块块锈迹般的苍黄，让人不由得产生一丝伤感。

生：我感触较深的是田野中绿色的麦浪，一波推动一波，昭示着生命、希望、收获。"[1]

在讲授《囚绿记》中，教师利用"绿"字来引导学生联系生活，激发学生对文本的初步体验，学生想到家乡的水草，深秋时节的树叶，田野中绿色的麦浪等等。在调动生活经验的同时，也增加了学生对于文本内容的学习兴趣。有了对文本的兴趣，学生才会主动地走进文本。探讨作者如何以绿色来一步一步地抒发情感的，寻绿—观绿—囚绿—引绿入室—放绿—怀绿等一系列过程。进而体现作者想通过绿色来表现个人的境遇，以及民族的命运。初步地感知文本，调动生活经验，以生活经验激发体验的过程。但在此过程中，教师要做到学生的生活经验是没有脱离文本内容，一旦脱离文本内容，就变成了无效的情感体验了。

二、生发情感加强体验

当教师引导学生感知文本之后，则需要学生进一步去体验文本中作者所表达

---

[1] 徐学菊，邵明华. 囚绿记教学实录[J]. 现代语文，2009（1）：65.

的情感。因现当代散文具有抒情性的特征，多是以作者的情感变化为主线，所以当主体对客观事物产生真实的心理过程时，就必然产生一系列的情感起伏。当主体情感萌发或持续高涨时，教师可以利用问题讨论、主题演讲等方式，来激发学生对文本中情感的深入体验，要主动尝试去与文本生发情感的联系。在教学过程中教师要深度挖掘文本中的情感脉络，引导学生借助自身经验、生活经历移入文本所描绘的对象之中，与文本进行深层的沟通交流，使学生对散文中作者的情感变化有清晰的认识。但因现当代散文内容复杂，情感充沛，不论是诗化的语言还是丰富的叙事都需要细细感悟与体验，所以需要给学生足够的时间。在实际上课过程中，许多教师因课堂的时间有限，害怕完成不了教学任务，而减少学生的体验时间，导致对情感的体验流于表面，无法具象体验的过程。所以，给学生充足的时间与作品发生情感，让学生通过一篇经典的文章体会学习方法，可以为接下来学习同类型的文章打下良好的基础，形成一带二带三的效果。在针对如何生发情感，对文本体验的过程提出以下策略：

（一）深情朗读

朗读，一直是语文教学中比较重要的学习方式，以读为主，让学生在读的过程中去理解文本、积累词句、培养语感。现当代散文情感的表达离不开字词句的锤炼、情感节奏的起伏和意境的营造，但是这其中最直观的、最能为读者首先感受到的应该是散文语言的诗性。那么在学习现当代散文作品时，我们可通过朗读的方式，对作品中诗化的语言进行初步认识，从而去体验作者通过语言所传递出的情感。在教学过程中，教师可根据文本的内容与学生情况灵活选择朗读方式。比如，自由朗读、个别学生朗读、集体朗读、分角色朗读、教师示范朗读等形式。由于每位学生对于文章的理解不同，朗读的习惯不同，学生可根据自己的习惯进行朗读与思考，去感知文本的内容，体悟作者的情感，从而获得独特的情感体验。

在教学过程中，朗读不光可以提高学生的朗读技巧，还可以通过朗读的方式加深学生对文本的理解，从而体会作者的情感。例如，在讲授鲁迅的《记念刘和珍君》一文时，我们可以运用朗读的方式进行教学。在文章当中出现多次鲁迅说与不说的语言形式，对于这些语言的处理方式可以通过多次的朗读，可以通过改变读的语气，来加深学生的理解，进而体会作者想表达的情感。教学设计如下：

"我也早觉得有写一点东西的必要了"（激昂）

"可是我实在无话可说"（哀痛）

"我也早觉得有写一点东西的必要了"（悲愤）

"我还有什么话可说呢？"（悲痛）

"呜呼，我说不出话"（失望）

明确：可以从哀痛、悲愤、激昂以及失望等语气反复进行朗读，体会作者的情感变化，从而获得独特的情感体验。

朗读有利于提高学生对文本的理解能力，对培养学生的语感有一定的帮助，进而增强学生对文本的情感体验。在读的过程中加入背景音乐，激发学生的朗读兴趣，让学生参与其中，从而获得体验。如朱自清的《荷塘月色》这篇散文，整篇文章以感情作为主题思想的根基，朱自清把一幅温馨恬淡"荷塘月色"图，混合着他的喜悦与哀伤，委婉地抒写了他微妙又难以表达的心情。因此，在朗读本篇文章的过程中，加入一些轻柔舒缓的轻音乐，结合音乐朗读景色描写的段落。通过朗读的方式，可以体会作者内心想要表达的情感，同时在读的过程中，也能将学生带入文本之中，情不自禁地走入文本，去体会作者内心的情感。

（二）问题讨论

散文具有小说叙事性的特征，在作品中所设置的冲突以及情感的缠绕，学生是很难独立理清与理解的。而体验式阅读教学提倡的是平等对话的师生关系，我们可以通过问题讨论的方式，让教师与学生讨论与交流彼此的意见，提出自己对文本内容的见解。在这个过程当中，教师不应只当作一个观察者，而应该与学生一同深入其中。问题讨论的方式则符合体验式阅读教学的平等对话的要求，教师在教学过程中设置相关的问题，引发学生对文本的思考与交流，也可让学生设置问题，积极引导学生，在互相的对话当中，理解文本，深入文本，体悟情感。

例如，巴金的《小狗包弟》这篇课文，对于巴金为了自保而放弃小狗包弟的行为，是否正确？你怎么看？成了授课中经常讨论的话题。学生经过换位思考与体验后认为，生命只有一次，在面对抉择时，维护自身的利益也是人之常情，因此这种行为是对的。也有人认为，小狗包弟给作者一家人带来那么多快乐，最后作者却为省却麻烦而牺牲了包弟的生命，这是非常自私，也是不正确的。诸如这种利用问题讨论的方式进行教学，将同学们进行分组，在阐述各自观点后，互相进行评价。通过评价的过程，加深学生对文本的认知，促进情感体验。在教学过程中，应该把理清文章的整体脉络作为关键，才能更好地进行讨论与分析作者所要表达的情感。在教学中通过讨论的形式，更有利于了解学生对整体内容的掌握，同时也可以加深学生对作者所要表达的情感的理解，获得属于自己内心的体验。在讨论的过程中，教师要尊重学生的个体独特性，尊重学生独特的见解。让学生在与老师的平等对话中，拉近教师与学生、学生与文本之间的距离。

三、升华拓展深化体验

感知文本的前提是回归文本，发生情感的前提又是感知文本，将二者结合起来，学生就可以清楚地将文章外在表达的思想了然于心。但是不论是诗歌还是小说，它们在叙事抒情时绝不仅仅是在就事论事，而是借所述之事表达更深层的情感，现当代散文亦是如此。当学生充分感知文本内容后，了解作者浅层的情感后，下一步要做的就是进一步深化体验。把自己当成主体深入文本中，也就是我们常说的感同身受。当学生情感完全深入文本体验之中时，他们的深度与广度都在发生着变化。他们利用已有的生活经验加之想象、联想不断获取着文本中的深刻内涵，获得的体验则是超越文本内容之上的认识与情感。所以在体验式阅读教学这个阶段，教师要引导学生去发现、去总结，将独特的体验与认知展示出来。将这种体验运用到更大的范围下，上升为自身的思维习惯、技能方法等，把所获得情感、知识内化为生命中的一部分。

（一）主题演讲

主题演讲，是指学生从所学的文本内容中选择一个主题，在课堂上以演讲的方式来表达自己的看法与见解的一种口语交际能力。一般而言，是要求学生有丰富的知识储备，有创新的思维能力，并且在演讲过程有一定的心理素质，是一种能够反应演讲者综合实力的形式。

在学生对现当代散文内容有一定的了解之后，教师可以安排几名同学对作品中的某一内容进行演讲。教师应建立点评小组、规定评分标准（是否紧扣散文教学的内容）。演讲结束后，由点评小组根据是否紧扣散文内容进行点评。整个过程都是在轻松的状态下完成的，使课堂氛围活跃起来。并且通过演讲者对所学内容的讲述，既对所学内容进行了巩固，也加深了对内容的理解。演讲可以围绕一个单元进行，如在学完必修一第三单元写人记事散文《小狗包弟》《记念刘和珍君》《记梁任公先生的一次演讲》后，可以让学生根据自己的生活经验与学习体验，叙述现实生活中对学生影响最大的人，介绍他们的行为事迹。在通过叙述的过程，可以加深对文本内容的理解，将作者的情感内化为自己的情感，从而获得新的体验。在散文体验式阅读教学中，要尊重学生的个体独特性，着重突出了学生作为独立个体获得独特体验的重要性。如《小狗包弟》这篇散文，也可以让学生围绕"你是否会原谅巴金先生"这一主题进行演讲，联系生活实际，从自身认识出发，发表自己独特观点与见解。

在对散文内容分析讲解之后，教师应该尽可能地多开展主题演讲。不仅对学生口语表达能力的提高有所帮助，还可以扩宽学生的视野，增长见闻。除此之外，学生在写作能力上也会有很大的提高。

（二）写作迁移

写作是表达内心情感体验的一种方式，将文本所获得的情感体验展现于文字之上。学生对于文本有了深入体验后，教师可以通过写作的形式将学生获于文本之中的体验表现出来。

写作迁移的方式有很多种，其中简单地仿写、补写是较为简单的方式。在讲授《荷塘月色》一文时，就可以利用仿写的教学手段，对作者所描写的荷塘、月光等句子进行仿写，从而增强学生的对文本的审美能力与创造能力。在学习《故都的秋》一文时，可以对作者所描述的五幅秋景图进行仿写。在仿写的过程中加深学生对文本内容与情感的理解，从而获得情感升华的过程。

笔者在实习期间讲授《荷塘月色》时，就运用了仿写的方式进行的教学。在教学过程中，首先对作者所描述的有关荷塘、月光等句子进行了分析。其次，让学生清楚了这些写作手法是什么，以及怎么运用的，把重点放在学习通感修辞知识上。并结合着文中所运用通感的句子，让学生理解得更为透彻。在理解之后，让学生对朱自清描写荷塘的段落进行仿写，从而情感才会更加深刻。以下为学生学习《荷塘月色》之后对文中写景部分进行的仿写：

（1）中秋月：在漆黑一片的夜幕中，悬着一轮满月，时而藏进云中，时而傲视人世；正如那深蓝色桌布上的玉盘，又如蓝丝绒礼服上的一颗白金袖扣，又如情人眼中的那一抹柔情。

（2）雪中梅：在那千里冰封之中，正是那冬梅绽放着笑容，有的与银雪较白，有的在寒风中颠倒众生；正如冷面朝天的伊人在岸，又如抵挡风雪的粉云团团，又如万丈深渊里那一缕不曾褪去的温暖。

（3）山野霞光：朝霞如青烟一般，柔柔地洒在这一片叶子和花上。微微的雾气弥漫在山野里。叶子和花似乎在瑶池中沐浴一样；又似披着轻绸的梦。虽然是暖阳，天空却有一片渺茫的云，因此无法尽明；可我认为这恰点到了妙笔——沉睡必不可缺，微眠也风情万种。低处成片的树林掉落凌乱的斑驳的光点，乱纷纷像繁星一般；直直的沙杨坚挺的俊影，乍又像是刻在天空上。山野的霞光并不均匀；在光与影交错而成的美妙音符，如何低吟的情歌。

例1"月中秋"与例2"雪中月"是根据《荷塘月色》的第四段进行仿写的，例3："山野霞光"是根据第五段塘上月光进行仿写的。通过学生对文章中句子的仿写过程，学生似乎已经捕捉到了塘上月光之美，并尝试用相同的方式来展现山野霞光之美。因此，在仿写的过程中可以加深学生对文章的理解，也会对朱自清描写景色时所流露的情感有更深刻的感受，获得独特的体验。

综上，我们在教学中可以多加利用主题演讲、写作迁移这两种方式。在现当代散文作品中，其抒情性与叙事性是主要的文体特征。作者通过真实的人物、事件以及景物的叙述，表达出作者的真情实感。但学生是否体悟到了作者所要表达的情感，教师是很难了解的。因此，教师可以通过这两种形式，对学生掌握的内容以及学生将情感体验内化的程度有一个清楚认识。

当然，在高中现当代散文中实施体验式阅读教学的过程是比较复杂的，且策略是灵活多样，需要在教学中进一步地完善。

第二节 高中现当代散文体验式阅读教学的应用

在高中散文阅读教学中，体验式阅读是比较新的一个视角，相关教学的研究与教学实践都在不断地完善，在体验式阅读教学实施过程中，提出了以下几点思考：

一、建立相配套的评价体系

教学评价的目的并不是检验某种教学方法是否有效，而是通过教学评价更好地体现出具体教学方式的价值。在教学过程中关于评价的体系，体验式阅读教学还有待于提高。其中，体验式阅读教学的评价包括了对教学过程的评价、师生互评的过程以及学生对文本内容的体验评价。在以往的教学中，通常是单一的评价体系，多是以教师为主体来评价学生。但是，在体验式阅读教学的模式下，把单一的评价方式转化为了多种评价方式并存。包括师生互评、生生互评、学生自评等。

那么在这种转化的过程中，师生互评则更注重的是师生之间形成的相应机制，评价教师在课堂上与学生的互动情况和学生在课堂上的参与度。学生自评更能够体现出教学评价本身的价值，检验是否完成了预定的教学目标等。学生互评是指让学生相互评价，以此更好地确定学生之间对文本内容的掌握情况。在传统的教学评价方式上，更多的教师只是对教学结果进行评价，然而这种方式过于片面，无法全面地评价学生在教学中的表现。对此，教师可以建立语言交流、行为观察等方式进行评价。在授课后，可以及时地与学生进行语言的交流，去了解学生对于本文内容的体验与掌握的程度，并做好相关的记录。除此外，还可以利用档案记录的方式，记录在各个阶段学生学习的情况，通过这样的方式，可以很好地判断出在每一堂课或每个阶段学生对于文本的体验情况。

二、教师应提高自身的素养

（一）教师要扩大自己的阅读量

教师需要有广泛的阅读面，各个领域的书籍都要有所涉及，只有扩大自己的阅读面后，才能更好地带领学生进行更深层的解析。在传统的阅读教学中，因为应试教育的影响，教师更多的关注点在于高考会考什么知识点，导致教师的授课内容局限在《教师参考书》上，其他的书籍很少触及。那么在缺少宽阔的知识的前提下，教师的课堂会缺少很多自身对于文本中的情感体验，更加谈不上将学生体验不到的情感表达给学生。

在体验式阅读教学中，对于文本体验的不同，将其重组作为教学资源，使其学生的差异性得到最好的优化。在教学中，教师首先要摆脱对教学参考书依赖，应利用自己的生活经验与生活阅历走入文本之中，找出文本的优缺点。在教学中，教师再以学生的角度来阅读本文，思考文本中的问题，以学生的知识基础和认知能力分析文本，形成科学合理的教学内容。只有这样，教师在对文本的教学设计当中，学生才能获得相应的知识以及生活体验。

（二）教师要丰富自己的情感

阅读体验和情感有着紧密的联系，在课堂教学中，需要以自己内心真实的情感和感悟为基础，体验文本中的情感和思想。这样才能够在学习过程中始终处于情感体验中，使得学生的原本的情感体验得到升华。但在实际教学中，很多教师负担着繁重的工作任务和家庭方面的压力，无法全身心地投入到课堂教学中，会对课堂教学和学生逐渐失去热情与耐心。多是循规蹈矩地讲，而学生也是循规蹈矩地听，并记录一些教师认为的重点。阅读课成了一潭死水，缺少了课堂的氛围。所以学生很难体会到作者在文本中隐藏的复杂的感情，交织的悲伤和喜悦的情感。教师必须要创设出真实的情境，突出文本的特色，用激昂饱满的热情投入到教学之中，才能够使学生在教师的带领下感悟到作者的情感，体会到文本的魅力。

结　语

在中学阶段，现当代散文教学越来越受到语文学科的重视。在现当代散文中引入体验式阅读教学，既符合新课标的要求，又与现当代散文的文体特征相适应，在高中现当代散文中恰当地运用体验式阅读教学能产生很好的教学与学习效果。它改变了传统阅读教学的方式，改变了以往学生在课堂上的被动接受情况，将阅读课打造成为有趣的、开放的教学氛围。让学生在阅读中深入文本，理解文本的内容，感悟作者流露的情感，在轻松快乐的氛围下学到知识。

本文分别阐述了体验式阅读教学的概念及特征，以及现当代散文的概念、特征及类型。在体验式阅读教学的概念基础之上，总结了其特征有个体独特性、多元开放性、平等对话性、内在生成性、情感体验性等，以便更好地把握体验式阅读教学。笔者为了能够更好地在高中现当代散文中实施体验式阅读教学的方式，进而对当前的体验式阅读教学存在的现状进行了分析与整理。同时在体验式教学中结合了现当代散文的文体特征，为提出更有加有效的实施策略奠定了基础。当然，体验式阅读教学方式是有其相适应的范围，在教学运用的过程中，不能生搬硬套理论性的内容。虽然它是一种新型的阅读教学方式，但是并不能否认传统的阅读教学方式没有可取之处，两种教学方式可取长补短，相互促进。

由于笔者能力有限，在教学中缺乏实际的教学经验，对体验式阅读在现当代散文教学中存在的现状及分析仍存在很多不足，因此在给出的策略中仍然存在一些不完善和有待改进的地方，需要进一步的完善。在今后通过不断的学习和反思将其丰富，敬请各位专家、学者批评指正。

参考文献

一、专著教材类

[1] 樊启金，付岩. 体验教学能力的培养 [M]. 呼和浩特：内蒙古大学出版社，2009.

[2] 郭预衡. 中国散文史 [M]. 上海：上海古籍出版社，2002.

[3] 韩雪屏. 中国当代阅读理论与阅读教学 [M]. 成都：四川教育出版社，1998.

[4] 钱理群，孙绍振，王富仁. 解读语文 [M]. 福州：福建人民出版社，2010.

[5] 王荣生. 散文教学教什么 [M]. 上海：华东师范大学出版社，2014.

[6] 王荣生. 阅读教学教什么 [M]. 上海：华东师范大学出版社，2016.

[7] 王丽. 中学语文名篇多元解读 [M]. 广州：广东教育出版社，2006.

[8] 辛继湘. 体验教学研究 [M]. 长沙：湖南大学出版社，2003.

[9]佘树森.中国现当代散文研究[M].北京：北京大学出版社，1993.

[10]杨四耕.体验教学[M].福州：福建教育出版社，2005.

[11]叶圣陶.叶圣陶语文教育论集[M].北京：教育科学出版社，1980.

[12]于漪.我和语文教学[M].北京：人民教育出版社，2003.

[13]俞元桂.中国现代散文史[M].济南：山东文艺出版社，1988.

[14]张必隐.阅读心理学[M].北京：北京师范大学出版社，1987.

[15]张志公.漫谈语文教学[M].福州：福建人民出版社，1963.

二、期刊论文类

[1]曹长顺.让学生走进散文——散文教学的方法初探[J].语文天地，2013（5）.

[2]陈佑清.体验及其生成[J].教育研究与实验，2002（2）.

[3]杜燕平.新课程改革下的高中语文散文教学策略[J].语数外学习，2002（1）.

[4]郝志宏.高中语文体验式阅读教学策略初探[J].语文教育通讯社·D刊（学术刊），2011（10）.

[5]胡忠艳.体验式教学的理论分析[J].文学教育，2011（8）.

[6]刘红梅.文学作品的体验式阅读教学策略[J].语文教学通讯，2018（2）.

[7]李海琴.浅析初中语文现代散文阅读教学的改善途径[J].作文成功中路，2014（8）.

[8]李红宇.狄尔泰的体验概念[J].史学理论研究，2011（2）.

[9]龙卫红.浅论体验式阅读教学的实施策略[J].当代教育论坛：教学版，2011（2）.

[10]赖学显.体验教学与新课程改革研究[J].当代教育论坛，2005（13）.

[11]刘晓颖.高中语文阅读体验教学及其有效性实践研究[J].教育教学论坛，2016（6）.

[12]李英.我国教育学者对体验问题的研究述评[J].上海教育科研，2002（3）.

[13]李志杰.关于高中语文体验式阅读教学研究[J].语文教学与研究，2014（3）.

[14]沈建.体验性：学生主体参与的一个重要维度[J].中国教育学刊，2010（2）.

[15]孙俊三.从经验的积累到生命的体验[J].教育研究，2001（2）.

[16]沈宇.高中语文体验式阅读教学实施策略初探[J].学术研究,2014(8).

[17]王建琳.语文教学体验式教学方法探究[J].现代教育,2014(10).

[18]王尚文.体验:文学教育的必由之路[J].学习语文,2017(6).

[19]王苏君.论"体验"概念的发展史[J].宝鸡文理学院学报(社会科学报),2004(4).

[20]闫守轩.体验与体验教学[J].教育科学,2004(6).

[21]杨通宇.体验教学的理论研究[J].当代教育论坛,2006(4).

[22]朱曼雯.高中语文体验式阅读教学初探[J].语文教学与研究(综合天地),2011(11).

[23]赵卫民.体验式教学:过程即价值的三种维度[J].教育研究与评论,2016(11).

三、学位论文类

[1]仇恒榜.高中现代散文阅读教学方法研究[D].长春师范大学,2010.

[2]邓君.高中语文体验式阅读教学研究[D].四川师范大学,2010.

[3]刘胜利.中学语文体验式阅读教学研究[D].东北师范大学,2005.

[4]梁烨.高中语文体验式阅读教学研究[D].沈阳师范大学,2017.

[5]刘永慧.体验式阅读教学的理论和实践[D].山东师范大学,2002.

[6]王程荣.现当代文学作品阅读教学探微[D].辽宁师范大学,2015.

[7]王叶婷.高中语文体验式阅读教学探索[D].陕西师范大学,2014.

[8]王忠.高中语文体验阅读研究[D].华中师范大学,2008.

[9]张本吾.中学体验阅读教学[D].华中师范大学,2005.

[10]张后安.高中语文阅读教学问题与对策研究[D].东北师范大学,2009.

附　录

《小狗包弟》教学设计:

教学目标:

1.阅读课文,理解作家对小狗包弟的感情及其变化原因。

2.感悟与学习作家敢于讲真话、严于解剖自己的精神。

教学重点：
反复朗读，梳理文章结构脉络，体会作者复杂的情感。
教学难点：
正确评价作家放弃小狗包弟的行为。
教学步骤：
一、导入新课
我们班家里养狗的同学有多少呀？你们喜欢狗什么呢？生：聪明、可爱、善解人意等。我国著名作家巴金也养了一条狗，并写了一篇回忆性散文。就是今天我们学习的这篇散文《小狗包弟》。（多媒体展示小狗的图片）

（明确：运用图片、视频等教学手段使教学内容变得生动、直观。可以更好地增强学生的兴趣，同时引发联想、想象，唤起学生自己的情感经验，从而将情感更好地融入到特定的情境中去体验。）

二、品读课文
（一）给同学们三到五分钟的时间通读全文，标好自然段落，梳理文章脉络。
楔子（1自然段）——艺术家与狗的故事。
开端（2自然段）——包弟的来历。
发展（3~6自然段）——七年相处。
结局（7~9自然段）——一朝离别。
尾声（10~13自然段）——真心忏悔。

（明确：文章的第一自然段写了艺术家与狗的故事，具有引起下文的作用。在梳理文章脉络的过程中，我们明确了文本的主体故事。同时介绍了包弟的经历以及对包弟的情感变化，可以使学生对文本有一个初步的认识。在这个过程当中，教师可以积极引导学生所产生的心理变化，并充分调动自己的生活经历、生活经验对文本内容的学习起到一定的作用。）

（二）请同学们阅读第十到第十三自然段，来体会作家对小狗包弟的感情变化以及原因？

（明确：作者的感情变化是轻松——沉重——自责。在品读的过程中，教师应给充足的时间，让学生走入文本，走进作者，拉近学生与作者之间的距离，并能够结合作者的写作背景，来加深了解作者与包弟之间的情感变化。同时，要引导学生对放弃包弟的行为有自己独特的见解。）

三、问题探讨
请同学们思考回答，对于巴金为了自保而放弃小狗包弟的行为，是否正确？你是怎么看待的？

（明确：这种利用问题讨论的方式进行教学，将同学们进行分组，在阐述各自观点后，互相进行评价。通过评价的过程，加深学生对文本的认知，促进情感体验。在教学过程中，应该把理清文章的整体脉络作为关键，才能更好地进行讨论与分析作者所要表达的情感。在教学中通过讨论的形式，更有利于了解学生对整体内容的掌握，同时也可以加深学生对作者所要表达的情感，获得属于自己内心的体验。在讨论的过程中，教师要尊重学生的个体独特性，尊重学生独特的见解。让学生在与老师的平等对话中，拉近教师与学生之间的距离。）

四、归纳总结

本文故事虽小，但意义却很深广。在"文革"风云中，连狗都难以逃脱苦难。看到了"文革"对人们的精神伤害，真切地体会到"十年浩劫"的含义；让人们看到一个知名作家，经历十几年的动荡、变迁仍保持一颗清醒头脑的老人，真诚地剖析自己；看到一个不合理的时代的结束，一个合乎人性的新时代到来。

（明确：在归纳总结的设计环节中，教师要联系"文革"的时代背景，深度地剖析作者写这篇故事所流露真实情感。加深学生对于文本的认识，拉近学生与那个时代的距离，可以结合自己的生活经历，去体会作者的真实情感。）

五、课后作业

请以"身边琐事"为题，写篇作文，文体字数不限，表现出本人看法即可。

（明确：在课程结束后，应及时地给学生们布置与文本内容相关的作业，让学生能够把所理解的知识充分表达出来，加深学生对文本情感的体验。）

《故都的秋》教学设计：

教学目标：

1. 掌握情景交融的表现手法，梳理文章结构脉络。
2. 学生通过反复诵读和合作探究，培养朗读品味语言的能力。

教学重点：

反复朗读，品味语言；掌握情景交融的表现手法，梳理文章结构脉络。

教学难点：

理解情景交融的表现手法，体会作者对故都深深地眷恋之情。

教学步骤：

一、导入新课

秋天是一年四季里感情最丰富的季节，每个人对秋天都有不同的感受。有的人看到收获、希望，有的人看到消逝、伤感。我们曾经学过很多关于秋天的古诗，杜甫在《登高》仰天长叹"无边落木萧萧下，不尽长江滚滚来"，表达了韶光易逝、壮志难酬的感慨；刘禹锡在《秋词》说"自古逢秋悲寂寥，我言秋日胜春朝"，表达了对秋天的赞美；李白在《宣州谢朓楼饯别校书叔云》对酒吟诵"长风万里送秋雁，对此可以酣高楼"，展现了作者洒脱豪迈的态度；那郁达夫身处异乡，在这样复杂的季节所描绘的故乡的秋天会是什么样的呢？接下来我们就一起去探索一下。

（明确：教师在叙述的时候语气应该贴合当时的气氛，叙述出秋天带给人的希望或伤感。通过设置有针对性明确的问题，可以充分调动学生探索文本内容的欲望。在展现不同文人对秋有不同描绘的同时，也调动了学生的兴趣，丰富学生对秋的审美体验，同时还能引起学生去探索更深层次的情感。）

二、熟读课文

给同学们三到五分钟的时间通读全文，标好自然段落，并且把自己喜欢的段落勾画出来。

（明确：本文的语言优美，情感真挚。在诵读的过程学生应带有一定的感情，且语速不适合过快。在这一环节当中，因学生是刚刚接触文本内容，每个学生对文章的理解不相同。所以在采取教学方式上，教师不应选择齐读的方式。同时，教师在学生诵读的过程当中，应引导学生去细细品味作者的语言以及情感的流露，从而走进文本当中，尊重学生在阅读过程中的情感体验。）

三、讲授新课

（一）在读的过程当中，作者分别选取了哪些景物来体现秋味的？

（明确：在阅读的过程中，有利于培养学生对文本的概括能力、审美能力。同时，在读的过程当中，对于作者的情感也有了初步的认识，也加深了学生对于文本内容的整体感知。）

（二）找出写景段落，选取自己喜欢的段落，并以小组的形式进行品读。在以小组品读的过程中，应要求学生抓住文本中的重点字词句。

（明确：在品读的过程当中，学生选择自己喜欢的段落，教师对学生所选的段落进行点评与分析，同时积极引导学生走进作者，结合写作背景使学生能够感悟作者的心境。）

（三）最后，默读第12段，思考这样一个问题，在这段文字当中郁达夫他运用了什么样的表达方式？

（明确：这段文字通过古今中外的引证，说明感秋处处有，而中国的文人最突出。这使整篇文章的情、景、理交融起来，充实了内容，深化了主题。在品读过后，应充分地调动学生的思维能力，对文本进行分析，来加深学生对于文本内容的体验，对作者情感流露的体验。）

四、归纳总结

我们一起欣赏了郁达夫笔下故都的秋，那是一幅水彩画，美丽而落寞；是一支钢琴曲，婉转而忧伤；一切景语皆情语，情景完美地交融。我们再次自由诵读，伴随着《秋梦曲》这首背景音乐，去深刻体会作者的情感。

（明确：《故都的秋》里的秋天是以"清""静""悲凉"为题眼的，抒发了作者向往、眷恋故都之秋的真情实感。所以，这篇文章的情感基调应该也是悲伤的，但是大部分学生并没有离开过自己的家乡，更加无法体会颠沛流离的感觉。因此在学生体验情感的过程之中，我们可以选择曲子哀婉低沉的排箫演奏的《秋梦曲》作为背景音乐，通过情感基调相一致的音乐，进一步带动学生走进文本之中，走进作者内心的深处，来激发学生体验。）

五、课后作业

1、将本文与朱自清的《荷塘月色》进行比较阅读，在写景抒情上的异同。

（明确：通过让学生进行比较阅读，既能加深学生对所学的文本内容的理解，同时也能扩充学生的阅读容量以及学生独立思考的能力。）

2、《故都的秋》一文，作者调动了听觉、视觉、触觉来感受景物，写了故都秋的五幅景色，有秋花图、秋槐图、秋蝉图、秋雨图、秋果图等。在描写的过程中融入了作者深刻而细致的情感，那么请同学根据本文的写作手法，写一篇关于秋天的小作文，800字左右，并要有自己对秋天的独特见解。

（明确：在课程结束后，应及时地给学生们布置与文本内容相关的作业，让学生能够把所理解的知识充分表达出来，加深学生对文本情感的体验。）

现当代散文的诗性和小说性特征及其教学策略研究

白益小

摘 要

中国散文的发展历史悠久，自"五四"运动以来，关于散文的定义、范畴、本质和特征等相关概念一直是学界争议的热门话题。"形散神不散"理论、"诗性散文"理论等关于散文特征的认识都是散文家们对散文这一文体的研究成果，产生过较大影响，也长期被中学语文教师奉为不二法则。由于其本身丰富的内涵、较强的审美性，对学生的语文能力和审美能力的提升、正确价值观念的树立有积极作用，现当代散文在中学语文教学篇目中占据了半壁江山，是中学语文教学的重要内容。但是实际在中学现当代散文教学中却存在理论观点陈旧、混淆文体、解读不深等问题。散文的文体特征使它区别于诗歌和小说等其他文体，所以本文从散文诗性和小说性的文体特征出发，探讨基于散文文体特征如何进行教学的问题。

本论文主要包括三章：第一章阐述了学界关于散文概念的讨论，概括了散文的基本特征，提出了散文介于诗歌和小说之间，具有诗性和小说性的特征，并从叙事和抒情两方面阐述了散文诗性和小说性特征的表现。

第二章主要从现当代散文本身、教师的教以及学生的学三方面方面分析了中学现当代散文教学中存在的问题，因此提出了基于现当代散文的诗性和小说性特征进行教学的重要性。

第三章是本文的重点部分，主要就基于散文诗性和小说性的文体特征应该"教什么"和"如何教"的问题进行了论述。本文认为，可以通过诵读、对比分析、删改句式、读写结合等方式来品味叙事语言；通过在散文的文眼和矛盾之处设置主问题的方式来把握叙事结构；通过改换关键字词、感知细节描写、还原情境的方式来突出散文的细节之处；通过发挥想象和联想来联系散文的虚与实、描述散文意境等方面来指向散文中的情感性，进行现当代散文教学。

本论文旨在从现当代散文的诗性和小说性这一特征入手，研究中学现当代散文"教什么"和"怎么教"的问题，以期为现当代散文教学提供一些有益借鉴。

关键词：散文的特征；诗性和小说性；现当代散文教学

绪　论

一、选题缘由

（一）散文教学在中学语文教学中的重要性

以高中为例，《普通高中语文课程标准（实验）》中提出了"培养鉴赏诗歌和散文作品的浓厚兴趣，丰富自己的情感世界，养成健康高尚的审美情趣，提高文学修养"[1]，"学习鉴赏诗歌、散文的基本方法，初步把握中外诗歌、散文各自的艺术特性，注意从不同角度和层面发现作品意蕴，不断获得新的阅读体验"[2]等课程目标。这体现了散文文体在对学生进行审美教育、培养其审美情趣方面的重要作用不容忽视。长期以来，散文，尤其是文学性较强的散文一直是语文教学中的主导文类。无论是语文教材选文还是参考书上所选取的教学材中学阅读教学所教的课文大多数是散文。以人教版高中语文教材为例，修教材共5本，每本四个单元，共79篇选文，其中中国现当代散文占了10篇，并且所选入的篇目都是具有代表性的名家名篇，对于培养学生的人文素养和树立正确的人生观、价值观有着举足轻重的作用。

散文具有极强的审美性特征，能帮助学生形成对美的认知，丰富学生的审美体验。把散文的美与教学相结合，在潜移默化的过程中给学生以美的教育，充分发挥散文对学生的审美教育功能，能让学生在发现美、感受美、鉴赏美的过程中领悟人生道理，使学生对社会、对自我有一个相对正确的价值判断，让学生将从老师那里接受到的关于美的认知与自己的以往审美体验相

---

[1] 中华人民共和国教育部.普通高中语文课程标准（实验）[S].北京：人民教育出版社，2003：10.

[2] 中华人民共和国教育部.普通高中语文课程标准（实验）[S].北京：人民教育出版社，2003：10.

结合，从而更加丰富他们的审美体验，有助于提高学生的审美能力。由此可见，散文在陶冶学生的心灵和情感，培养学生和谐完美的人格方面具有不可复制的作用。

（二）现当代散文教学中存在的问题

"形散神不散"是现当代散文文体的一大特征，也是指导中学散文教学的重要理论。但是长期以来由于语文教师对这一理论的理解不够全面，或者是加入了一些教师的主观理解，由此出现了偏差。在指导教学的过程中，这一理念的功能更是被无限放大，成了教师解读散文的核心知识以及语文教学的套话，甚至被奉为散文文体的本质特征。"形散神不散"只是散文一个方面的特征，或者说是某一类散文的特征，它并不能涵盖所有的散文。

就语文教学实际而言，"形散神不散"理论深深扎根于语文教师知识理论体系中，造成了教师对散文其他体式的忽视，或者是对某一篇散文突出的个性特征的忽视，也造成了教师更多关注散文文本"神"的一方面，而缺乏对包含语言、结构、叙事等方面在内的"形"的关注。此外，某些时候"形散神不散"理论成了教师解释一切关于散文的不好解释的问题的万能答案，成了一块砖，哪里需要哪里搬。

《普通高中语文课程标准（实验）》在对学生的语文能力和语文素养方面提出了要求，但是却缺乏关于要使学生具有这些能力、素养应该教什么、学什么的内容标准。

散文是介于诗歌与小说之间的一种文类，它同时兼具诗歌和小说的特征。散文文本的架构，离不开抒情与叙事两方面。但是散文的抒情不同于诗歌的抒情，它是不夸张的、有节制的，不必刻意追求意象和炼字；散文的叙事也不同于小说的叙事，它是叙述故事、景、物的片段，不必刻意追求完整的结构和鲜明的人物形象。也就是说，散文是通过不完整的叙事有节制地来表达作者的主观情感，但是在实际教学中，很多教师受"形散神不散"理论影响难以发掘散文这种诗歌和小说兼具的特征。

现当代散文是一种比较复杂的文体，存在着某一篇散文这方面的特征比较突出，而另一篇散文那方面的特征比较突出，所以在现当代散文教学中很难也不能用某一种理论来解读所有的散文文本。

由于以上原因，在散文教学中应该"教什么"和"怎么教"成了中学老师面临的一个难题。

二、研究概况述评

就目前查阅到的资料显示，学界许多散文研究者、一线语文教师都早已经注意到"形散神不散"理论的不足，也致力于研究出可操作的散文教学模式，但是在散文创作理论和散文教学理论缺失的背景下，散文教学研究一直进展缓慢。在知网上以"散文理论""散文教学""散文特征"为关键词，筛选出多篇相关论著，其中以一线教师的相关论文为主，现将搜集到的资料做如下梳理：

早在"五四"时期，学界就有了关于现代散文文体特征的讨论，有刘半农的"文学的散文"、周作人的叙事与抒情之"美文"、林语堂的"性灵"等理念，强调现代散文是区别于诗歌、小说的一种文类，具有独立性，强调散文的文学性，是"记叙的、是艺术性的"，肯定散文要表达作者的个人风格，提倡散文的自由随性。"五四"时期的散文文体特征理论张扬个性、追求精神自由，主张自如地表现自我。这些理论在今天看来基本已经几近散文文体特征的核心。到了20世纪60年代左右，杨朔在自己的散文集中提出了"诗化"理论，认为"好的散文就是一首诗"，在散文创作中力图表现生活中的诗意，追求意境的创造。杨朔的"诗化散文"理论在20世纪60年代风靡一时，也成了这一时期散文创作的主要倾向。在如何创作"诗化"的散文这一方面，可以将杨朔的"诗化"模式的特点总结为景物——人物——讴歌主题。杨朔"诗化"散文的错误在于过度追求散文意境的创造而把散文当成诗歌来写，使得散文为形式所禁锢，创作散文的模式也长期一成不变，走向僵化，散文抒写作者情感的内在要求被忽视。此后，肖云儒提出"形散神不散"是散文的一大特征，即散文的题材和表达技巧自由、不拘形式，而主题和情感必定明确、集中。此后，"形散神不散"理论广泛传播开来并受到追捧。直到20世纪80年代，随着人们在"形散神不散"理论中不断加入自己的认识，造成了这一理论的变异，不足之处远超过其合理之处，学界开始批判这一理论并提出一些新的散文理论，如林非的"真情实感"论、巴金的"真话"论等。关于散文的特征，当下也有相关研究，陈剑晖先生在《中国散文理论存在的问题及其跨越》中给散文的范畴做了界定，并补充说明"不管是记叙、抒情、议论还是其他类别的散文，如果具备了文学性，特别是诗性，我们便可将其视为散文，反之便应将其逐出散文的大门。"[1] 在对散文这一大的文体进行分类之后，陈剑晖先生在《学者散文的文体特征与文体价值》中提出学者散文具有内敛、生

---

[1] 陈剑晖.中国散文理论存在的问题及其跨越[J].中国社会科学，2005（1）：142.

命真实、智慧写作、心灵自由等方面的特征，其突出的语言风格可以概括为"文言合一"，即善用诗性的语言回归散文的审美性。也有孙绍振先生在《文学创作论》中将散文分为"审美散文""审智散文""审丑散文"，并提出"审美散文"是抒情之处饱含情趣，"审丑散文"具有诙谐幽默的趣味性，"审智散文"是作品超越情感元素，从感知直达智慧所具有的智趣。关于散文文体特征的研究，也早有学者拓宽了研究视野，不再局限于散文文体本身，而将散文与诗歌、小说相联系，提出了散文是介于诗歌和小说之间的文体，具有中间性的特点。如辛晓玲博士在她的博士论文《20世纪中国散文意境论》中对散文的意境与诗歌的意境、小说的意境分别做区分论述后，提出了20世纪以来中国散文一方面追求诗化的情感节奏，一方面又有情节化倾向。在关于散文教学内容的研究方面，有的教师认为应该从文体特征、文本个性、选文的功能、学情等角度综合来解读现代散文，如特级教师成龙《散文教学内容确定的理据分析》、陈隆升《散文教学内容确定的学理依据》、陈文德《浅议确定散文教学内容的三个维度》、王荣生《散文教学内容确定的基本路径》等。也有学者认为应该从言语教学论的角度解读现代散文，如林碧莲《以言语教学角度看散文内容的确定》、江西师范大学孙金玉的硕士研究生毕业论文《基于语言形式的中学散文教学内容研究》，都提出要依据散文的言语表达和语句章法来确定散文教学内容，进行散文教学。王荣生在《中小学散文教学的问题及对策》提出散文教学应该关注散文文本个性化的言说对象，围绕"这一篇"、围绕文本中高度个性化的言说对象和言说方式链接学生与"这一篇"的情感关系，切忌跳出"这一篇"的语境而对客观对象进行教学。也有教师提出了从散文的意境、艺术构思、表达技巧、思想内容、作者的观点态度等角度来阅读鉴赏散文，如杨传凯老师的《寻找散文规律，提高阅读能力》等。

总的来说，以上研究成果在中学散文教学中都具有较大的指导意义，也不乏解读方式的创新。学界关于散文理论的研究方兴未艾，每一种理论都有其价值，也为后来的散文创作和散文批判提供了有力的理论支撑，丰富了教师关于散文解读和散文教学的理论知识。各一线教师及学者关于散文教学的实践探索丰富了散文教学研究，也为一线教师提供了许多可操作性的教学范例，为散文教学切实做出了贡献。可以看到学界在关于散文文体特征的研究还不够，即使有学者已经提出了散文具有诗歌和小说两方面的特征这一理论，后续研究以及相关的教学研究却并不多也不够深入，散文相关理论研究成果也并没有很好地被运用于语文教学实践中，这是一个遗憾。

分析相关资料可以明确发现关于散文教学有如下研究趋势：

21世纪以来，文坛散文创作已经焕发出了新的生命力并朝着多样化、个性化发展。尽管散文文体的形式是多样的，但是其既有的基本特征是不会改变的，"形神兼具"是一个，介于诗歌与小说的中间性特征也在其中。随着对散文文体范畴的不断研究和明确，可以预见，正如二十世纪学界几次关于散文特征的讨论那样，关于散文的文体特征研究势头将只增不减。新课程改革强调课程是一种经验和体验，要求在语文教学中充分发挥语文的情感性和审美育人功能，更加注重学生的整体性，树立大语文思想。散文作为一种综合性的文体，其综合性的文体特征以及强烈的内在情感性、哲理性在中学语文教学实践中必将重新受到重视。

三、研究意义

就目前查阅到的资料而言，各方专家学者早已注意到中学语文现代散文教学中"形散神不散"这种解读方式存在的不足，并且也在如何选择恰当的散文教学内容、进行散文教学这一方面做出了努力。然而就散文的中间性特征提出具体解读方式的研究成果还比较少，所以本选题的研究有助于解决语文教学中散文解读问题，能够丰富语文教学中散文解读理论研究。散文作为一种综合性的文体，其范畴和特征都具有复杂性。本研究将有助于在散文文体的复杂性环境中去解读诗性特征及小说性特征突出的这一类散文，以便中学语文教师从中抽取出散文的知识价值、文学价值、情感教育价值以满足当今社会对培养中学生的语文素养要求，使学生成长为面对现实的、全面发展的人。

本论文从分析现当代散文的诗性和小说性特征出发，提出从这一特征着手应该如何在中学现当代散文教学中选择教学内容和教学方法，并收录两篇关于根据这些教学策略而做的教学设计，以期给中学现当代散文教学提供一点参考。

第一章 散文相关概念及特征界定

第一节 散文的概念及特征

一、散文的概念

其实在人们使用"散文"这个名词以前，散体文章就已经产生并流传。《尚书》是我国较早有散体文章出现的书籍，距今有几千年的历史。"散文"一词最早出现在宋代，宋人将古文分为"四六"和"散文"两种。"四六"这种说法来源于柳宗元的"骈四俪六"一说，它特指骈体文。"散文"则泛指一切除开骈体文以外的文章。这种关于散文的观念一直沿袭到清代。这时所谓的"散文"还不是一种独立的文体。直到现代，关于"散文是什么"或"什么是散文"的观念就与清代以前的明显不同了。现代人们所谓的散文有广义和狭义之分，狭义散文特指记人叙事、抒发情感的文学性强的作品。广义散文则不论是否具有文学性，凡是不讲究严格的韵律和对仗、而用散语行文的文章，都一概称为散文。

二、关于现当代散文概念的讨论

中国现当代散文包括中国现代散文和中国当代散文。当然，由于在文体的特征及其创作的理论发展方面现代散文和当代散文密不可分，所以人们往往将两者一并讨论。中国现代散文主要指 1919—1949 年间的散文。20 世纪初，梁启超就在《中国散文理所表现的感情》中注重"散文"探讨，并且提出了"新文体"的概念，"务为平易畅达"，"纵笔所至不检束"，"其文条理明晰，笔锋常带感情"。其后，刘半农提出"文学的散文"这一概念，认为散文应该是文学的散文而非文字的散文。周作人称"文学的散文"为美文。王统照将叙述的散文、描写的散文、激动的散文、教训的散文、时代的散文等五类文学散文合称为"纯散文"。可以看到，刘半农等人都强调现代散文应该具有文学性，这就将散文与应用文、学术论文等文体区分开来；此外还强调散文是表达自己的个人的人格色彩。由此可以看出来，在这 30 年间，学界已经有了一个对散文内涵的统一的标准和审美追求。

中国当代散文主要是指中华人民共和国成立后至今的散文。新时期的散文主要继承了 40 年代解放区的纪实性散文和古典散文，后一种传统促成了 60 年代"诗化"散文的创作热潮，如杨朔认为写散文应该像写诗一样，不能因为是散文就放肆笔墨，而是要寻求诗的意境。也有林非认为散文的本质在于自由挥洒，追求独创性的思考和个性的表达。此外还包括巴金的"真话论"和"形散神不散"的提出和再批判。

总之，20 世纪散文的理论研究不少，但远远无法与诗歌和小说相比。长期以来，散文的概念和范畴一直比较模糊，难以界定，也没有一套现成的理论话语可供操作。学界尝试着提出较为规范、准确的关于散文的范畴的界定，但是这些成果都未能得到大众的普遍认可和接收。在这之中有散文的广义与侠义之分，也有与诗歌、小说、戏剧并称的"四分法"，还有对"大散文"的倡导，众说纷纭。在这些理论研究中，我更赞同陈剑晖先生关于散文范畴的提法：

散文是一种融记叙、抒情、议论为一体、集多种文学形式于一炉的文学样式。它以广阔的取材、多样的形式，自由自在的优美散体文句，以及富于形象性、情感性、想象性和趣味性的表达，诗性地表现了人的个体生存状态和人类的文明程度，它是人类精神和心灵的一种实现方式。[1]

从陈剑晖先生对散文范畴的界定可以看出其要点主要包括：散文是人类精神的一种独特的表现形式，是自由和开放的；"所有的散文必须具备'文学性'，尤其是'诗性'。"[2]陈剑晖先生还补充到，在这一范畴下的散文"应包括记叙性散文、抒情性散文、思想性随笔以及具备文学性的序跋、日记、书信。"[3]本论文对散文概念的界定采用陈剑晖先生的这一种观点，在此基础上将本文的研究对象限定为文学性散文，即不包括在中学语文教材中出现的、已经界定清楚了的新闻类作品、说明文、议论文等应用类文体。

三、现当代散文的特征

关于现当代散文的特征，童庆炳指出："散文这种文体的基本特点主要是在选材上丰富多样，结构上灵活自由，同时能够抒发作者的真情实感。"[4]散文主情，是个人情感的自由表达，所以在占有真实材料、真实内容的基础上，散文还必须是抒发真情实感。但是散文的抒情明显是与小说、诗歌的抒情不同的。小说是要通过虚构人物和情节，通过对人物、情节、环境的描写编排达到人物关系冲突、情节跌宕的效果，从而突显小说的主题，达到抒情的目的。诗歌的抒情高度集中且凝练，由此给人脱离日常生活之感。而散文的抒情是要基于生活的细节、生活的片段的，它是与日常生活联系在一起的。由此，散文的抒情不能浮光掠影，泛泛而谈，否则就会显得虚情假意，它抒发的应是细腻的、能够带动读者细细品味的真情实感。所以一篇好的散文一般在外形上有着精细的、优美的表达，在情感上是细腻的、可以深掘的真情的抒发。

真实性一直被作为散文区别于其他文体的最为鲜明的特征。周立波在《散文特写选》序言中写道："描写真人真事是散文的首要特征……散文特写绝对不能仰仗虚构，它和小说、戏剧的主要区别就在这里。"[5]这一特性在左思的《三都

---

[1] 陈剑晖.中国散文理论存在的问题及其跨越[J].中国社会科学，2005（1）：142.

[2] 陈剑晖.中国散文理论存在的问题及其跨越[J].中国社会科学，2005（1）：142.

[3] 陈剑晖.中国散文理论存在的问题及其跨越[J].中国社会科学，2005（1）：143.

[4] 童庆炳.文学理论教程（修订二版）[M].北京：高等教育出版社，2004：202.

[5] 周立波主编.散文特写选[M].北京：人民文学出版社，1963：4.

赋》序言中就有提到，源远流长，根深蒂固。林非在《林非论散文》一书中指出："散文创作是一种侧重于表达内心体验和抒发内心情感的文学样式，它对于客观的社会生活或自然图景的表现中间，主要是以从内心深处迸发出来的真情实感打动读者。"[1] 比如在对部分初中生的调查中发现，受调查者多数喜欢朱自清的《背影》一文，尤其对文中父亲翻越月台买橘子的背影和"我"的几次流泪印象深刻，往往读来能够产生共鸣。正是因为读者在《背影》中看到的是真人真事，品味到的情感是作者内心的真情流露，所以才更容易有震撼人心的效果。但是我们在实际的散文阅读和散文创作中可以明确的是，中国现当代散文的真实性是有度的，它有别于古代散文"再现式"的真实。现当代散文是强调个人经验的抒写，是经验而非经历，所以即使文章必须以现实的经历为素材，但是却又不能仅仅是事件的再现，而应该是在经历的基础上融合经验的艺术表达。

此外，散文还具有审美性。现当代散文作为一种独立的文体被提出来之前，在中国文学史上并没有一种叫作"散文"的文体。周作人提出"美文"这一概念，将"叙事和抒情"作为现代散文的根本准则，是为中国散文做出了审美价值的选择。更重要的是，散文追求由内而外的审美享受，散文的审美性通过写作者——文本创作——读者这一过程中写作者与自己、写作者与文本、文本与读者、读者与作者的多向对话实现审美情感的传递和交融。现当代散文的审美性使得散文贴近现实生活而又抽象于现实生活，可读可赏。散文的美体现在方方面面、语言、内容、形式、情感等等。在语言上，散文尤其是文学性散文往往使用诗化的语言，或生动形象，或凝练传神，或优美动人。在内容上，散文选材广泛，生活中任意一个细小的片段都能成为情感的寄托着和散文的抒写对象。在形式上，散文不像诗歌和小说一样有着固定的体例模式，它不拘文法，浪漫自由，作者只需要跟随自己内心感受和思维的变化自由写作。可以说在中学语文教学中，现当代散文的审美性对于引导学生的感性和理性全面发展、树立健康美学观、提高审美能力等方面有着不可替代的作用。

从陈剑晖先生对散文范畴的界定可以看出来他认为散文除了具备所说的真实性、"真情实感"、审美特性外，最为核心的是散文的诗性特征。本文所指的现当代散文的"诗性"是指由于在作者对自身经历的片段或者某一生活场景有所思虑并且需要通过文字的手段抒写自我暂时性的情感触觉或者精神感悟时，伴随写作者主动地选择散文这一文体而来的本身所内定性的对要表达人的个体存在、生命本真和丰饶的内心世界的审美诉求。它不同于20世纪60年代杨朔在主流政治意

---

[1] 林非. 林非论散文[M]. 南昌：江西高校出版社，2000：47.

识形态的干预下产生的、通过严格的诗化的写法点染而使这种颂歌式的散文文本在形式上达到艺术化的效果，从而在形式上提升其文学性、淡化其政治色彩的"诗化"散文。总的来说，中国现当代散文具有有限度的真实性和审美性，要表达"真情实感"，在追求人的个体存在、生命本真和丰富的内心世界体现出"诗性"等特征。

第二节 散文的诗性和小说性特征

一、观点的提出

自古以来，诗与文就是两个独立的文学系统。不管是在篇幅结构、句式音律还是在虚实、主客观、文法上，诗歌和散文固然有其迥异之处。但是相较于小说和戏剧等文体，散文又是与诗歌最为接近的，中国古代一些散文，如《桃花源记》在营造意境和抒发情感哲思方面，甚至优于普通诗歌，还有像《陈情表》《出师表》等抒情性散文在情感方面更为强烈，并且在叙事语言上富于节奏和音韵美，因而兼具了一些诗的品质。所以诗歌和散文并不是完全对立，两者往往相互包含。散文追求真实性，但是其真实性并不是对客观现实的再现，作者在创作散文的过程中常常会运用想象和虚构等非真实性的手法。这就与以"真情实感"和"想象虚构"为依据将散文和小说完全区分开来的传统观念不一致。可以明确的是，散文和小说之间在创作伊始就有相互渗透的趋势，或者可以说虚构和想象并不是小说所独有而散文所不能有的，在散文中运用典型的小说笔法是创作时表情达意、架构文本的需要。由此看来，散文本身就具有诗性和小说性特征。就具体散文文本来说，只有存在某些散文的诗性和小说性特征的某一方面或某几方面突出与否，而不是说某些散文具有这一特征或某些散文不具有这一特征。总的来说，"散文可以在保持自身性质的同时，兼容诗的想象、意象、节奏和小说的描写叙述。散文最大的长处即在于把诗这种最主观、最能刺激读者幻想的文学样式，和小说这种最客观、最适宜临摹社会人生的文学样式，将这两者的优点都融会贯通了。"[1]

二、现当代散文诗性和小说性特征的表现

现当代散文的诗性和小说性特征主要表现在抒情性和叙事性两方面。叙事性

---

[1] 陈剑晖. 论诗性散文——兼谈散文与诗歌的异同 [J]. 海南广播电视大学学报，2003（2）：9.

是指散文中具有叙事的成分，这一点是毋庸置疑的。文学文本的架构、写作者本人的情感观点呈现都要经过"言传"才能得以表达出来，也就是说诗歌、小说、戏剧或散文，无论是哪一种文体都含有叙事的成分，具有叙事性，即使如中国古典诗歌这一类高度凝练、极富浪漫主义色彩的文学样式也是有对场景的描述的，含有叙事性成分，如杜甫的《闻官军收河南河北》：

剑外忽传收蓟北，初闻涕泪满衣裳。却看妻子愁何在，漫卷诗书喜欲狂。
白日放歌须纵酒，青春作伴好还乡。即从巴峡穿巫峡，便下襄阳向洛阳。[1]

首联和颔联中一连串的动词：传、闻、看、卷、喜等，是对诗人一家听闻收复失地后动作和神态变化的描写，这是诗歌中的叙事成分。颈联和尾联中是诗人虚写自己放歌畅饮、一路顺风的还乡场景，也是诗歌中的叙事成分。散文主情，散文作品是通过抒情性语言和情感内涵相融合而成的，要表达作者的主观情感，注重审美价值。抒情性是指现当代散文要抒发作者情感，具有抒情的成分。这一点也是不必过多讨论的。《诗经》开辟了中国文学样式的抒情性传统，无论是古典诗歌还是现当代诗歌，没有不寄托诗人情感的；而从西方引进的叙事理论主要成就体现在小说领域；诗歌主抒情，小说主叙事，这是一般认知，介于诗歌和小说之间的散文则很好地融合了抒情和叙事，所以说现当代散文的诗性和小说性特征主要体现在其抒情性和叙事性两方面。

（一）叙事性方面

一谈到文学作品的叙事性，多数人首先想到是小说，诚然，小说主叙事，并且小说的叙事理论研究有比较丰硕且成熟的成果。但是需要注意的是，叙事并不是某一类文体所独有的，正如本文在前面所举的诗歌的例子，只要含有描述性字词的诗歌作品都可以说它具有叙事成分。现当代散文当然也具有叙事性成分，主要表现在以下几方面：

1. 片段叙事中的细节描写

见微而知著，细节之处最能体现描写对象的特征。不论是小说还是散文，在叙事层面上都少不了细节描写。但是小说的细节描写和散文的细节描写又有所不同。从密度上来看，小说的细节描写明显多于散文的细节描写，因为小说就是由一个又一个的细节来组成整体情节的，强调的是编故事或者说对故事的再现；而散文不追求情节的完整性，细节只是帮助读者领悟作者所要表现的意境、所要表达的情感的一个窗口。现当代散文中的细节描写主要出现在对人物、景物或事件

---

[1] 陈剑晖.散文的真实、虚构与想象[J].南京师范大学文学院学报，2007（1）：68.

等表现对象的刻画中，作者通过描写现实生活中某一普通场景或者某一普通事物的细枝末节来表达自己的细腻情思。比如朱自清的《背影》中对父亲去买橘子、买橘子回来以及"我"的两次流泪这些情景采用了细节描写，体现出父亲对"我"的深切牵挂，也暗含了"我"对父亲的愧疚和理解，勾连出深厚的父子亲情。《记念刘和珍君》中叙述刘和珍等青年爱国遇难的经过时也采用了细节描写，但是这些细节描写与小说的细节描写有很大不同，它们只出现在散文中某一个情境中，其目的是通过叙事来再现情境、表达情感；而小说的细节描写旨在塑造形象、叙述事件，再通过所塑造的人物来表现生活、阐释观点。还有如苏教版高中语文教材中孙犁的《亡人逸事》，细节描写较多，情感的直接抒发反而被作者有意淡化，但这些细节描写仅仅构成了一个个情节片段，不以完整的情节和人物为创作目的，因而在情感表达效果上显得更加深沉隽永。在"雨中结缘"这一情境中几乎全是人物的语言描写，这些人物对话并不是由作者本人讲述出来的，而是由与"雨中结缘"相关的人物自己叙事。"男方是怎么个人家""你家二姑娘怎样，不愿意寻人吧""怎么不愿意"，在这短短几句对话中，有亡妻父亲的试探，有媒人的机敏应对，也有亡妻父亲被激怒后的坦率，仿佛真的给读者呈现了一场在雨中、在媒人和父亲你来我往的几句对话中就偶然结成的夫妻缘分。这种小说化的笔法使得散文的情境虽是片段却更加明晰，读者读来仿佛身临其境。

2. 大实而小虚

从虚与实的构成来看，现当代散文在整体上呈现出大实而小虚的特点。这里的虚与实又包括两部分：一是散文文本中题材的虚构性以及言说对象背后作者情感态度的真实性；二是作者在创作时所使用的虚实手法。根据以往"真话论""真情实感"等散文理论来看，大多数散文家认为真实性是散文的基石，散文必须讲真话、写真事、抒真情，不能虚构。但是在实际的散文创作中并非如此。陈剑晖指出："散文可以有限制的进行虚构，也就说，散文创作者可以在尊重散文本身的文体特征和客观事实的情况下，进行适当的整合和艺术加工，但不能无限制的虚构或者自由虚构。"[1]韩少华也认为散文可以虚构题材，但与小说不同之处在于散文的题材是局部虚构，有现实依据和主体事实为依托，也就是说散文中的虚与实有量的比较，真实性的题材始终是散文的主体部分，是散文题材的基本要求，虚构的部分只是为某一创作意图而服务。这一观点符合大部分散文创作的实际情况。但要注意的是这些虚构的题材并非作者有意地、主观性地进行

---

[1] 陈剑晖.散文的真实、虚构与想象[J].南京师范大学文学院学报，2007（1）：68.

思维创造，而是在散文写作过程中随着情思的流动而不自觉地想象或者联想到的部分，不仅有对象真实的基础，也有情感真实的支持。在中学语文教材中就有在散文中运用想象和联想从而整体呈现出"大实而小虚"的散文选文，如朱自清的《荷塘月色》，文中在描绘眼前的月下荷塘时就虚写了江南采莲的情节，再联想到当下北方零落凋败的景象，感慨昔日江南的美好时光不知何日能再见，心里到底是"颇不宁静"。所以说，具体体现为想象和联想的虚构可以存在、也确实存在于现当代散文中，但是这种虚构只是在创作时的传情达意的一种手段，必须是以作者在现实生活中的真实体验、真实感受和真实情感为基础。

3. 意识流手法

"意识流"一词来源于心理学领域，是指人的思维意识不受时间和空间的限制而不间断流动，后来作为一种文学创作的理论依据被用于文学领域，其主要成就在小说类作品中。小说家所谓的意识流是指小说要以文本中的叙事主人公的意识活动来展现小说情节、结构小说叙事。现当代散文在叙事上也有如小说意识流般的呈现，意识流手法在现当代散文文本中体现为情节叙事不注重前情后果的逻辑关系、不强调主客观之间的界限，而是以叙事者或者说作者的意识流动来结构文本、织就散文的情感脉络。与小说借用他人进入文本来叙事、作者隐藏在背后的方式不同，散文多是作者站在幕前，直面与读者进行对话，文本所呈现的内容和情感观点就是作者所要表达的，所以小说更像是生活中一次热闹的主题讨论会，有多个不同视角的叙述者，而散文就是日记中的个人独白。对于现当代散文来说，意识的流动主要是以作者在展现自我内心时或回忆，或倒叙，或想象，或联想的方式来呈现的。如余光中的《听听那冷雨》一文中"他"的意识流动其实就是作者的内心独白，先由"他"眼前台北的雨联想到江南的雨，牵动出浓厚的思乡之情；思维再跳跃到"他"在美国所见的雨，对比出"要领略'白云回望合，青露入看无'的境界，仍须来中国"；意识再次跳转，"他"由已经远去的旧式古屋前的雨联想到现代工业文明背景下的雨，表达出"他"对中国传统文化的未来出路的思考和担忧。

（二）抒情性方面

1. 诗性的语言

散文情感的表达当然离不开字句的锤炼、情感节奏的起伏和意境的营造，但是这其中最直观的、最能为读者首先感受到的当然是散文语言的诗性。语言是文学作品的物质外壳，鉴赏语言是鉴赏文学作品的直接通道，甚至有时候语言就是文本本身。周作人将文学性的散文称为"美文"，强调散文的审美性，这其中就包括语言美。散文语言的诗性又是一种整体性的美，需要从各个方面综合鉴赏，而不是将其剥离成几个部分，这主要表现在散文语言的形态上。这里所说的散文语言的形态是指语言作为一种意义符号在散文中通过字、词、句、段等组合而成的整体结构形态和节奏等。它是呈现在读者面前最直观的那部分，是文本构成的基础材料。现当代散文的语言形态美主要体现在散文语言的结构方式和节奏上。诚然，散文的行文和结构如天马行空，但是这并不等于散文语言的内在结构方式就是无法捉摸的，"好的散文，它的本质是散的，但也须有诗的圆满，完整如珍珠；也具有小说的严密，紧凑如建筑。"[1] 散文看似随心所欲，但其本质却是以自由散漫的外表装着作者的苦心孤诣。所以每一篇散文的语言都是有其内在结构方式的。如朱自清的《荷塘月色》就是以作者心理情绪的变化来结构散文语言的，文中写"我"心里不宁静，想起荷塘遂决定出门夜游，看到月下荷塘得以暂时平静，然后回家，回家后想起现实的生活，仍然不宁静。这一情感脉络贯穿了全文，外在呈现出来的就是散文语言的结构顺序。比如还有余光中的《听听那冷雨》，全文写了思乡之情，写了亲情，写了爱情，读来不止语言朦胧混乱，情感线索也模糊不清。但是并不是说这一篇散文的语言结构就是无序松散的，细读发现"雨"这一形象其实贯穿了所有的情感抒写，因而是整饬流畅的。

2. 音乐性

现当代散文在诗性方面的特征还表现为语言的音乐性和意境的画面美。这个音乐性是指散文的语言随着情感的波动而产生起伏变化产生的节奏感，这种节奏变化是作者内心情感的体现，是文本中美的呈现。比如《故都的秋》中就有语言节奏美的体现。郁达夫写故都的秋味时，先以江南的秋味为铺垫，然后再进入正题写北国的秋景、秋雨、秋树，这样还不够体现作者对北国之秋的眷恋，笔锋一转，再写南国之秋不如北国之秋的地方。如此反反复复，情感跳跃起伏，错落有致，显示出语言和情感双重的节奏美。散文语言的节奏美除了体现在语言结构上之外，还有散文语言本身也富有音乐的节奏性，"就现代散文来说，语言的音乐性更在于长短参差、可伸可缩、形神兼备、生气灌注、流转自如。"[2] 如余光中的《听听那冷雨》一文就非常注重文字的节奏和韵律，文中大量运用叠词，如"听听，那冷雨。看看，那冷雨。嗅嗅闻闻，那冷雨，舔舔吧，那冷雨。"[3] "雨气空

---

[1] 陈剑晖.散文的真实、虚构与想象[J].南京师范大学文学院学报，2007（1）：68.

[2] 陈剑晖.论散文的诗性语言[J].江海学刊，2004（2）：189.

[3] 丁帆，杨九俊主编.普通高中课程标准实验教科书语文：必修2[Z].南京：江苏教育出版社，2004：97.

而迷幻，细细嗅嗅，清清爽爽新新，有一点点薄荷的香味。"[1] 这些句子读起来清淡而富有声律，仿佛真的读出了雨打芭蕉的音乐感。

3. 意境的呈现

"意境"最开始见于中国古代诗论中，"诗言志"开了意境说的先河。先秦时期，庄子持"言不尽意"的观点，看到了人类语言的局限性；为解决言不尽意和语言表达之间的矛盾，庄子又提出了"得意忘言"的方法论，即将"言"当做得"意"的工具，通过"言"去领悟"意"，一旦完成由言到意的任务，就马上抛掉外在的"言"，而进入"意"的境界。这种言意观对后世产生了很大影响。唐朝时，王昌龄最早提出"意境"这一概念。清代桐城派提出诗文一理的观点，认为诗歌和散文具有相同的审美特征，由此将诗歌领域的意境说拓展到了散文的范畴。在诗歌的意境理论观里，意境是诗人融合情感意志了的对客观对象的诗意勾勒。就现在的意境理论看来，意境并不是诗歌的专有名词和特殊现象，而是也广泛存在于小说和散文之中的，但是散文的意境和诗歌、小说的意境又是不同的。王国维在《人间词话》中将意境分为"写境"和"造境"，即实境与虚境。诗歌和小说中的意境多为虚境，如幻境、梦境等，而散文的意境则主要是实境，是将客观的人、事、物通过叙事手法而进行感性的升华。诗歌意境与散文意境的不同还在于韵律方面。诗歌对于韵律、节奏、句式等有着严格的要求和模式，正是通过音韵节奏、情感意象的最优调配组成了一首首短小精悍而意蕴深远的诗歌作品。中国现当代散文却摆脱了韵律节奏的束缚，在形式上更加散漫自由，词句的搭配、语速的变化和情感节奏的起伏不拘于固定范式而只跟随文章思绪的流动，从而形成每一篇散文独特的意境，正所谓"一切景语皆情语"。小说的意境与散文的意境也有较大差别，小说重在对典型的客观现实的描绘，是客观现实的再现，作者情感的抒发或观点的呈现往往是隐藏在这些客观现实背后的。真实性表明现当代散文也要反映现实，有对现实生活的再现，但是更重要的是通过对这些生活画面的描绘来表现作者的情感态度，也就是说散文的意境"处在再现性和表现性之间，具有双重特点"[2]。现当代散文中在营造意境时，往往需要采用一些修辞手法来实现对客观人、事、物的艺术加工。比如鲁迅在《秋夜》中有这样的句子："在我的后园，可以看见墙外有两株树。一株是枣树，还有一株也是枣树。"[3] 以人们平时说话的角度来看，这无疑显得重复赘余。但是若我们在阅读鉴

---

[1] 丁帆，杨九俊主编.普通高中课程标准实验教科书语文：必修2[Z].南京：江苏教育出版社，2004：95.

[2] 辛晓玲.20世纪中国散文意境论[D].兰州大学，2007：45.

[3] 鲁迅.野草[M].北京：人民文学出版社，1979：6.

赏散文文本时，将这句话放在文学的角度来看，放在"秋夜"这样的环境下来看，当两棵饱经沧桑却仍然坚实挺拔的枣树相继出现在一位夜里独坐的沉思者眼前时，读者似乎能置身其境，暂时地伴在鲁迅身边，与这奇怪的天空、焦虑的自我进行对话沟通。这类修辞手法的运用使得散文意境更为悠远，给读者留下了广阔的想象空间。

（三）以叙事做骨架，抒情为命脉

无论是偏向于诗性特征的一方的现当代散文作品，还是偏向于小说性特征一方的现当代散文作品，只要是散文就离不开叙事和抒情两方面，而且散文的叙事和抒情并不是截然分离的，而是以融合的状态组成散文这一整体。若是说将散文比作一个人，那么叙事部分则是"人"的整个"骨架"，是"人"作为自然人的基础；抒情部分就是"人"的血脉和皮肤，是"人"作为社会人的支撑。若要从诗性和小说性特征中来看现当代散文中叙事和抒情的关系，可以这样概括：叙事脉络跟随情感而奔流，情之何处，叙事就到哪里，情感的节奏变化决定叙事的快慢起伏；同样的，叙事脉络要表现作者思绪的流动方向，叙事变化的背后是情感的起伏。散文不追求完整的故事情节，只将依附在表情达意、阐发观点等创作企图之上的某一片段作为叙述对象，在叙事背后作者抒发的人生感慨才是散文文本要传达的核心所在。比如鲁迅先生的《记念刘和珍君》，文本中有回忆刘和珍在艰难时期预订《莽原》、在学校敢于反抗广有羽翼的杨荫榆等人、带头前往政府请愿、在执政府门前中弹等生平事迹，作者对这些片段的描写不过寥寥数笔，也很好地展示了刘和珍的英雄形象。但这都不是鲁迅的真正目的，文中字里行间有对遇难的青年学生的哀婉和痛惜，有对执政暴行的批判，也有对麻木人群的鞭笞，更有鲁迅先生本人对中国革命前景的思考、对更多爱国有识之士参与中国革命事业的渴盼和呼唤，这些才是这篇散文所要传达的情感诉求。

综上所述，现当代散文文本的架构离不开叙事与抒情两方面，它是叙事骨架和抒情命脉相结合的整体，二者缺一不可。即使是抒情意味极强的抒情性散文也包含叙事对象、细节描写、结构脉络等叙事的成分；同样的，即使是叙事纪实意味极强的叙事性散文也不可缺少诗性语言的雕琢和散文意境的营造。这也正是现当代散文诗性和小说性特征的主要表现。

第二章　现当代散文教学中存在的问题及其突破的重要性

第一节　现当代散文教学中存在的问题

《普通高中语文课程标准（实验）》中指出："语文具有重要的审美教育功能，高中语文课程应关注学生情感的发展，让学生受到美的熏陶，培养自觉的审美意识和高尚的审美情趣，培养审美感知和审美创造的能力。"[1]在各文体中，散文具有较强的审美功能，因此在中学语文教学中，散文常常承担着培养学生的语文素养和审美能力的责任。但是现当代散文教学也是中学语文教学中存在较大问题的领域，下面将做具体分析：

一、现当代散文文体层面

（一）"形散神不散"长期主导散文教学

20世纪60年代，肖云儒先生提出了"形散神不散"理论，其中"形"是指散文的题材笔法、结构、语言等，"神"是指散文的主题、线索、情感等，"形散神不散"即散文的写法自由、选材灵活，不拘成法而主题思想明确集中。此后，这一理论作为散文的本质特征被提出并广受追捧，广泛运用于中学散文教学中，成为散文教学的不二法则。"形散神不散"虽然是散文文体独有的特征，但却不是唯一特征。就现在的散文创作来看，并不是所有的散文都是"形散神不散"的，比如《荷塘月色》中的叙事结构和意境营造都是围绕着家——荷塘——家这样的过程写就的，其情感也是遵循着这样脉络体现出不宁静——宁静——不宁静的起伏变化，总的看来是形神皆不散的。然而在实际教学中，仍有许多教师以"形散神不散"蔽之，这实则是只遵教条而忽视了散文具体特征的鲁莽行为，是对经典散文的美的漠视。

我们知道，散文本就是"形神兼备"的，散文的"形"本身就蕴含着"神"、体现着"神"，"神"要通过"形"来表现和传达，两者同等重要、缺一不可，"形"与"神"共同组成了散文文本的整体，呈现出其中某一单独要素所没有的

---

[1] 中华人民共和国教育部.普通高中语文课程标准（实验）[S].北京：人民教育出版社，2003：2.

特征。但是"形散神不散"理论的提出,使得"神"的重要性被无限扩大,因为"神不散",所以在教学中教师更多地关注鲜明突出的主题思想和较为集中的情感表达,将教学重点放在对"神"的挖掘和理解上,散文"形"仅仅成为为体现"神"的部分而服务,散文的丰富样态和多种体式被忽视。在教学中将"形"与"神"人为地割裂开来的做法实际上使散文成为载道明理的工具,只重视散文的内容或者只重视散文的形式,要么在教学中重分析语言、叙事方式等外在形式,要么给散文贴上情感标签,使得学生的学习旨在附会这一情感标签,这使得散文中作者的真实自我和创作个性被抹杀。许多教师在教学时,面对一篇散文便会不由自主地引导学生思索:这篇散文的主题/中心思想是什么?表达了作者怎样的情感倾向?并且希望学生能够从文中找出关键词、关键句或者用一两句话明确地概括出来,再引导学生找出这样的主题或者思想情感体现在文中哪些地方,加以分析。这种阅读教学模式长期统摄中学散文教学,并且成为师生解读每一篇散文时的定势思维和阅读心理取向。教师对单一散文理论的执着必然使得其教学模式固化,"形散神不散"的观点放之任何一篇散文皆可用,只要提及散文,教师先把这一理论摆在学生面前,再以"只可意会不可言传"做结语,这样一来,必然使得学生只记住了"形散神不散",也真的认为现当代散文就是"只可意会不可言传"的,增加了现当代散文的神秘感,拉大了学生与散文文本的距离。"文章写了什么事/人""你喜欢哪些句子/段落""这些句子/段落表达了作者怎样的情感和观点"等等,诸如此类的问题在叙事性散文中会用到,在议论性和抒情性散文中也存在,教学模式单一,没有针对性,学生也难以领会到散文文本的魅力。

(二)"非散文"的散文教学

现当代散文具有诗性和小说性特征,主要体现为通过诗性的语言和特殊的叙事技巧营造平实而隽永的意境,最终抒发作者独特的个体经验和主观情感。就现当代散文文本来看,有诗歌般典雅的语言、有深邃的意境、有故事情节的描述,还有人物形象的塑造,这些因素使得散文常常呈现出像诗歌也像小说的特征。在现当代散文教学中,教师常常偏重于关注散文的语言和意境,将散文当成诗歌来讲,如《荷塘月色》《故都的秋》等;或者关注散文的故事情节和形象塑造,将散文当成小说来讲,如《记念刘和珍君》《记梁任公先生的一次演讲》等。这些处理方式确实是说明了教师看到了这些散文的诗性和小说性特征在文本中的具体表现,也是教师有意识或者无意识地抓住散文的突出特征进行教学的体现。但是散文毕竟不是诗歌,也不是小说,把散文完全当成诗歌或者小说来讲,其实是对散文这一文体的轻视。更有甚者,教师为了让学生更快地理解散文文本中所描写的对象或者所营造的意境,直接以音乐、图片、影像等方式呈现给学生。例如一位教师在讲授《故都的秋》时，先提问学生对秋天的感受和看法，并将自己认知中的秋天画出来，然后用多媒体展示一幅幅秋景图，以"自古逢秋悲寂寥"暗示学生秋天是悲伤寂寞的代表，由此让学生从文本中找出体现郁达夫悲愁的语句进行赏析，再配以哀婉悲伤的钢琴曲朗诵全文，整堂课结束。从这一教学过程我们可以看出，教师在课堂上运用了图画、音乐等多种方式来让学生理解和感知秋天，以及"秋"所代表的情感倾向，显得热闹而多姿多彩。但是文本中所蕴含的郁达夫的个体感知和主观情感却没有得到重视，教师更像是在讲一堂美术课或者说一堂音乐课，其目的似乎是要让学生形成对秋天的认知，而不是通过对作者笔下的故都的秋的感知去理解作者的深意和其独特的人生体验，这显然是本末倒置了。不管是将散文当成诗歌还是小说来讲，或者是把文学性的散文教学上成美术课、音乐课还是其他科目，都是对散文文体特征的漠视，不是真正的散文教学。

二、教师层面

（一）对文本的解读不够深入

现当代散文不同于古代散文，它以细腻的思绪流动为根基，以个性化的语言生发开作者的情感和观点，更倾向于作者的内心抒写，带有作者强烈的个人色彩和个人风格。这就需要教师在教学之前深入文本，赏析其中深意，才能更好地进行教学，实现作者与学生、文本与学生之间的交流对话和情感共鸣。实际却是中学语文教师对文本的分析常常停留在表层，依赖教学参考书、教辅资料的现象普遍存在，做出来的教学设计千篇一律，缺少教师自己的理解和体会，有的根本不符合学生实际情况。此外，多数语文教师的散文教学理论老旧，受"形散神不散"的散文理论影响较深，而对其他散文解读理论和散文创作理论的接受度不高，理论知识储备不够，因此在教学中并没有仔细深入地研究每一篇散文的特别之处，而以"形散神不散"蔽之。不可否认，"形""神"确实是散文的核心构成要素，"形散神不散"也的确是散文的特征之一，但是并非所有现当代散文都能用这一理论进行理解赏析。在中学语文教学中用单一的理论进行散文教学是笼统且鲁莽的，据此做出来的教学设计必然没有针对性，只是泛泛而谈。

（二）对现当代散文教学不够重视

现当代散文作为培养学生阅读鉴赏能力和审美能力的重要文体常常出现在高考的阅读理解题中，但是在实际教学中却常常被教师草草带过甚至忽视。我在贵州省的某个中学实习过一个学期，这个学校采用集体备课的形式，所以每位语文教师在不同教学班讲授同一篇文章时选取的教学内容相去不远，课时安排自然也是一样的。我发现，如《鸿门宴》《陈情表》《逍遥游》等中国古代散文一般会用 5-6 个课时，《边城》《林教头风雪山神庙》等小说会用到 3 个课时左右，而《咬文嚼字》《说"木叶"》等需要细细品读、仔细思辨的现当代散文则只安排了 1-2 个课时。究其原因，有两方面：一是教师认为现当代散文难教，时常是"只可意会不可言传"，并且散文极具个性，不同学生对同一篇散文的理解有很大不同，在课堂上常出现难启难收，不易把控的局面；二是现当代散文虽然也是高考试卷中的常客，但是教材中的原文却绝不会出现在高考试卷中，高考多考查学生对散文的阅读理解能力和审美能力，而这又非一朝一夕之内阅读几篇文学作品就能实现的，课外的现当代散文浩如烟海，需要拓展学生极大的阅读量，费时又费力。基于此，现当代散文文本在中学语文教学中常被教师忽视。

三、学生层面

（一）对散文文体不够了解

教师的散文解读理论和散文教学思想长期被"形散神不散"支配，教师必然在教学中会将这一理论传达给学生，使学生形成散文就是形散神不散的相关认知，并在潜意识中拔高对"神"的重视，将这一万能解读模板运用于各类散文文本中，从而窄化、简化了散文的文体特征，也限制了他们对现当代散文的进一步了解。学生对现当代散文文体的认知影响着他们对文本的理解程度，文体知识的缺乏、对文体的单一认识必然导致他们无法深入解读文本，无法深刻地领会文本中丰富意蕴，无法与作者形成情感共鸣，因此现当代散文的审美育人功能也就难以达到。

（二）对散文选文兴趣不高

从学生方面来说，中学生普遍对现当代散文的学习兴趣不高，学生现当代散文的课外阅读量也较少。为了了解高中生对教材中现当代散文选文的兴趣和他们的课外现当代散文阅读量，我在为期四个月的教育实习期间，以贵州省某中学高一到高三年级共 2000 多名学生为对象，随机选取其中 50 人进行了抽样访谈，其中高一年级为 15 人，高二年级为 20 人，高三年级为 15 人。现将相关数据以图表形式做如下展示：

表2.1　关于高中生对教材中现当代散文选文的学习兴趣调查表

年级\选项	感兴趣 人数	感兴趣 百分比	无所谓 人数	无所谓 百分比	不感兴趣 人数	不感兴趣 百分比	总计
高一	3	20%	8	53%	4	27%	15

续表

选项 年级	感兴趣 人数	百分比	无所谓 人数	百分比	不感兴趣 人数	百分比	总计
高二	6	30%	11	55%	3	15%	20
高三	5	33%	7	47%	3	20%	15
总计	14	28%	26	52%	10	20%	50

从访谈后整理的材料中还可以看出该校高中生现当代散文的课外阅读量不够，具体数据做如下展示：

表2.2 关于高中生平均每个月课外现当代散文阅读数量统计表

选项 年级	0-2 人数	百分比	3-5 人数	百分比	6-8 人数	百分比	9篇及以上 人数	百分比	总计
高一	4	26.7%	8	53.3%	3	20%	0	0%	15
高二	1	5%	7	35%	9	45%	3	15%	20
高三	2	13.3%	5	33.3%	7	46.7%	1	6.7%	15
总计	7	14%	20	40%	19	38%	4	8%	50

从表2.1中可以看出该校高中生对学习教材中的现当代散文的兴趣普遍不高，相较于其他年级，高三学生对现当代散文的学习兴趣最高，但也只有33%，高一学生对现当代散文的学习兴趣最低，有27%；从高一到高三年级，均有一半左右的学生对学习现当代散文是无所谓的态度。在访谈中我了解到，其实有很多学生表示喜欢散文，尤其是语言优美、抒情意味浓厚或是贴近生活、充满人生哲理的现当代散文，但若是说到学习教材中的现当代散文选文，多数学生表示不太喜欢。研究人教版中学语文教材可以发现，其中的现当代散文选文都是经过时间的洗礼的名家名著，对于培养学生的阅读能力、陶冶学生性情具有积极作用。但是在实际学习过程中，这些经典名著的魅力没有很好地被展现出来，经典之作与现实生活之间产生了极大的距离，学生难以感受到这些文章的美，因此他们对学习教材中的现当代散文选文兴趣不高。

和教师方面一样，在学生中也普遍存在着为高考而学的想法，因为高考不会考到原文，所以他们将更多的时间用在了学习文言文、积累古诗词上面。据我在实习期间的观察，学生在每周三天的语文早自习上都花了大把时间来背诵文言文、古诗词，积累成语和句子，鲜有人阅读一篇现当代散文。即使学生都会在课外拓展阅读，但是也以读小说的居多，学生的课外阅读总量本就不多，现当代散文在课外阅读总量中的占比也就不算乐观了。目前一些省市已经开始试实行新高考，实行"3+3"的模式，即语数外三门为主科，为高考科目，学生再根据自己的兴趣和未来发展要求从政史地、物化生中选三门为高考科目，剩下的为学考科目，三年中有两次学考机会，学考不达标的考生将不能参加高考。这样一来，以往的文理分科被改成了文理兼修，学生要学习的科目增多，学习任务更加繁重。在此情况下，学生很难有闲情逸致静下心来细细品读一篇散文，更加削减了学生原本就不多的课外现当代散文阅读量。

综上，中学现当代散文教学中存在许多问题，这其中包括现当代散文本身在教学理论上的缺乏和陈旧，也包括师生对现当代散文的文体特征不甚了解，对现当代散文教学不够重视。其中最主要的问题，也是长期桎梏中学现当代散文教学的问题就是由于在教学中长期信奉"形散神不散"理论教条而造成的对现当代散文其他文体特征的忽视。因此从现当代散文的诗性和小说性这一文体特征出发，重新寻找新的现当代散文的教学方法就显得尤为重要。

第二节 基于诗性和小说性特征进行现当代散文教学的重要性

一、突破"形散神不散"理论

20世纪40年代，李广田在《谈散文》中通过比较散文与诗歌、小说的不同，提出了散文的特点在于"散"。后来，师陀站在散文创作中的谋篇布局这一角度提出"散文忌散"的观点，认为"散文并不是要写得散，而是和其他文体一样，要写得集中紧凑。"[1] 针对这一观点，有学者提出相反意见，认为散文就应该是"散"的，但这一观点是从散文的选材方面来谈的。此后，肖云儒综合两种观点，提出散文的特点应该是文章组织紧凑集中、主旨明确，而选材丰富、写作笔法不拘一格，即"形散神不散"。这一理论的提出规定了散文之"散"所指的范围，很好地解决了"忌散"与"贵散"的争议，明确了散文的"形"与"神"的关系，为现当代散文作品的创作和解读拨开了迷雾，后来被广泛用于指导现当代散文教学，方便了师生对现当代散文的认识。

但是由于学界对于"神"的所指范围尚存争议，这一理论在发展过程中通常被加入学者教师自己的阐释，因此出现诸多问题。就目前的观点而言，"神不散"

---

[1] 马汉钦，刘飙. 争议中的散文形神理论及其评价 [J]. 南华大学学报：社会科学版，2008（1）：83.

不应该仅仅是指散文这一客体的主旨明确、结构紧凑，更应该是指作者这一主体在创作中、在文本中所表达出来的真情实感和真知灼见。在散文创作风格千姿百态的今天，"形散神不散"已经不足以概括所有的散文创作，所以也就不能只用这一种理论来指导中学现当代散文教学。就现当代散文的特征来说，无论在文本中"形"与"神"是散还是不散，两者都是统一的，须臾不可分离，"形"要传达"神"，"神"蕴含在"形"中。本身不足以概括散文所有特征的"形散神不散"理论长期作为中学散文教学的指导思想，加上中学教师始终存在的理论储备不足、散文知识落后等问题，必然导致散文解读浅表化，散文作品的丰富内涵无法被发掘。过多地强调"形散神不散"使得教师在教学中更加重视散文"神"的部分，有意无意地引导学生向文本的主题思想和情感倾向靠拢，因此相较而言忽视了包括语言、叙事技巧、意境、描写对象等在内的散文的形式；还使得师生潜意识地将"形"与"神"相对立，误导教师将体认作者思想情感和赏析作品语言割裂为两个教学环节。可以说，中学现当代散文教学中存在着一些理论亟待突破，而"形散神不散"是其中之一，也是长期以来对散文解读和散文教学影响最深的一种。如果不从现当代散文的文体特征和实际的散文教学重新来审视这一理论的科学性，那么散文教学仍将被现有的问题所束围，难以有实质性进步。

散文的一端连接着小说，另一端连接着诗歌，是处于诗歌和小说之间的一种过渡性文体，具有诗性和小说性的特征。我们以叙事、抒情和议论特征来划分散文，并不是说叙事性散文就只重叙事，抒情性散文只讲抒情，议论性散文则只看作者观点态度，不管是抒情、叙事还是议论，都不是某一类散文独有的，我们可以发现一篇散文既不能缺少叙事也不能缺少抒情，散文文本应该是这两方面相融合而成的整体，这也是现当代散文的诗性和小说性特征的主要表现。比如在讲授《背影》时可以从这篇散文小说化的叙事特点入手，通过对背影这一线索的理解分析来放大细节，让学生置身于作者所描绘的父亲买橘子这一平实而深情的意境，再通过父亲的背影这条明线和"我"的眼泪这条暗线的交错并行、互相照应来突出情节、领会感情，使学生发现于素淡的叙事方式和平实的情节之外，作者对"我"的愧疚和理解、父亲的深沉爱意这些复杂情感融合而成的父子亲情的诗意抒发。由此进行的散文教学，既重视了散文的语言、细节、叙事技巧、情节、意境等"形"的方面，也使学生通过对"形"的理解和赏析体认到文本背后作者个性化的情感表达这一"神"的部分。基于现当代散文的诗性和小说性特征进行教学，重新审视散文的形神关系，将二者重新统一，可以解决由于"形散神不散"这一理论教条所造成的散文解读简单化、散文教学模式化等问题，实现散文教学新的突破。

二、突出散文的文体特征

在教学中讲"形散神不散",实际是强调了散文"神不散"这一特征。但是细究起来,无论文本中包含了怎样复杂的情感,每一篇文学作品总是有一个总体的情感倾向的,也就是语文教师们常说的情感基调。这个情感基调总是确定的,也可以说"神不散"总是确定的,这是所有文体的共同规律,并不是只有散文才如此。因此将教学重点放在挖掘文本中的情感倾向、主题思想这一做法并不是只可用于散文教学,在诗歌、小说和戏剧等文体中也是可以使用的。一个放之四海皆准的教学模式对于具有鲜明文体个性的文本来说显然是不够的,作品的文体特征也应该受到重视。《普通高中语文课程标准(实验)》从语文知识、语文能力和语文素养等方面对学生的学习做出了要求,现当代散文教学当然要注重引导学生体认作者情感和生命体验,但是不能只分析情感,还应该基于散文的诗性和小说性特征强化师生文体意识,让学生通过散文学习能够掌握相关的文体知识、学会散文文体写作、提升审美能力等。散文介于诗歌和小说之间,在语言和意境等方面具有诗歌的特征,在叙事技巧等方面具有小说的特征,这是散文与诗歌、小说相似的地方。但是散文的语言不似诗歌语言的高度凝练,散文意境不似诗歌意境的夸张、超脱现实、极致地追求音乐性,而是贴合生活、平实内敛;散文的叙事不似小说讲究完整而跌宕的故事情节和典型的人物形象;散文更重要的是通过外在语言选择、意境营构、叙事结构来传达作者的个体情思和生命体验。也就是说,通过叙事来抒情才是散文的指归。在教学中突出散文的这一特性,突出散文的文体特征,强调散文与诗歌、小说等其他文体的不同之处,强化师生对散文文体的重视是将散文教学区别于其他文体教学的重要途径。

三、树立正确的审美导向

基于现当代散文的诗性和小说性进行教学,强调散文的文体特征,实际上也是强调散文的审美教学。由于学生对散文文体特征不理解,常常误以为辞藻华丽、意境优美、情感抒发含蓄而哀婉的散文才具有较强的审美性,而现当代散文在写人记事方面的智趣、叙事方面的精心安排和情感节奏的起伏变化等审美特征被忽视。长此以往,学生容易形成重视语言的雕琢、华丽辞藻的铺排等阅读心理和写作心理,出现为文造情、矫揉造作的审美倾向。基于现当代散文的诗性和小说性进行教学,在教学中突出散文除了学生所熟知的语言之外的其他审美因素,以此来纠正学生对于散文的审美表现的认识偏误,扩大学生关于散文文体的知识面,让学生认识到"什么是美的",对"美是什么"有所感知,拓宽学生对于审美的认识，树立正确的审美导向。基于现当代散文的诗性和小说性特征进行教学，突出这些特征在文本中的表现，实际也是告诉了学生美的散文应该包括哪些方面，散文写作可以如何谋篇布局、怎样根据抒情需要来结构语言、选择叙事技巧，这对于学生在散文写作上有一定的帮助和借鉴意义，从而有助于改善中学生中普遍存在的形式华丽而内容苍白的散文写作问题。

第三章 基于诗性和小说性特征的现当代散文教学策略

《普通高中语文课程标准（实验）》中明确指出教师应该"灵活运用多种教学策略，有针对性地组织和引导学生在实践中学会学习。"[1] 以往"形散神不散"的散文教学理论已经暴露出许多不足之处，因此要重新回到散文的本质上来看现当代散文的教学。根据本文第一章中的分析，我认为现当代散文的教学应该从诗性和小说性特征切入，抓住散文的文体特征进行。

第一节 品味诗性语言体会情感表达

语言文字是文本的载体，同时也是文本本身，任何一篇散文总要通过个性化的语言来表达作者的个体情感和观点态度。叶圣陶说："文艺鉴赏应该以认识语言文字为出发点，这件事很浅近，但是是最根本的。"[2] 披文入情、因言求意，这是阅读散文的过程；散文教学，自然应该从品味语言开始，通过对语言的品读来体会作者的情感。现当代散文的语言美是毋庸置疑的，有的质朴自然、有的生动活泼、有的含蓄凝练、有的情深意切，舒卷自如，行云流水；或描写叙事，或抒情议论，无论怎样，作者总要通过精心巧妙地运用语言把他所见所闻，所思所想的一切表达出来。因此，在教学中引导学生揣摩和品味散文语言，通过对语言的美来体会文本丰富的内涵、作者个性化的情感表达是阅读鉴赏现当代散文作品时必不可少的工作。通过引导学生品味和赏析文本的语言美，能让学生更好地接近作者，走进文本，更深地理解蕴含在文本中的思想内涵，同时也有助于学生语言

---

[1] 中华人民共和国教育部.普通高中语文课程标准（实验）[S].北京：人民教育出版社，2003：2.
[2] 中央教育科学研究所编.叶圣陶语文教育论集[M].北京：教育科学出版社，1980：86.

素养和写作水平的提高。

一、品读语言的音乐性读中见疑以读带情

朱自清先生说过，吟诵与了解极有关系，它是欣赏的必经步骤。诗歌善于通过高度凝练的语言、天马行空的想象来抒发情感；小说则重在通过细节描写和平实简洁的语言来塑造典型环境、典型人物、突出主题，散文的诗性和小说性特征却与诗歌、小说的语言和言意关系有所区别。散文的诗性语言虽然不像诗歌语言那样追求严格的韵律和节奏，常常是细腻而准确的，但是它确是作者情感变化的体现和情感灌注的载体，并随着情感的变化而出现语言的气韵和节奏的变化，富有音乐性。这是散文语言的诗性资质，它以人们通常能够感知体会到的情感为基础，相较于诗歌语言更为准确、容易感知，相较于小说语言则更加蕴藉、耐人寻味。学生在初次接触散文文本时容易通过个体对语言的感知被文章的语言节奏所吸引，对于这样的散文来说，读是进入文本的一个好的开头。通过读，学生能够快速地进入文本，品味出语言的节奏起伏、浓淡变化，整体感知散文的情感基调，对作者的情感倾向有所领会，这样才便于更好地深入文本、进行解读。读是一个进入文本、了解文本的方法，而文本中充满音乐节奏的语言是读的重点。音乐性是散文语言的诗性特质，主要表现在叙事语言的长短错落、句式的回环往复、叠音词的运用等。教师可以引导学生通过朗读这些诗性的语言，抓住散文语言的音乐美，挖掘语言背后作者的情感。

中学语文教材中的现当代散文选文多是优秀散文作家的优秀篇目，语言长短错落，读起来如珠落玉盘般，有着较强的音乐性。如《故都的秋》中写道：

江南，秋当然也是有的；但草木凋得慢，空气来得润，天的颜色显得淡，并且又时常多雨又多风；一个人夹在苏州上海杭州，或厦门香港广州的市民中间，混混沌沌地过去，只能感到一点点清凉，秋的味，秋的色，秋的意境与姿态，总看不饱，尝不透，赏玩不到十足。秋并不是名花，也并不是美酒，那一种半开、半醉的状态，在领略秋的过程上，是不合适的。[1]

俗话说，书读百遍其义自见。在讲授这一段时，教师可以采用朗读的方式。首先，引导学生朗读这一段中对江南之秋的具体描述——"但草木凋得慢，空气来得润，天的颜色显得淡，并且又时常多雨又多风""秋的味，秋的色，秋的意境与姿态，总看不饱，尝不透，赏玩不到十足"，让学生对江南之秋有一个整体

---

[1] 课程教材研究所，中学语文课程教材研究开发中心等编.普通高中课程标准实验教科书语文2：必修[Z].北京：人民教育出版社，2006：7.

的感知印象。然后，教师通过提问来提示学生注意短语结构的重复出现和句子长短的变化，如"这一段对江南之秋的描写中用了几个相似的结构，请找出来"，来赏读这句话中的语言结构，学生能够找出几个写草木、空气、天的颜色都用了相同结构，写江南之秋是"看不饱，尝不透，赏玩不到十足"，都用了中补式结构，在句式长短上也有参差错落之感。此后，教师再让学生结合语言结构再次朗读这段话，要求读出节奏感，让学生在读中深入体会句子在结构上的和谐统一、在长短上的参差错落。再次，组织学生通过多次品读，讨论和分析这些句子在语言节奏上和情感表达上的效果：读起来整齐和谐，富有节奏感；相同短语结构的重复使用来写江南之秋，在作者眼中江南生活也就如这般日复一日、黏腻寡淡、缠绵无尽的，表达出作者的厌倦感。最后，教师就可以把学生领入到语言背后的情感表达上去了，引导学生品读几个"不"字句式，通过分析几个相同短语结构的重复使用，让学生明白这是作者在反复强调自己对江南之秋的不喜欢，对江南生活的不满意，是作者生活情感的表露。

教师可以设置诸如此类的问题："人们习惯将重要的事情重复说，这其实是一种强调的手段。郁达夫这里用相同的结构想要反复说明的是什么？""若改变原文参差错落的结构，在情感表达上有何不同？"等等。如此一来，学生就能够通过品读散文语言的节奏变化，体会到这些句子结构背后强调的情感。

二、对比重章叠句细品语言深意

现当代散文作家善于在语言结构上做文章，通过重复的句式结构甚至相同叙事语言在文中的反复出现来彰显类似诗歌的重章叠句、回环往复、一唱三叹的结构之美，更重要的是，这种重复叙事的方式也是串联文章情感节奏起伏变化的一个叙事脉络和线索，在结构上比较显眼且能够提示读者作者的情感变化。这是现当代散文诗性和小说性特征在语言结构上的一个表现。鲁迅的《记念刘和珍君》中就多次出现了重复的句子。在第一节中说"我也早觉得有写一点东西的必要了"[1]，在第二节中又两次出现这样的句子——"我也早觉得有写一点东西的必要了"[2]"我正有写一点东西的必要了"[3]。这三处从句子形式和内容上来看几乎无甚

---

[1] 课程教材研究所，中学语文课程教材研究开发中心等编. 普通高中课程标准实验教科书语文1：必修[Z]. 北京：人民教育出版社，2006：27.
[2] 课程教材研究所，中学语文课程教材研究开发中心等编. 普通高中课程标准实验教科书语文1：必修[Z]. 北京：人民教育出版社，2006：27.
[3] 课程教材研究所，中学语文课程教材研究开发中心等编. 普通高中课程标准实验教科书语文1：必修[Z]. 北京：人民教育出版社，2006：27.

区别，但是其背后却表达了鲁迅不同的情感，是全文中鲁迅情感发展变化的主要脉络所在。在教学时，教师可以将这些重复的部分提出来，通过对比分析这三处重复的句子出现的不同语境和针对的不同对象，帮助学生体会到重复句子背后的情感发展，体会到作者这冷峻、反复的叙事语言在情感表达上起到的强烈的抒情效果和情感强调作用。

在教学中，教师可以通过对比分析对话的对象及语境，让学生去体会语境下的情感表达。教师可以提问学生文中三处的"我也早觉得有写一点东西的必要了"这句话分别是在怎样的情况下说出来的，当时鲁迅所面对的对象是谁，以此进入文本的分析，问题设置如下：

①你怎样理解第一处句子中的"也"和"早"？

②在第二处句子出现的地方，"这似人非人的世界"是指哪样的世界？

③在第三处句子出现的地方，如何理解"忘却的救主快要降临了"？

④这三处重复句子分别是在怎样的情况下说出来的？鲁迅所言说的对象分别是谁？

⑤三处句子在写作意图上是否一样？分别表达了鲁迅怎样的情感？

⑥结合文本思考，相同句式的重复出现在情感表达上有何效果？

由此我设计出这样的结构示意表：

表 3.1

	言语对象	言语环境	言语意图/情感表达
第一处	程君	在执政府前遇难的刘和珍等爱国学生的追悼会	对刘和珍的哀悼和尊敬
第二处	暂得偷生的庸人、这似人非人的世界	我们还活在这"以时间的流逝，来洗涤旧迹，仅使留下淡红的血色和微漠的悲哀"的世上	揭露社会的黑暗和冷漠，表达鲁迅对这非人世界的强烈控诉和谴责
第三处	暂得偷生的庸人、这似人非人的世界	距离刘和珍等爱国青年学生牺牲才两星期，忘却的救主就快要降临了	提醒人们不要忘记反动势力的邪恶残暴、激励生者要继续为革命事业奔走战斗，表露出鲁迅对麻木人群的讽刺和对革命美好未来的憧憬

三处句子几乎完全一样，但是在不同的语境下出现在文中不同的地方就表达了作者不同的情感态度，它们都有着冷峻理性的语言表达效果，有着同样表达效果的句式重复使用，其实也是对冷峻话语背后热烈情感的抒发和强调，表达出鲁迅的极端愤怒和深深惋惜。这种表面看来完全一样，但细究起来情感态度有所不同，实际上又有相同表达效果句子应该是教师在进行教学时重点挖掘的对象，在

教学中应该被提出来让学生讨论分析，发表自己的见解。通过对比相同的句式，分析出其背后的情感变化，有助于提升学生的语言分析和情感表达能力。《记念刘和珍君》这一篇散文中还有几处用到了重复的句式，如写刘和珍是"常常微笑着，态度很温和"，作者抒发情感的"我向来是不惮以最坏的恶意，来推测中国人的"等等。这些句子无一例外地表达出作者的情感态度，教师在教学过程中应该关注文本中重复出现的句子，其后必有作者的叙事深意和强烈的情感抒发。这里不再做分析。

三、品味叠音词读写结合再现画面

除了语言的长短错落、句式的回环往复是作者匠心独运、用以表达丰富情感内涵的叙事表现之外，现当代散文作品中叠音词的运用也有相同的情感表达效果。如余光中的《听听那冷雨》中就运用了大量叠音词，读起来富有节奏感。教师需要引导学生通过读来体味"或是在江南的泽国水乡，一大筐绿油油的桑叶被啃于千百头蚕，细细琐琐屑屑，口器与口器咀咀嚼嚼"[1]这种细雨飒飒的意境。尤其是要提示学生注意品味"桑叶被啃于千百头蚕"这一画面：蚕咀嚼桑叶的声音其实非常细微，只有在外部好久相对较宁静、桑叶非常鲜嫩、蚕多且健康活泼的情况下才能听到，从而让学生感知到作者当时是以宁静安详的心理状态在宁静的自然环境中欣赏一场细密的春雨。这些叠音词以动衬静，表现出作者安宁的心理状态，也通过对蚕食桑叶这一细微场景的再现和放大，流露出作者对这一场景的喜爱、对江南之雨和古大陆的怀念。

在具体教学时，教师可以采用读写结合的方式：首先让学生朗读文本片段，再提示重点语句的节奏感，要求学生带入情感、置身其境去吟诵"细细琐琐屑屑""咀咀嚼嚼"这些叠音词；然后让学生将自己对这些语言节奏的感受以文字的形式呈现出来；再让学生联系自身经验，分析出蚕食桑叶声响的细微，发挥想象和联想，对比分析蚕食桑叶与江南飘雨在声音和状态等方面的相似之处；最后，在学生对蚕食桑和江南雨的画面有所感悟之后，让他们用文字再现"杏花烟雨江南"这一画面，从而从文中对蚕食桑叶的语言描绘，和自己对江南烟雨的画面再现中去体会江南细雨的密集和轻柔，领悟到这些画面中饱含的作者对江南之雨以及江南生活的思念之情。学生在初读时，会首先注意到作者对台北的雨的描绘，也能够读出几个叠音词的审美效果，对这种美有所感知，到了"可意会"的

---

[1] 丁帆，杨九俊主编．普通高中课程标准实验教科书语文：必修2[Z]．南京：江苏教育出版社，2004：95．

程度，有再读几遍一品其中韵味的情感准备。此时老师可以趁热打铁，让学生再次自读这几句，帮助学生在多次诵读的基础上去接触语言的节奏，感受散文语言的魅力，体会余光中独具风格的语言节奏美。此后，教师需要引导学生分析"雨"的作用和几个叠音词在描绘雨中场景上的作用，联系全文体悟作者的思乡之情，在学生对语言背后的情感有了一定的感知后，教师还可以带领重新品味这些描写雨的语言，使学生对情感的感知和因叠音词的使用而产生的散文的音乐性、画面感更深地契合。

第二节　把握叙事结构感知情感变化

李渔说过："至于结构二字，则在引商刻羽之先，拈韵抽毫之始，如造物之赋形，当其精血初凝，胞胎未就，先为制定全形，使点血而具五官百骸之势。倘先无成局，而由顶及踵，逐段滋生，则人之一身，当有无数断续之痕，而血气为之中阻矣。工师之建宅亦然，基址初平，间架未立，先筹何处建厅，何方开户，栋需何木，梁用何材，必俟成局了然，始可挥斤运斧。倘造成一架，而后再筹一架，则便于前者不便于后，势必改而就之，未成先毁，犹之筑舍道旁，兼数宅之匠资，不足供一厅一堂之用矣。"[1]他这段话旨在说明写文时要先根据情感来安排文章结构，要有一个整体观，胸有成竹才好做文章。但是散文不同于诗歌和小说，散文的结构是随着情感和意识的流动而自由生发开去、舒卷自如的，散文叙事结构如何变化全依赖于作者的情思和意识如何跳跃，这在某种程度上体现出散文之"散"。从另一个角度说，散文的叙事结构体现着情思的流动，因此散文的情感变化也是能够通过显性的叙事结构为读者准备把握的。

一、于文眼处质疑感知情感基调

在任何一篇现当代散文中，作者的情感都不是直线式发展的，而是会在语言材料背后显现出波澜起伏的动态变化，甚至有时候是回环往复的，往往还伴随着情感强弱的变化。但是无论作者的情感有怎样的起伏变化，作者对于所叙述的对象总有一个相对固定的情感倾向，也就是散文的情感基调。它是"作者在文章中流露的对某个人或事的具体的感情形态，而是贯穿作品整体的一个主旋律，是一个总的感情倾向"[2]。如同诗歌有诗眼，散文也有文眼。散文的文眼可以是一个

---

[1] [清]李渔著，李树林译.闲情偶寄[M].重庆：重庆出版社，2008：13.
[2] 闫露.现代散文审美性教学研究[D].山东师范大学，2015：21.

词、一句话甚至一个段落，是整篇散文思想情感和观点态度的集中体现，统领着散文的叙事脉络和情感走向。散文的情感基调是能够通过找准散文的文眼、分析叙事结构来感知的。现当代散文的这种"散"在高中语文教材选文中有较多体现，比如朱自清的《荷塘月色》。这篇散文中有一种悠长的意味和情思，随着这种情思的流动，叙事章法也就被带动起来了，也就是如佘树森先生说的"以'意'或'情'或'思'作为散文的'内控线'。表面看来，似流水行云，无迹可求；实则蜿蜒曲折，自有'伏线'。"[1] 这也使得这篇散文读起来让人觉得事随情迁、生气灌注、气韵和谐。

《荷塘月色》以一句"这几天心里颇不宁静"统领全文，开门见山地抒发情感，这就是这篇散文的文眼，奠定了全文的情感基调，后面的叙事脉络和情感变化都围绕着这一情感基调，所以教师在问题设置上可以围绕着这一句进行。教师教学时可以在组织学生通读全文之后，向学生发问："作者为何会夜访荷塘？"这样来展开对叙事脉络的讨论，使学生能整体把握全文的情感基调。由家到幽僻的煤屑小路，再到月色下的荷塘，最后再回到家中，全文的写景轨迹或者说叙事脉络是跟随作者月下散步的行踪而写就的，根据行动路线而呈现的写景安排是这篇散文在叙事结构上的特点。这样的叙述脉络下体现了是朱自清这一情感变化历程：心中不宁静——忘却现实，暂时自由——沉醉荷塘，淡淡喜悦——想到往事，流露哀伤——回到现实，滋味万千，总体上呈现出一种淡淡的喜悦和轻愁相互交替的起伏变化。因此，教师在此可以设置第二个问题，"作者夜访荷塘的行踪是怎样的"，以此来提示学生注意全文的叙事是随着作者的散步路线结构而成的；然后再让学生根据这一叙事脉络通读全文，通过读来整体把握文本的情感变化。之后，教师可以带领学生再次回到之前讨论的文眼上，提问学生："作者夜访荷塘之后，他的心里宁静了吗？情感状态有怎样变化？"以此来引起学生的质疑，从而深入文本再次分析探讨朱自清在"月下荷塘"和"荷塘上的月色"两个情境中的情绪，以及他结束夜访之旅，由荷塘回到家中时的情感流露。

对于学生来说，作者在月下荷塘中所获得的安宁、平静、身心和谐能够较容易地体会出来，但是在分析作者回到家中那一段的描写却有难度，也容易忽视这一部分的情感表达，因此得出朱自清经过夜访荷塘，心里不宁静的状态得到净化，呈现出宁静和谐的状态。这显然是不对的。此时，教师可以提出文中最后一段朱自清在江南采莲的趣事中，猛然回到现实家中门前这一在叙事结构上的突兀转折在阅读心理上造成的不和谐之感，让学生对之前的回答产生质疑和探究欲，

---

[1] 佘树森. 中国现当代散文研究 [M]. 北京：北京大学出版社，1993：244.

再引导学生分析出"月下荷塘"的宁静安详和现实生活的不如意在情感上造成的错位，体会出在这样的叙事结构背后隐藏着的作者的心中不宁静——进入理想世界，暂得自由，心中宁静和谐——回到现实，负担仍在，一切如旧这一情感变化。至此学生才能通过对作者情感变化的体悟解决之前的质疑，真正地理解文本所描绘的"月下荷塘"和现实生活所形成的反差，理解作者的情感变化。

二、于可疑处质疑串联叙事脉络

佘树森在《中国现当代散文研究》中指出，散文的结构主要包括理念结构、意念结构和感觉结构三种。理念结构即对文本的构思受理性的控制，讲究立意和上下文严密的逻辑关系；意念结构即以情感意识的变化来结构文本，表面看来散漫自由、无迹可寻，实则有情感意识作为一条线牵引全文结构；感觉结构即以作者的所思所感来结构文本，是由外部事物来触发作者的情感体验。其中，理念结构和意念结构是常见的散文结构模式。在高中语文教材中就有两种结构类型的现当代散文代表，分别有以理念结构叙事的《咬文嚼字》和以意念结构叙事的《我与地坛》等。无论哪一种结构模式，现当代散文的叙事结构总是跟随作者情感的变化而变化，只是理念结构的散文有一个明确而固定的情感态度，而意念结构的散文的情感意识有着强弱、浓淡的变化。因此在教学过程中，对于那些因情感变化强烈而造成的叙事片段的变化、叙事脉络的跳跃的散文，教师需要串联起各个叙事片段，形成整体的叙事结构，从而让学生更好地挖掘文本的情感变化。

比如人教版高中语文必修一中的《小狗包弟》是选自巴金散文集《随想录》中的一篇回忆叙事性散文，里面关于小狗包弟的叙述有这样的走向："我"与包弟初次见面并亲密相处了七年——在政治背景和社会高压下不知如何安置包弟——送走包弟——送走包弟后的心情——十三年后的物是人非。在这样的叙事走向中表现出作者的情绪变化：与包弟相处的愉悦——"文革"棍棒下的胆战心惊——送走包弟后的轻松——良知被"解剖"的煎熬和忏悔——表达歉意，至今不得心安。可以看出，在文中回忆包弟和过去生活的部分中，情与事是紧密地结合在一起的，情感紧随叙事起伏变化，事件牵动作者的情，叙事结构紧凑，在情节叙述上有如一篇情节丰富的小说，似乎在看一部跌宕起伏的电影。在初次接触这篇散文时，学生能够较容易地理解按照时间顺序和情节的发展来结构的这一部分，从情节发展中提炼出叙事结构和情感变化。所以教师在这部分只需要稍加提点，从叙事脉络中去分析作者的情感变化。

此外，文中还有另外一个故事，即艺术家与狗的故事，这个故事作为文章的引子部分与主体部分的"我"与包弟的故事完全独立，看似没有逻辑联系，但其实它们不仅在内容上有着相似性，在情感表达方面也是互为补充和映衬的关系。艺术家与狗的故事体现出艺术家的无辜和周围人的无情，而文章主体部分通过写"我"对包弟的存在由喜爱到感到包袱沉重，再到忧虑，最后深感忏悔的情感变化，体现出"我"在时代大背景下的无奈和包弟在人面前的无辜。两则故事相联系和比较，"我"的身份与艺术家相重合，是无辜的受害者；而站在包弟的角度，"我"又与周围人的身份相重合，是无情却也无奈的加害者，这种复杂的身份对比，其实就是扭曲的人物身份的体现，流露出作者通过"文革"中人性扭曲的现状而发自内心地对人性回归的呼唤。艺术家与狗的故事作为文章的一个引子部分，在情感方面对文本主体起到了补充和照应的作用，是全文情感表达的一个方面，在教学中不可被忽视，因此教师要将这两个故事相联系，将两个叙事结构相融合。

在实际教学中，学生在初读这篇散文时可能会把艺术家与狗的故事直接忽略过去，或者仅仅将其视为下文写"我"与包弟的故事的一个铺垫。基于此，教师需要指出这里的矛盾之处——艺术家与狗的故事，"我"与包弟的故事若真的不相关，作者又怎会将其放在一起；既然放在一起，那么这两个故事必然存在联系。教师可以在此提出质疑："文章第一段写了什么故事？这个故事揭示了"文革"时期怎样的社会现象？它与全文有什么关系？作者为何要在叙述自己与包弟的故事之前加入这个故事？结合全文，这个故事在文中又怎样的表达效果和作用……"通过诸如此类一连串的发问，不仅可以引起学生对艺术家与狗这一故事的重视，还能够串联起两个看似无关的叙事片段，进而深入地分析两个故事间的关联，让学生明白文中的两个叙事结构、两条情感线索实则互相照应。由此引导学生分析出两个故事背后作者的双重身份和矛盾情感——"我"与艺术家同属于无辜的受害者，在时代背景下失去了生命自由的无奈，是弱者；"我"迫于政治背景的压力、为了自己的生命安全将包弟送上解剖台，是剥夺生命的刽子手，与引子中的周围人同属加害者，相较于包弟和艺术家来说，是强者。从"我"身份在相同环境下面对不同对象的强弱变化，体现出人性扭曲的现状，联系主体叙事部分"我"的情感变化，表达了作者的自我拷问和对人性的呼唤。

第三节 抓住关键细节突出情感倾向

现当代散文总要通过叙事来表达情感。但是散文的叙事是有节制的片段的叙事，所塑造的人物形象也只是人物的一个侧面，体现在叙事结构上就是呈现出前后互相关联、但逻辑并不十分严密的片段化叙事。无论如何行文，散文的神韵、作者的思想情感总是摆在第一位的，叙事中存在着散文的文气与情理，在叙事发展的呼吸之间，作品的情绪表露无余。在散文中往往最能体现这些理性思考、作者情感的是一处处的细节描写，往往一个动作、一句话、一个关键词就表达了作者的情感倾向。散文的细节描写就像一个个特写镜头，能将散文的细腻之处无限放大，再组成一帧帧真实动人的画面，给读者以临场感，再在这样的场景中呈现作者的情思。因此，在教学中教师要关注散文中的细节之处。

一、细读文本抓住关键改换字词

在现当代散文教学中，教师不能仅仅止步于宏大场面营造的整体意境美，也要通过文本细读的方式引导学生分析文本的微小之处，让学生关注文本中特殊语境下某些细节描写的特殊意义。这些细节之处往往在于描写景物的几个动词、形容词，或者人物的一个动作、几句对话，甚至文本中作者的几个感叹词等等，它们都或多或少地体现出叙事者或者说作者的情感倾向和主观态度。抓住散文文本中的关键词句，往往能使学生对文本有更深入细致的领悟，品味出作者在细节处流露出来的含蓄而细腻的情感。

比如《荷塘月色》中在营造月下荷塘的美妙意境时，有"月光如流水一般，静静地泻在这一片叶子和花上。薄薄的青雾浮起在荷塘里……"这样的描写。教师在教学中需要提示学生重视"泻"和"浮"这两个关键词："泻"字与前面的"月光如流水"相呼应，在学生的生活经验中，"流水"这一形象大多是温柔轻缓、不急不躁的，用来比喻"月光"，在语言感知上有一种水幕之下的朦胧动感，这就体现出作者的个性体验，反映出当时朱自清宁静和谐的心理状态；将月光照耀、雾迷荷塘这样的景象描写得如此宁静和谐，充满诗情画意，流露出作者在这样的月下荷塘中的轻松自由的心情和对这宁静环境的由衷喜爱，教师常说的此文的"淡淡的喜悦"在这两个动词的表达效果中可见一斑。

教师在分析文本时就可以将这两个关键词提出来，并且针对性地设置问题。如某教师就抓住这一点，采用了换字的方式，提问学生是否可以将"泻"和"浮"分别换成其他字，然后组织学生交流讨论，并提示学生结合"月下荷塘"和"荷塘上的月色"所呈现的意境来展开联想，然后帮助学生形成对"月光泻在叶子和花上"和"青雾浮起在荷塘上"这两个意境的描述，尤其突出"泻"和"浮"在情感上的表达效果，学生通过自己的描写总结出"泻"与"浮"的妙处所在正是体现出作者对"荷塘上的月色"的感受，与作者当时在月下、在荷塘所获得的生命体验是一致的，因此这两个字用得很妙，换为其他字可能达不到这种情感表达效果。由此让学生领悟到细节描写的妙处和细节背后细腻的情感。

又如《故都的秋》中，郁达夫写北平的秋蝉用了一个"养"字，北平的蝉是被"养"在家中的，这是一个非常细微的地方。教师在教学时可以提出来，设置如"文中写北方的蝉用了一个'养'字，请结合你的生活体验谈谈这个字的作用"等相关问题，结合这幅秋景图，学生可以很容易通过"养"字读出作者对秋蝉的喜爱，进而分析出这个字流露出的作者对秋蝉的喜爱其实正是对故都秋天的深爱。但是这还不够，分析到这里，其实可以看出作者的这种爱还没有与全文的意境和情感基调结合起来，还没有表现出郁达夫凝结在北国之秋背后的对生活的看法，他爱的不仅是北平的秋蝉秋景，更是北方的生活。在这里，教师可以根据学生的日常生活经验提出质疑——蝉的鸣叫声常常给人以烦躁感，尤其在炎热的夏季时，这种烦躁感更是加剧，叫得人心神不宁，但是作者却说这在南方的郊外或者山上才能遇到的蝉，在北平是被养在家中的，北平的人们为何要"养"蝉？一个是郊外，一个是家中，在南北方出现蝉的地方差异说明了什么？以此让学生讨论分析，体会出北平那与自然亲近、融合的日常生活，看出北平的人们闲适的生活方式和平和的生活态度。这才将作者对秋蝉的描写转移到对秋天的热爱，挖掘出作者对北平生活的热爱。

此外，这段话中描写蝉声时用了"啼唱"一词。一般来说，这个词语多用于形容悦耳的鸟叫声，作者用来形容蝉鸣，流露出作者对北平秋蝉的喜爱。教师在教学过程中可以提出来，通过改换为其他词语，如"鸣叫"等，向学生发问，让学生思考换词之后是否还有"啼唱"这样的表达效果，让学生将生活体验中的蝉鸣和作者笔下的北平秋蝉声作对比，从而突出作者对北平的秋蝉、北平生活的喜爱。

二、着眼细节描写还原情境

一些现当代散文作品，尤其是写人记事类散文，多用情节和人物来组织文章、传情达意。但是散文不是小说，不以塑造典型的人物形象为目的。散文作品中所描写的人物都是真实的客观对象，在对人物的塑造方面也不追求完整的、鲜明的形象，而是重在通过对人物的刻画和场景中的细节描写来表达作者对人物的情感态度，因此分析散文作品中的人物形象也是深入理解散文文本和作者情感的重要途径。散文与小说不同，散文的人物塑造和情节描写都是场景式、片面性的，每个场景之间不必具有因果逻辑关系；篇幅也有限制，散文远远不像小说那样用完整故事情节串联起全文，突出塑造典型的人物形象；但是散文的每一个场景和每一个细节描写都指向同一目标，都为塑造形象而服务。此外，散文与小说不同之处还在于小说是要"编好故事"，增强可读性，以给读者留下深刻印象，因此小说家多在跌宕的情节中安插大量且激烈的矛盾冲突，在这些矛盾塑造典型人物形象。同时，优秀的现当代散文在写人记事方面又多借鉴小说笔法，攫取某一场景，通过安插矛盾冲突来放大其中的细节描写，从而在矛盾冲突中展现人物形象。因此在现当代散文教学中，抓住有限细节描写中的矛盾冲突来分析人物形象，进而达到挖掘散文丰富内涵的目的就显得尤为重要。

比如梁实秋的《记梁任公先生的一次演讲》一文，描写梁启超讲《箜篌引》《桃花扇》《闻官军收河南河北》时，作者采用了神态描写和动作描写，在开场白部分，采用了语言描写，这些描写语句精彩生动，能够较为明晰地传达出作者在这一次演讲中对梁启超先生的印象。因此在教学过程中，教师可以在这些细节描写处设置问题，引导学生通过细节描写去分析人物形象。梁启超先生的开场白部分是这篇散文较为明显的矛盾冲突点之一："一共只有两句，头一句是：'启超没有什么学问——'眼睛向上一翻，轻轻点一下头'可是也有一点喽！'"[1]。教师可以设置诸如"如何理解梁启超先生在说自己没有什么学问后，又说也有一点？""这两句话分别表现出梁启超先生怎样的性格？""这里的开场白在演讲辞中起到了怎样的表达效果？""综合分析，梁启超先生简短的两句话共同表现出他怎样的形象？"等问题。

在梁启超先生这充满矛盾冲突的两句开场白中，第一句看出他的谦逊和虚怀若谷；第二句看出他的自负。这两句话的表达效果作者已经在文中点明了，学生也能够轻松地领会到。但是大多数老师对这两句开场白的分析止步于此，没有看到两句话引起的矛盾冲突，更没有细究这一矛盾之处的表达效果——一般来说一位公认的学术泰斗在公开场合的演讲中说自己"没有什么学问"，在表现自己谦逊品质的同时也为演讲奠定了严肃的学术氛围；但是后面紧跟着一句"可是也有一点喽"又在自负中显得真实可爱，能够拉近学生泰斗和普通人之间的关系，活跃演讲氛围。因此两句话综合起来不仅在演讲的语言技巧方面有极佳的表达效果，从情理上拉近了演讲者和聆听者的关系，更是表现出梁启超先生真实可爱、稍显幽默、平易近人的真性情。"眼睛向上一翻，轻轻点一下头"这两个动作描写更是梁启超先生的真情实感的自然流露——翻眼是一个思考的动作，点头是表达满意或者赞同的动作，这两个动作顺次出现，展现出梁启超先生思考后下结论的一连串心理活动，是梁启超先生不忌展示自我的真实体现，印证了梁启超先生谦逊又自负、真实而可爱的人物性格。散文的矛盾冲突虽然不及小说那样激烈，

---

[1] 课程教材研究所，中学语文课程教材研究开发中心等编．普通高中课程标准实验教科书语文1：必修[Z]．北京：人民教育出版社，2006：36.

但散文细节描写中的矛盾之处同样可读可赏,细细品味这些细节、挖掘其中的矛盾闪光点,也能够给读者留下深刻的印象。

说到细节描写在表情达意上的精妙效果,还有鲁迅的《记念刘和珍君》这一篇散文代表。文中第五节对于刘和珍等青年爱国学生的遇难经过的描写可以说是整篇散文叙事最为精细的部分了,生动细致地再现了三位青年爱国学生的遇难经过。文中对遇难学生挨个挨个地写她们的遇害过程:

(刘和珍君)但竟在执政府前中弹了,从背部入,斜穿心肺,已是致命的创伤,只是没有便死。同去的张静淑君想扶起她,中了四弹,其一是手枪,立仆;同去的杨德群君又想去扶起她,也被击,弹从左肩入,穿胸偏右出,也立仆。但她还能坐起来,一个兵在她头部及胸部猛击两棍,于是死掉了。[1]

这一段细节描写将子弹击在青年学生的哪些部位、给她们造成了怎样的伤害、被子弹击中后她们的伤势情况都一一描绘了出来。在教学时教师可以引导学生通过品读这些细节描写,跟随作者的叙述,发挥想象能力,在脑中还原作者所描述的情境。然后,教师可以通过提问来使学生加深对情境的体会,可以从几个问题入手:鲁迅先生是否在案发现场?在叙述青年爱国学生遇难的经过时,作者采用了什么手法?这样写达到了什么样的抒情效果?你读了这一段纪实性文字之后,对青年爱国学生被残忍杀害这件事有何感受……作者如同身处现场的目击者般记录每一个人的遇难情况,刽子手杀人的过程甚至每一个动作都被一一呈现出来,毫发毕现。正是这一部分详尽细致地描写刽子手的杀人过程,揭露了统治者的残暴,同时也在近乎冷酷无情的叙事话语中表达出作者强烈的愤怒,深入读者的心灵和情感,带动起读者的愤怒情绪,读来令人如鲠在喉、怒发冲冠,忍不住拍案而起。学生通过这些细节描写还原刘和珍等人遇难的过程,再通过思考那几个问题来加深对情境的印象和体会,能够引起他们对爱国青年学生遇害的愤怒,能够通过这些冷峻详尽的细节描写中捕捉到鲁迅强烈的愤怒情绪,达到与作者情感的共鸣。

第四节 联系虚实意境领悟情感暗示

"叶圣陶先生曾指出,文艺作品往往不是倒筐倒箧地说的,说出来的只是一部分罢了,还有一部分所谓言外之意,弦外之音,没有说出来,必须驱遣我们的

---

[1] 课程教材研究所,中学语文课程教材研究开发中心等编.普通高中课程标准实验教科书语文1:必修[Z].北京:人民教育出版社,2006:27.

想象，才能够领会它。"[1]这就说明了散文在语言表达方式上也如诗一般存在意在言外，情在意中，具有一定的暗示性。这也体现出想象和联想在解读散文文本和进行散文教学时的重要性。教师在解读现当代散文文本、进行教学时需要联系文中这些已经说出来了的部分，再引导学生发挥想象和联想，分析出叙事材料背后没有说出来的弦外之音和作者所要表达的情感。

一、发挥想象和联想描述意境

好的散文都不可缺少由一个个经过作者精心加工的意象所组合而成的整体意境，作者总要通过对客观对象的艺术加工和情感处理来将自己的情感态度灌注其中，从而达到情物合一的意境美。在实际教学中，多数教师和学生都认为散文的意境是"只可意会不可言传"，主观地将散文的意境神秘化，使得学生在阅读和学习散文时难以深入了解而停留在表层印象，或者用浮于表面的华丽辞藻来敷衍自己的感受，这都不利于散文审美育人功能的发挥。散文的意境确实是充满了作者的个人主观色彩，但并不是神秘的，而是可以通过发挥想象和联想能力被读者所感知和描述的。在散文教学中，教师要引导学生在初读时所获得的对文本美的感知的基础上，发挥想象和联想来描述散文的意境，从而进一步深化感悟和理解文本所表现的意境美。

比如对于《荷塘月色》中"微风过处，送来缕缕清香，仿佛远处高楼上渺茫的歌声似的"和"塘中的月色并不均匀；但光与影有着和谐的旋律，如梵婀玲上奏着的名曲"这些美妙的句子，教师可以让学生发挥联想能力，思考"清香"与"歌声""光影"与"名曲"的共通之处，再让学生想象此情此景下的"荷塘月色"，并通过语言文字描绘出来。以此让学生明白"微风送清香"与"渺茫的歌声"在夜深人静时、朦胧月色中都给人以飘忽不定、若有似无之感；荷塘上的月色因塘中高低起伏的花和叶而留下了不均匀的月影，影子的明暗跳动如同名曲乐谱上的音符般，虽然不整齐却是美妙而和谐的。由此可以想象，朱自清在营造这般意境时定然是情感与周围的环境融为一体的，换言之，朱自清在这样的"荷塘"和"月色"下心情是宁静恬淡的。通过发挥想象和联想能力，对意境进行描述和还原，能让学生真正地进入作者所描绘的意境，与作者合而为一，从而领悟到作者在那时的"荷塘"和那样的"月色"中的感悟和生命体验。其实学生用自己的语言还原作者当时所处的场景，以及在那样的场景下营造的意境的过程，是学生深化对散文意境的理解过程，用语言文字描述出来的文章或者文章片段是学

---

[1] 王耀辉.文学文本解读[M].武汉：华中师范大学出版社，2005：115.

生基于对散文意境的深入理解而进行艺术再现的结果。

《我与地坛》第一节中写"我"常常到地坛去默想呆坐，用了一段"譬如……"的句式来写地坛中在过去的十五年间仍然没有改变的东西——"譬如祭坛石门中的落日……譬如在园中最为落寞的时间……譬如冬天雪地上孩子的脚印……譬如那些苍黑的古柏……譬如暴雨骤临园中……譬如秋风忽至……"[1]这几个句子跨越了时间的限制，从太阳朝升夕落到园中四季变换，作者在对流逝中的过去、现在和未来的虚实描写之间流露出作者在地坛中所获得的对生命的感悟、对时间的思考。前面的"落日"和"落寞的时间"隐含着史铁生那一段被命运狠狠摧残的痛苦时光，后面写静立在园中不为时光所扰的古柏、暴雨之后草木泥土中清冽的味道又显示出史铁生在园中、在对生命真谛的追问中已经豁达，表现出他对生命的热爱和人生应该有所获得的信念。教师可以自己描述或者让学生描述所感受到、所"看到"的史铁生在地坛中呆坐思索的场景，提示学生想象此时此刻、此情此景下史铁生的思维过程，顺着作者的思绪流动来加深对意境的领悟，理解史铁生在生命面前的坚持和豁达。

二、辨析虚实挖掘情感暗示

从现当代散文的诗性和小说性特征来看，在散文作品中允许想象和虚构的存在，有时甚至可以说散文是虚实相生的。在一些散文文本中，想象和虚构的题材常常构成朦胧而美妙的意境，充满了诗情画意，这时候的"虚"写不应该被忽视，而是应该被拿出来鉴赏分析。王荣生在《听王荣生教授评课》一书中指出，读者阅读散文应该以悟意审美为目的。即使是用了大量想象和虚构的散文也必然是作者内心真情实感的抒写，在字里行间充满了作者的情感暗示。所以教师在教学时要注意引导学生通过联系散文的虚与实来领悟文本中的情感暗示，体会文章中的情感美。

例如余光中的《听听那冷雨》一文，这里面描写大陆江南的雨、旧式古屋前的雨都采用了虚构的手法，到处充斥着作者的想象和回忆，从现实台北眼前的雨联想到江南的杏花烟雨、想到少年时于旧式古屋前听雨，流露出作者的思乡之情，母子亲情，爱情，以及作者对中华优秀传统远去的担忧。但是我们不能说这篇散文就是为了表达作者的某一种情感而作的，不管是意境、情感、还是文化，都是在作者的笔下通过想象和联想的方式将"雨"这一主要形象串联起来的，是

---

[1] 丁帆，杨九俊主编. 普通高中课程标准实验教科书语文：必修2[Z]. 南京：江苏教育出版社，2004：95.

在听雨、看雨、写雨的过程中流露出来的，都是关于"雨"的想象。所以教师在教学时，应该注意突出"雨"这一形象，更应该引导学生运用想象和联想将这些写雨的片段串联起来，探究作者笔下"雨"这一客观实际的形象与文中因为雨而生发开去的别处风景，以及所联想到的不同场景之间的关系，从而领会各处描写"雨"、听雨等场景背后的情感暗示。首先是由眼前台北的春雨想到中国黑白片子似的磨难历史，进而沉湎于对古大陆的杏花烟雨的回忆中，再由现实生活中中国正遭受的磨难和海峡两岸长期分离的现状发出"他日思夜想的那片土地，究竟在哪里"这样的追问，暗示出作者对故乡的思念、对中国历史的思考、对现实的喟叹以及对中国未来的担忧。

教师可以通过设置"为何说中国的历史无非就是一部黑白片子？""台北的雨与中国的历史有何相似之处？""为什么作者说'这样想时，严寒里竟有一点温暖的感觉了。这样想时，他希望这些狭长的巷子永远延伸下去，他的思路也可以延伸下去'，他想到的是什么？"等相关问题，引导学生充分调动想象和联想能力来理解作者于相似场景下生发出的对故土、对中华历史文化的深切思念。一般来说，学生很容易就能领悟到文本字里行间流露出的作者的思乡之情，但是很难理解"雨"与中国黑白片子似的历史的相似之处，这时为方便学生更好地理解文本内涵，教师可以提供一些余光中的相关介绍和主要事迹、散文写就的时代背景、余光中的相关作品等资料，以对学生的进一步思考和理解文本有所启发，帮助学生更深入地理解作者所站的中华历史文化层面的思考角度。

综上所述，从现当代散文的诗性和小说性特征出发进行教学，在某种程度上就是要求教师要引导学生理解文本叙事方面的特征来领悟叙事背后的情感表达。在这个过程中，教师需要根据现当代散文诗性和小说性特征在每一篇散文篇目中的具体体现来选择教学方法，大致可以通过读写结合品味叙事语言、细读文本分析叙事脉络、抓住关键分析细节之处、发挥想象和联想以及基于感知描述意境等方法进行，进而让学生更深入地体会文本的内涵和作者表情达意的方式，达到审美教学的目的。

结　语

在中学语文教学中，散文教学尤其是现当代散文教学一直是审美教育的重要构成部分，但是在实际教学中却常常被忽视。这里面有教师和学生方面的原因，更主要是由于散文文体界限本身的模糊性，所以成了教什么都可以，怎么教都不错，散文的文体特征被淡化。"形散神不散"的散文理论长期统摄中学现当代散文教学，使得课堂教学模式化，一类散文被教成一篇散文。这些都不利于现当代散文审美功能的发挥，不利于学生审美能力和审美素养的培养。

本文在查阅和分析了大量的现当代散文理论成果后，总结出现当代散文的诗性和小说性特征及其主要表现，并进一步分析现当代散文在抒情和叙事两方面的主要特征，即细节描写、"大实而小虚"、意识流手法的运用、诗性的语言、平实深邃的意境呈现，将现当代散文的叙事和抒情的关系概括为以叙事为骨架，以抒情为命脉。基于对现当代散文诗性和小说性特征的论述分析，在对现当代散文教学现状进行调查和分析之后，提出了基于散文的特征理论和实际情况的教学策略，包括品味叙事语言、体会情感表达、把握叙事结构、感知情感变化、抓住关键细节、突出情感倾向、联系虚实意境、领悟情感暗示几方面。

本文是结合了我在读硕期间学习到的理论知识和实践经验而对现当代散文教学所做的探索，希望能作为我以后执教的一个基点和指南，同时也为中学现当代散文教学提供一点有益参考。但是由于本人能力还不够、实践教学经验尚不足，在对现当代散文诗性和小说性特征表现的论述方面、在相关教学策略的选择方面还有待完善的地方。如何在中学现当代散文教学中突出其诗性和小说性的文体特征、进行更为合理的散文教学，这将是我以后继续探索的方向。

参考文献

一、著作类

[1] 童庆炳. 文学理论教程（修订二版）[M]. 北京：高等教育出版社，2004.
[2] 周立波. 散文特写选[M]. 北京：人民文学出版社，1963.
[3] 林非. 林非论散文[M]. 南昌：江西高校出版社，2000.
[4][清] 仇兆鳌. 杜诗详注（卷十一）[M]. 上海：中华书局，1979.
[5] 周振甫. 散文写作艺术指要[M]. 上海：东方出版社，1997.
[6] 王耀辉. 文学文本解读[M]. 武汉：华中师范大学出版社，2005.
[7] 佘树森. 散文艺术初探[M]. 福州：福建人民出版社，1984.
[8] 佘树森. 中国现当代散文研究[M]. 北京：北京大学出版社，1993.
[9] 中央教育科学研究所编. 叶圣陶语文教育论集[M]. 北京：教育科学出版

社，1980.

[10] 鲁迅 . 野草 [M]. 北京：人民文学出版社，1979.

[11][清] 李渔著，李树林译 . 闲情偶寄 [M]. 重庆：重庆出版社，2008.

[12] 孙绍振 . 如是解读作品 [M]. 福州：福建教育出版社，2015.

[13] 孙绍振 . 文学创作论 [M]. 福州：海峡文艺出版社，2009.

[14] 王荣生主编 . 散文教学教什么 [M]. 上海：华东师范大学出版社，2014.

[15] 钱理群，孙绍振，王富仁 . 解读语文 [M]. 福州：福建人民出版社，2010.

[16] 周红莉 . 中国现代散文理论经典 [M]. 苏州：苏州大学出版社，2008.

[17] 海德格尔著，孙周兴译 . 林中路 [M]. 上海：上海译文出版社，2014.

二、论文类

[1] 陈剑晖 . 中国散文理论存在的问题及其跨越 [J]. 中国社会科学，2005（1）.

[2] 陈剑晖 . 论诗性散文——兼谈散文与诗歌的异同 [J]. 海南广播电视大学学报，2003（2）.

[3] 陈剑晖 . 散文的真实、虚构与想象 [J]. 南京师范大学文学院学报，2007（1）.

[4] 陈剑晖 . 论散文的诗性语言 [J]. 江海学刊，2004（2）.

[5] 辛晓玲 .20 世纪中国散文意境论 [D]. 兰州大学，2007.

[6] 闫露 . 现代散文审美性教学研究 [D]. 山东师范大学，2015.

[7] 黎海琳 . 众声喧哗：20 世纪 90 年代以来散文的文体新变——兼论散文文体的基本定位 [D]. 暨南大学，2004.

[8] 李敬 . 中学散文教学初探 [D]. 山东师范大学，2007.

[9] 高明侠 . 高中语文现当代散文教学研究 [D]. 东北师范大学，2015.

[10] 陈隆升 . 散文教学内容确定的学理依据 [J]. 中学语文教学，2011（1）.

[11] 陈亚丽 . 论"以文论事"的散文与"因文生事"的小说 [J]. 天津师范大学学报：社会科学版，2016（5）.

[12] 李建中 . 辩体明性：关于古代文论诗性的现代思考 [J]. 华中师范大学学报：人文社会科学版，2001，40（3）.

[13] 王荣生 . 中小学散文教学的问题及对策 [J]. 课程·教材·教法，2011，31（9）.

[14] 王荣生 . 根据学情安排教学内容 [J]. 语文学习，2009（12）.

[15]王荣生.散文教学内容确定的基本路径[J].中学语文教学,2011(1).

[16]郑逸农,周晓天.《荷塘月色》"非指示性"教学设计[J].语文建设,2009(11).

[17]李海林.散文教学要从"外"回到"里"[J].中学语文教学,2011(2).

[18]步进.散文教学如何"品味语言"[J].七彩语文:中学语文论坛,2015(3).

三、教材和其他类

[1]中华人民共和国教育部.普通高中语文课程标准(实验)[S].北京:人民教育出版社,2003.

[2]丁帆,杨九俊主编.普通高中课程标准实验教科书语文:必修2[Z].南京:江苏教育出版社,2004.

[3]课程教材研究所,中学语文课程教材研究开发中心编著.普通高中课程标准实验教科书语文必修1[Z].北京:人民教育出版社,2006.

[4]课程教材研究所,中学语文课程教材研究开发中心编著.普通高中课程标准实验教科书语文必修2[Z].北京:人民教育出版社,2006.

[5]课程教材研究所,中学语文课程教材研究开发中心编著.普通高中课程标准实验教科书语文必修5[Z].北京:人民教育出版社,2006.

附　录

附录1:《荷塘月色》教学设计

本文从"为什么""教什么""怎么教"三方面论述了基于诗性和小说性特征进行散文教学这一中心论点。为证明基于诗性和小说性教学策略在实际教学中的可操作性,现选择朱自清的《荷塘月色》这一篇现当代散文做如下教学设计。

一、《荷塘月色》教学设计说明

(一)《荷塘月色》的诗性和小说性特征分析

《荷塘月色》选自人教版高中语文教材必修二第一单元,是这个单元的开篇,也是必修二整本教材的开篇。同时,这篇散文还是苏教版高中语文教材必修二"慢慢走,欣赏啊"这个专题的第一篇散文。由此可见这篇散文在文学史上、在语文教学中的重要性。按照一般的散文分类,《荷塘月色》属于写景状物类散文。姚敏勇先生将朱自清笔下的"荷塘月色"比作一代知识分子的桃花源,认为朱自清笔下的荷塘不是平时未名湖边的荷塘,而是熔铸了那时那刻特殊环境和作者心情变化的虚拟世界,是作者理想中的荷塘。确实,细究文本可以看出,朱自清用诗性的语言、虚实相生的叙事手法、意识流式的情感呈现给我们描绘了一个审美的精神世界,体现出诗性和小说性的特征。

1. 清新隽永的语言

这篇散文的语言优美、凝练而传神,充满诗意,其审美性历来被各散文评论家所称道。朱自清确实善于锤炼语言,在他的笔下,荷塘是幽静又唯美的,月色是斑驳而轻缓的。从语言的节奏上来看,朱自清运用了一系列的叠词和动词使得文章读起来错落有致、朗朗上口,增加了语言的音韵美。如文章第一二段中的"蓊蓊郁郁""阴森森"等词语在语义上不仅突出了荷塘周围的树木之多,突出了荷塘幽静偏僻的环境,而且在表达效果上富有节奏感,读起来轻缓而沉寂,与"我"颇不宁静的心情相呼应,首先就给人以淡淡的寂寞之感。到了后文第四五两段写月下的荷塘时,用了"曲曲折折""田田""亭亭""层层""淡淡""静静"等叠词来描绘荷塘随着微风流水轻缓浮动的画面。这时候朱自清已经身处荷塘,在幽静的月下荷塘,他不宁静的心情也随着环境的改变而变化。细读"曲曲折折""亭亭"这些叠词,明显感觉到与写幽僻的小路的语言节奏不一样,此时的语言是比较轻快舒缓的。从语言节奏所呈现出的意境上来比较,能够感知到"蓊蓊郁郁"的幽僻小路是幽静的、稍显寂寞的,月下的荷塘虽然也是幽静的,但是却是舒缓开朗的,这体现出朱自清情绪的变化。从细节之处的语言来看,文中第五段"月光如流水一般,静静地泻在这一篇叶子和花上。薄薄的青雾浮起在荷塘里……"中的动词"泻"和"浮"是语言在细微之处的诗性体现。"泻"字将月光与流水这两个物象勾连起来,只一字就彰显出意境的轻柔舒缓;"浮"字表现出雾气的轻柔和灵动,也表现出雾与荷塘相互贴近、映衬又若即若离的状态。这两个字将月下荷塘中景物总体上似动而静、似静而动的含蓄之态表现了出来。

2. 虚实相生的意境

从姚敏勇先生的观点看来,《荷塘月色》中幽静和谐的荷塘是虚拟的,是朱自清在以现实的未名湖边的荷塘为基础加入自己短暂的心理情绪后营造出来的虚拟境界。也就是说,"荷塘月色"这一意境是作者用虚实相生的手法表现出来的。这其实从文中的几处叙述可以找到根据。如散文第一段作者在夜深人静时"忽然想起日日走过的荷塘,在这满月的光里,总该另有一番样子吧。"这看似平淡无奇的描述其实大有可寻味之处:既然是日日走过的荷塘,那么其千般风姿必然是作者见过的、熟悉的，但是"在这满月的光里"，作者却猜想它有另一番样子，正是因为有另外一番样子，所以才值得"我"特别关注。第二三段中说这条煤屑小路白天也少有人走，晚上则有些怕人，但是"今晚却很好"，"我"独自走着，"这一片天地好像是我的，我也像超出了平常的自己，到了另一个世界里。"这一句很明显就是在介绍作者的想象来源了，荷塘只有那一个荷塘，作者生活的环境也还是那个环境，在客观世界中一切照旧，改变的是什么呢？当然只能是作者暂时的心情了。平时爱独处也爱热闹的"我"在"今晚"只想享受这独处的妙处，荷塘在"今晚"也变成了"我"主观世界中的"荷塘"。这是作者将客观世界中荷塘及月色这些物象主观化了，因此所呈现出来的"荷塘"不是实际的荷塘，而是一个全新的、虚拟的理想世界了。

3. 曲折变化的思绪

散文开头的第一句就直接抒情——心里颇不宁静，向读者点明了作者夜访荷塘、流连荷塘、沉醉荷塘这些后续事件的情绪因素和最初时的心情。"我"在月色正好的夜里独自漫步在幽僻小路上时，感叹自己"超出了平常的自己，到了另一世界里……一个人在这苍茫的月下，什么都可以想，什么都可以不想，便觉得是个自由的人……这是独处的妙处"。从这些句子中可以看出朱自清因生活而不宁静的心情已经随着淡淡的月色变得模糊了。在后文对"月下荷塘"和"荷塘上的月色"的描写中，可以明显看出"我"早已沉醉在这无边的荷香月色中了，此时的"我"是自由的，心情也如同"荷塘月色"的意境一样，舒缓轻柔，带着点淡淡的喜悦。在第七八两段中，作者由此情此景下的荷塘和月色想到江南采莲的情景，如此"风流"的季节，而"我"却无福消受，表露出"我"的淡淡哀伤。第九段中，"我到底惦着江南了"，却猛然发现已经走到家门口，思绪被拉回现实，家中的责任仍在，"我"仍是不自由的，哀伤的情绪含蓄地被传达了出来。总的来看，"我"经历了这样的情感变化：不宁静——忘却现实，暂时自由——沉醉荷塘，淡淡喜悦——想到往事，流露哀伤——回到现实，滋味万千，总体上呈现出一种淡淡的喜悦和轻愁相互交替的起伏变化。

（二）《荷塘月色》的教学设计思路

1. 教材分析

《荷塘月色》选自人教版高中语文教材必修二第一单元，该单元选录了三篇写景状物散文：朱自清的《荷塘月色》，郁达夫的《故都的秋》，陆蠡的《囚绿记》。编者在单元提示中这样写道："这些散文名篇，凭借精巧独特的艺术构思和优美隽永的语言，对大地山川、风物美景做了生动细致的描绘，表达了作者对自然、对人生的丰富感受和深刻思考……阅读这一类写景抒情的散文，要展开想象的翅膀,力求身临其境,感受作者心灵的搏动,体会作品所描述的美景,由此而进入一种审美境界。"由此可以看出,该单元的总体要求是通过想象来感知文本中所描绘的景物,进而达到审美的目的。但是需要注意的是,单元提示中指出了这三篇散文的一般特征,这只能作为教学设计的一个方面,除此之外还要明白每一篇散文都是具有其个性的,在做教学设计时应该就具体篇目突出其个性所在。

2. 学情分析

在各类现当代散文中,高中生尤其偏好如《荷塘月色》这类语言优美的散文。尤其是这篇散文还运用了较多的叠词和比喻、拟人、通感等修辞手法,呈现出语言节奏鲜明舒缓,结构整饬流畅的特点。从学生的一般心理来看,他们大多对新学期开学的第一篇语文课文有着较强的期待。综上,教师在教学设计时可以大胆预设学生对这篇散文有着较为浓厚的兴趣。

3. 设计思路

以读入情,感知意境。不可否认,这篇散文的语言不仅在形式上华丽、富有文采,在内容上也内涵丰富、情感蕴藉,是一篇"文质并重"的经典名作。所以我在教学设计中,模拟学生初次接触文本的状态,采取读的方式带领学生进入文本。首先是自读全文,对文本有一个初步印象和整体感知。然后再细读文中关于"月色下的荷塘"和"荷塘上的月色"两部分的描写,提示学生沉静下来、品味叠词的韵律和用法,读出音乐感来。最后是抓住文中的情感起伏,读出矛盾所在。

分析细节,读写结合。文中所有的描写部分都是为了营造如梦般的意境,通过意境美来传达作者的情感变化。在这些描写中,又以细节描写最能体现作者的细腻情感。所以我认为抓住文中的细节之处进行深入的分析,能够帮助学生感知文本情感的变化。但是仅仅是感知到情感变化还不够,需要通过学生的写作来反馈他们对文本的把握情况。读与写的结合是学生在感知理解文本的基础上的个性化再创造,由他们所写出来的材料可以看出他们对文本的理解程度、判断他们是否与作者情思产生了共鸣,还可以锻炼他们写作能力。抓住矛盾,虚实对比。前面分析过,文中有多处矛盾,只有今晚很好的小路、只想独处的"我"、对蛙声蝉声充耳不闻却想到了"风流的季节"。这些矛盾之处、非同寻常之处其实正体现了作者情感的流露。所以在教学中应该提出来让学生分析思考。

二、《荷塘月色》教学设计

【教学目标】

(一)通过反复诵读能够感知散文的语言美和情感基调;

(二)通过分析品味文中个别词句的表达效果,能够描述出散文的意境;

(三)能够抓住文本的叙事脉络,体会作者的情感变化。

【教学重点】通过品味语言来描绘散文的意境美

【教学难点】分析矛盾之处，分析出作者淡淡的喜悦和淡淡的哀愁

【教学过程】

（一）导入本单元学习写景抒情类散文

好的散文就像一壶清茶，在炎热的夏季带给我们清凉的慰藉；在深秋的寒气中送来舒心的温暖。散文重在抒情，但情有独钟，情有所系，作者的一切情感都熔铸在对周围景物的描绘叙述中，正所谓"一切景语皆情语"。郁达夫在论及现代散文时说："作者处处不忘自我，也处处不忘自然与社会。……一粒沙里见世界，半瓣花上说人情，景与情、叙事与抒情相融合，就是写景抒情散文的特征之一。"由此可见要热爱生活，用心体验生活就能写出好文章。今天我们就来品一杯出自散文大家朱自清之手、名为《荷塘月色》的香茗，看看朱自清眼中的荷塘和荷塘边的生活。

（二）初读文本，整体感知

这篇散文所描绘的景物非常美，请同学们自读课文，通过读来感受朱自清笔下的荷塘和月色。

问题一：夜深人静之时，作者为什么会突然想去荷塘边散步？明确：由于"这几天心里颇不宁静"。正是因为作者心里的不宁静才使得他有了夜访荷塘的契机，可以说不宁静的心情作为。

作者的情感倾向统摄了全文，成为全文的情感基调。它就像是一支乐曲中的主旋律，始终在全曲中回荡。

问题二：作者夜访荷塘的行踪是怎样的？明确：家——幽僻的小煤屑路——月下的荷塘——家。

（三）再读文本，品味语言

作者笔下景色优美的"荷塘月色"是通过语言美来呈现的，请再次回到文本，通过配乐朗读来品味文中优美的语言。问题一：你认为文中描写荷塘月色的语言美在何处？

明确：景物描写的词句华丽，使用了大量叠音词，比喻、拟人等多种修辞手法的使用。

1. 品读语言的节奏美

请找出文中的叠音词并加以朗读品味，选择2-3个含有叠音词的句子进行分析并在小组内分享讨论。

如：①荷塘四面，长着许多树，蓊蓊郁郁的。路的一旁，是有些杨柳，和一些不知道名字的树。没有月光的晚上，这路上阴森森的，有些怕人。今晚却很

好，虽然月光也还是淡淡的。

——"蓊蓊郁郁"这个叠音词有较强的鼻音，节奏鲜明、富有音乐美。在表达效果上不仅说明树木之多，而且突出了心情的不宁静、夜晚的寂寞、荷塘的幽僻，使得文章开头就被轻缓朦胧的氛围所笼罩。"森森""淡淡"营造出一种沉寂的氛围，也衬托出作者心里的淡淡哀愁。

②曲曲折折的荷塘上面，弥望的是田田的叶子。叶子出水很高，像亭亭的舞女的裙。

——"曲曲折折""田田""亭亭"这些叠音词读来同样具有舒缓轻柔的节奏感。"曲曲折折"将荷塘上荷叶高低起伏、参差错落的样子表现得可爱灵动。"田田"和"亭亭"本是古乐府中的诗歌语言，文中用来形容荷塘中荷叶的厚密程度和高高伫立在水面上的优雅，营造出优雅古典的意境。

……文中叠音词很多，每个学生对这些词的理解和感受不尽相同，故这里不做一一分析。

2. 分析文中的修辞手法

文中运用了多种修辞手法，请找出相应的句子、段落并自读品味。品读第四段：

曲曲折折的荷塘上面，弥望的是田田的叶子。叶子出水很高，像亭亭的舞女的裙。层层的叶子中间，零星地点缀着些白花，有袅娜地开着的，有羞涩地打着朵儿的；正如一粒粒的明珠，又如碧天里的星星，又如刚出浴的美人。微风过处，送来缕缕清香，仿佛远处高楼上渺茫的歌声似的。这时候叶子与花也有一丝的颤动，像闪电般，霎时传过荷塘的那边去了。叶子本是肩并肩密密地挨着，这便宛然有了一道凝碧的波痕。叶子底下是脉脉的流水，遮住了，不能见一些颜色；而叶子却更见风致了。

问题一：这一段主要采用了哪些修辞手法？明确：比喻、拟人、通感。

教师将原文加以改动并请学生朗读：荷塘上面，满是叶子。叶子出水很高，中间零星地点缀着些白花，有开着的，有打着朵儿的。微风过处，送来清香。这时候叶子和花也有一丝的颤动，霎时传过荷塘的那边去了。叶子底下是流水，遮住了，不能见一些颜色。

问题二：可否将原文这样改？读出来感觉有何不同？学生讨论，教师总结：虽然改后的文字与原文所描写的对象都是荷叶荷花，但是表达效果却千差万别。读来明显感觉原文将花与叶描绘得更加灵动可爱，画面感更强，意境也更优美，充满诗意。改动后的文字则因纯粹叙述，缺少了一些叙事技巧的润色而显得干瘪无味。由此可见，在客观对象上熔铸叙事技巧来营造诗性的情感世界的重要性。

①分析"叶子出水很高,像亭亭的舞女的裙"这句,为什么作者要用裙来比喻叶子?学生讨论并明确:"亭亭"二字表现出荷叶和舞女的裙子具有相似性,都很柔美;将荷叶比作舞女的裙,有一种舒展、旋转的动感,亭亭玉立、修长婀娜、灵动飘逸,写出了荷叶的风姿。

②"层层的叶子中间,零星地点缀着些白花,有袅娜地开着的,有羞涩地打着朵儿的。"这句话写出了荷花怎样的状态?

明确:开着的——袅娜(轻盈多姿)

打着朵儿的——羞涩(娇怯不语)写出了荷花饱满盛开、含苞待放的情状

③分析"正如一粒粒明珠,又如碧天里的星星,又如刚出浴的美人。"中几个喻体的情状。

学生品读并分析总结:

明珠——晶莹剔透、纤尘不染。星星——闪闪发光、忽明忽暗。

美人——用刚出浴的美人来形容露珠点点的荷花,使人想到"清水出芙蓉,天然去雕琢""出淤泥而不染,濯清涟而不妖""可远观而不可亵玩焉",从而想到荷花的质朴、清新、纯洁、淡雅和高贵、纤尘不染、冰清玉洁。

④在"微风过处,送来缕缕清香,仿佛远处高楼上渺茫的歌声的似的。"中,作者在写荷花的香味,却又突然将笔墨转去写歌声,作者究竟有没有听到歌声?

明确:从"仿佛"一词可以看出作者并没有听到歌声,而是采用了想象虚构的手法。同时,随着微风而来的荷香是清清淡淡、若有若无的,这和远处高楼上传来的歌声有相通之处,也是断断续续、若有若无,明明是闻到的荷香,却与听到的歌声有相似之处,所以也可以说这一句用了通感的修辞手法。总的来说,这一句通过想象和通感的修辞手法,将荷香断断续续、若有若无的状态表现了出来,营造出朦胧的意境美。

全班齐读第四段,再次品味精妙的散文语言带来的意境美。

……

3.品析细节描写的妙处

一篇好的散文离不开精妙的叙事,同时散文的叙事必须要饱含作者的情感,否则将显得叙事缺乏生气、情感空洞。在所有的叙事手法中,细节描写最能体现作者的细腻情感,所以找出并分析抒情性散文的细节描写是学习散文、领悟散文情感必不可少的。

品读第五段:月光如流水一般,静静地泻在这一片叶子和花上。薄薄的青雾浮起在荷塘里。叶子和花仿佛在牛乳中洗过一样;又像笼着轻纱的梦。虽然是满月,天上却有一层淡淡的云,所以不能朗照;但我以为这恰是到了好处——酣眠

固不可少，小睡也别有风味的。月光是隔了树照过来的，高处丛生的灌木，落下参差的斑驳的黑影，却又像是画在荷叶上。塘中的月色并不均匀，但光与影有着和谐的旋律，如梵婀玲上奏着的名曲。

问题一：作者从哪几个方面写了月色？明确：以流水来比喻月光，描绘出月辉照耀一泻无余的景象；通过薄雾来写月光，描绘出月光下雾轻飘飘的状态；以荷叶与荷花来写月辉，通过描绘月光照耀在荷花与荷叶上的景象，突出荷叶与荷花安谧恬静、莹白轻柔的情状，将月辉暗喻为牛乳和轻纱，营造出梦一般的意境；以树影写月色，将月光通过树投射下影子这一状态比作荷叶上的画；通过光与影的和谐写月色，将光与影的和谐跃动比作名曲，似乎一个个典雅的音符在眼前跃动。

问题二："泻""浮""画"这几个动词能否分别换成"照""升""印"？学生讨论并发言，展示讨论成果："泻"——一个"泻"字，展现出月光照耀荷塘、一泻无余之景，顿时化静态为动态，写出了月光的流动感。再加上修饰语"静静地"，准确地写出了月光既像流水一般地倾泻，但又是绝无声响地幽静幽美，这就创造了一个安谧的氛围，意境相当优美。而"照"字直白，是纪实般的描述，不是经由艺术加工的描绘，显得淡而无味。另方面也与"如流水一般"不相配，失去和谐感。

"浮"——"浮"字写出了深夜时荷塘上的水气由下而上轻轻升腾，慢慢扩散、弥漫的特点，这里以动景写静景，描绘出月光下雾的轻飘状态，突出了环境的恬静和朦胧，一个水气迷蒙、月色轻笼的境界呼之欲出。而"升"给人腾空而上的急进之感，不能妥帖地道出雾的轻柔。

"画"——"画"字是有"人为"的动作在里面，仿佛有无形的手在展纸描绘一般，写出了投在荷叶上的月影之美，富有情趣，表现了作者的喜爱之情。"印"则像是机械操作般，缺乏生气和灵气，显得呆板僵硬，没有美感。

全班齐读第五段，再次品味这些动词在细节处理上带来的审美效果。

……

总结：通过对文本中的语言进行品读分析，我们可以总结出这篇散文的写景技巧和叙事方式，即通过巧妙地使用比喻、拟人、通感、想象等修辞手法和动静结合、叠词叙事方式，虚实结合，虚中见实，贴切地表现了朦胧月色下荷花漂浮的姿态，给人以一种摄人心魄的意境美。

（四）实践操作，描绘意境

"纸上得来终觉浅，绝知此事要躬行"。同学们通过几次读和对这篇散文语言的分析，想必大家一定对文章的整体意境有所感知，或者在对语言的分析中还有自己的理解和感悟。总之，拿起你们手中的画笔，大胆想象，为我们再次创作一幅你"看到"的荷塘画卷吧。

学生在课堂上写作，可以只攫取片段，不做篇幅限制。

……拓展阅读，展示他人笔下的荷塘：心灵的荷塘月下，秉一支心烛，驻足荷塘，静观游鱼拨动水的涟漪，轻闻荷花细瓣上的幽香，聆听小草休憩时的呼吸，还有那里星月的私语。就在这月下，赏玩花间，徘徊池上，看点点流萤，数丝丝落蕊，别有风情。

当朝阳升起的时候，停下你疾驰的脚步，留心一下你周围的点点美丽，毕竟花瓣留不住露珠，朝霞锁不住清霜。不要总是为物质的享受而不停地奔波，心灵也需要沐浴阳光，也需要觅得一处宁静。所以，当我们埋头苦干至深夜时，我们也应该给自己的心灵一个自由的广场，去感受月下独步，去领略心灵的轻松。

其实，疲惫了，就离开你的书桌，放下所有的忧愁和烦恼，到屋外去看看春梅绽雪，秋菊批霜。就让这短暂的美景装饰你空荡的心灵。站在户外的天地里，闻一闻淡淡的青草香，伸开双臂拥抱一下向你奔来的和风。若是下着淅淅沥沥的小雨，就抬起头，让淘气的小雨滴吻一吻你紧皱的额角。仰望蓝天，让春愁随云散；俯视江河，看飞花逐流水。总有一点美会驱散你的疲惫。

就像这样：朱自清在月夜漫步荷塘，让一颗轻松的心在花间游荡，是一种情趣；郁达夫租一橡破屋，在院中细数一丝丝的阳光，是一种闲情；陆蠡囚住一枝常青藤，是对生命的一种爱恋；梭罗栖息瓦尔登湖，是一种自由。

我们每个人都需要一片属于自己心灵的自由天地，给心灵一片空间，你会收获许多美丽。霞映澄塘，你会想到云外仙池之美；松生空谷，你会感悟到生命姿态之美。

为心灵觅得一池塘，让快乐的心自由飞翔，人生才会雅趣无量。

（五）明晰叙事脉络，体悟情感变化

我们欣赏了文本的语言美和意境美，正如作者文中所展现的那样，整篇散文给人的感觉是和谐、优美、典雅的。但是若我们再次细究文本，会发现文中不和谐的矛盾之处。问题一：朱自清为何夜访荷塘？他夜访荷塘的行踪是怎样的？明确：因为"这几天心里颇不宁静"，也因为"忽然想起日日走过的荷塘，在这满月的光里，总该另有一番样子"的猜测；家——幽僻的小煤屑路——月下的荷塘——家。问题二：如何理解日日走过的荷塘仅仅在今晚另有一番样子？讨论并明确：荷塘仍然是那个"我"日日走过的荷塘，这里作者猜测有另外一番样子，是因为他在现实生活中颇感心内的不宁静、不自由，所以在深夜寻找另一方天地来暂时逃避现实生活中的种种压力。作者这是在客观对象上倾注情感期望而将其异化了,也就是说,这"荷塘"是作者虚构的理想世界。这是文本的矛盾之处,也是作者走向虚拟世界、情感产生变化的开始。

问题三:一夜畅游之后,朱自清找到了心灵的宁静吗?(学生思考讨论)

师生共同分析:1.齐读第三段,分析这一段内心独白流露出作者怎样的心情?

明确:轻松自由、淡淡的喜悦。尽管有哀愁,但更有一种淡淡的喜悦之情。作者只有在这虚拟的理想世界中,才感到自己成了一个自由的人,才能够抛开尘世间的喧嚣和烦恼。

2.作者来到理想中的月下荷塘后是怎样的心情?明确:通过作者对荷塘美景的描绘和意境的营造,可以看出,作者沉醉在这倾注了他情感寄托的唯美意境中,他始终带着淡淡的喜悦欣赏着月色和荷塘和谐交融的画面。白天平淡的荷塘在作者笔下却如此诗情画意,说明作者此刻摆脱了白天的烦闷,心灵得到解放、变得自由。

3.如何理解"但热闹是他们的,我什么也没有"?分析明确:这是文章的又一矛盾所在。前面将荷塘的意境营造得如此幽静,但是这里作者却明确地说明,清华园中并不如文章所写的那样宁静幽僻,也有喧闹的一面。但是这种喧闹不符合"我"想要在理想的荷塘中享受幽静的体验和独处的妙处、暂时逃避现实的烦闷、获得自由这一情感期盼,所以作者选择忽视园中的热闹,"热闹是他们的,我什么也没有"。可见他对现实并不满意。

4.既然作者逃避荷塘中的热闹,又为何会忆起江南采莲这一热闹有趣的场景?分析明确:这也是矛盾之处,说明清华园中的生活始终让"我"烦闷压抑,而在家乡,"我"可以享受到充分的自由,因此家乡的热闹生活让"我"惦念,"可惜我们现在早已无福消受了",这反衬出作者对现实生活的失望。

5.如何理解文章最后一句话?明确:回到家门前,就是回到了最初使"我"心情不宁静的现实生活,一切的压力和痛苦卷土重来,"我"在月下荷塘超脱现实的环境,仅仅获得片刻的自由,现在猛然回到现实生活中来,"我"仍然是不自由。

现在我们可以根据对以上问题的分析来回答"一夜畅游之后,朱自清找到了心灵的宁静吗?"这一问题了。(学生自己梳理总结)

参考:没有找到。现实生活的束缚让作者"心里颇不宁静",于是漫步荷塘进入虚拟的"荷塘",有意地把自己置身于超脱现实的环境中,"这一片天地好像是我的""便觉是个自由的人""白天里一定要做的事,一定要说的话,现在都可不理。"沉浸在荷塘月色里,流露出淡淡的喜悦却又无法摆脱淡淡的哀愁。最后,暂时逃避现实的"我"回到家中,"妻已熟睡好久了",又再展现出现实生活的约束,流露出"我"那无法排遣的烦闷。

(六)全班齐读,再次回到文本,品味散文之美

结束语:朱自清就是就是这样一位神奇的大师,用清新自然的语言给我们描绘了一幅清幽淡雅、朦胧和谐之景,让荷塘与月色融为一体、心境与景物融为一体、虚拟与现实相交错,借朦胧之景抒朦胧之情,不着痕迹地表露了自己的情感。虽然他没有高呼"我很痛苦",但我们在荷塘月色中能够深深感受到淡淡的喜悦和淡淡的哀愁。

附录2:中国现当代散文在人教版高中语文教材中的分布情况

分布情况		篇名	类型	作者	写作时间
必修一	第三单元	记念刘和珍君	叙事性散文	鲁迅	1926年
		小狗包弟	叙事性散文	巴金	1980年
		记梁任公先生的一次演讲	叙事性散文	梁实秋	1921年
必修二	第一单元	荷塘月色	抒情性散文	朱自清	1927年
		故都的秋	抒情性散文	郁达夫	1934年
		囚绿记	抒情性散文	陆蠡	1938年
必修四	第三单元	拿来主义	杂文	鲁迅	1934年
必修五	第三单元	咬文嚼字	文艺评论	朱光潜	1943年
		说"木叶"	文艺评论	林庚	不详
		谈中国诗	随笔	钱锺书	1945年

高中现代散文批注式阅读教学研究

安娅娅

摘　要

阅读教学是高中语文教学的基础，诗歌、散文、小说、戏剧等文体均为其阅读对象。高中语文教材现代散文共13篇，占全册课文的16.6%，占现代文33.3%的比例；包含记叙、抒情、议论三种散文类型。可见，高中语文现代散文阅读教学的重要性。

现代散文作为语文阅读教学的重点之一，虽备受语文教育工作者的关注，但仍有不少教学问题。根据问卷调查分析，现代散文阅读教学存在以下问题：第一，学生不知如何预习散文作品。第二，现代散文阅读教学没有突出散文的个性化特征。第三，散文阅读教学反思比较流于形式，教学反思不到位。最后，现代散文的阅读教学还存在散文类型教学区分不明的现象。

解决现代散文阅读教学存在的问题，探究新的阅读教学方法迫在眉睫。批注式阅读为现代散文阅读教学带来了新的启发。高中现代散文采用批注式阅读教学，有助于改善散文阅读教学现状。第一，发散学生思维，以自由批注的方法进行散文预习，解决学生不知如何预习散文的问题。第二，抓住散文的文体特征，批注重点教学内容，体会散文的个性化特点。第三，学生可以对比、反思课前与课堂的批注内容，对缺漏部分做补充完善，改变散文阅读教学反思流于形式的现状。最后，针对散文阅读教学类型区分不明显的问题，可以通过类比体裁，差异批注的形式。记叙散文侧重批注"细"；抒情散文侧重批注"情"；议论散文则侧重批注"理"，在批注的差异中掌握散文不同体裁之间的特点。除此之外，教师应该引导学生现代散文的批注式阅读，避免学生出现阅读方法使用不当的问题。

以高中语文现代散文作品作为研究对象，梳理现代散文与批注式阅读法的概念。利用问卷调查法，探求高中现代散文阅读教学现状，提出批注式阅读教学策略解决散文阅读教学出现的问题。高中现代散文批注式阅读教学契合课标提出的探究性阅读和个性化阅读；凸显以学生为中心的教学理念；遵循循序渐进的学生发展观。引导学生从由浅入深、多元化、个性化地批注阅读现代散文作品。真正实现散文阅读教学价值，开启现代散文阅读教学的新局面。

关键词：现代散文；阅读教学现状；教学策略；批注式阅读法

绪　论

一、研究缘由

（一）高中现代散文的重要性

《普通高中语文课程标准（实验）》（以下简称《课标（实验）》）在必修教材"阅读与鉴赏"版块提到："要了解诗歌、散文等文学体裁的基本特征、主要表现手法；了解作品涉及的背景材料，用于分析和理解作品。"[1] 课标对散文教学的要求体现散文阅读教学的重要性。散文阅读教学可细化为古代散文和现代散文的阅读教学两类。古代散文较为晦涩难懂，语言叙述为文言文形式，在高中语文必修教材中有记叙类、山水游记类、议论类、抒情类这几种古代散文类型。文学革命后，白话文的出现推动了现代散文的发展，中学语文教材更是成为现代散文的主场。人教版高中语文教材中就囊括了叙事性、抒情性、议论性散文作品，以及以散文分支为代表的杂文等都成为高中语文现代文选文的主要对象。不仅如此，现代散文部分还单独出版了一册选修教材——《中国现代诗歌散文欣赏》，这更能看出现代散文阅读教学的重要地位。《普通高中语文课程标准（2017年版）》（以下简称《课标（2017年版）》）学习任务群5"文学阅读与写作"也提到："引导学生阅读古今中外诗歌、散文、小说、剧本等不同体裁的优秀文学作品，使学生在感受形象、品味语言、体验情感的过程中提升文学欣赏能力。"[2] 一系列的要求与建议都彰显着高中现代散文阅读教学的重要性。

---

[1] 中华人民共和国教育部．普通高中语文课程标准（实验）[S]．北京：人民教育出版社，2003．

[2] 中华人民共和国教育部．普通高中语文课程标准[S]．北京：人民教育出版社，2017．

《课标（实验）》中对选修课程中散文的阅读教学也有要求。首先要培养学生鉴赏诗歌与散文作品的浓厚兴趣；要阅读古今中外优秀的诗歌、散文作品；要学习鉴赏诗歌、散文的基本方法；要尝试诗歌、散文的创作。可见。散文不仅仅要学会阅读欣赏，还要进行写作；学习散文，学会散文方能写作散文。《课标（2017年版）》学习任务群10"中国现当代作家作品研习"提议至少要选读10位现当代代表作家的诗歌、散文方面的作品，对现当代文学的发展概貌要有所了解。《课标（实验）》与《课标（2017年版）》都多次对散文的阅读教学提出要求和建议，其在高中语文阅读教学中的地位显而易见。纵观人教版高中语文教材，现代散文在篇幅上就占据足够优势，类型上也丰富多样。现代散文阅读教学成为高中语文阅读教学中不可缺少的一部分。所以，高中现代散文阅读教学研究具有一定的价值和必要性。

（二）批注式阅读的必要性

"批注式阅读"这一概念起源于古代传统的一种阅读方法——评点法。古人借助"评点"的形式来记录他们在阅读文章时产生的感受、理解、评价和质疑，具有明显的个性化特征。据文献记载，评点法起源于注疏；于宋代时期发展；明清时期达到鼎盛。在各个时期都有与之相关的著名书籍：如南宋时期吕祖谦的《古文关键》和刘辰翁对《世说新语》的评点都是评点文体的著作代表。明末清初的金圣叹也是评点学史上的重要人物，他对《水浒传》《西厢记》的评点具有十分深远的意义。发展至现当代的批注式阅读依旧被文人作家所看重并鼓舞推行：毛泽东主张"不动笔墨不读书"的观念；实则是对批注式阅读的重视与认可；徐特立先生认为"好记性不如烂笔头"，强调青年学子在阅读时要勤于动笔；鲁迅先生倡导读书要眼到、口到、心到、手到、脑到。各个学者的观点都验证了阅读要落于笔下、付诸行动，批注式阅读也在此环境下发展起来，受到语文学界的关注。

在本论文中笔者提出将批注式阅读法运用于高中现代散文的阅读教学，借鉴其传统阅读方法的运用形式并加以改良优化。使其适应于当前学生发展观与语文阅读教学理念，力求通过以批注式阅读法提高现代散文阅读教学成效。人教版高中语文必修一第三单元是写人记事散文单元，单元导读中提到："注意文章中最能触动你的心灵和过目不忘的地方，加以圈点批注，认真揣摩。"必修二第一单元写景状物散文单元导读里又一次提到："对文中精彩的语句，做一些圈点批注，写下你的心得。"单元导读中多次提到的"圈点批注"正是笔者提出的批注式阅读，可见批注式阅读运用于现代散文阅读教学是有必要性的。

《课标（实验）》中提出："要注重学生的个性化阅读，从而获得独特的感受及体验。学习探究性阅读和创造性阅读，发展学生的想象、思辨和批判能力。"散文具有强烈的个性化色彩，适应学生的个性化阅读，批注式阅读更能兼顾课标与散文阅读教学提出的要求。批注式阅读能兼具语文学科工具性和人文性相统一的特性，实现工具性与过程性的双重特质。学生在批注式阅读时运用到语文知识，批注阅读又能体现读者个性化阅读的一面，凸显其人文性。高中生已经具备一定的理解能力和判断能力，对于文本的阅读也会产生自己独特的见解。现代散文的批注阅读便有利于关注学生的自主学习能力，让学生做到探究性阅读，并且培养他们的思辨能力。利用批注式阅读现代散文时学生能从自我角度出发理解文本，更大化实现思维情感的双重体验。意随文生是批注式阅读最突出的特点之一，以批注的形式将阅读过程中的随感呈现出来，鼓励自由和创意性的表达。散文文体的笔法自由、随意赋形，与批注式阅读法的意随文生有异曲同工之妙，两者的有机融合更加相得益彰。

批注式阅读符合新课改提倡"自主、合作与探究"的学习模式。高中现代散文引入批注阅读法开展学习，将阅读教学的主动权交还学生，更注重自我情感的倾诉，有利于个性化解读现代散文作品的各个方面。在利用批注阅读时对散文的文本内容会有更深入细致的阅读，不断思考，实现师生、编者、文本之间的多重对话。在学思结合的过程中，培养重视阅读和自主学习的良好习惯，达到学与用、情与思的有效融合。

二、研究目的及意义

（一）研究目的

本论文的研究力求运用批注式阅读法为高中现代散文阅读教学提供一种新的教学方法。分析现代散文作品引入批注式阅读法的必要性和教学价值。以问卷的形式对高中现代散文阅读教学现状进行调查分析，提出高中现代散文批注式阅读教学的建议和策略，解决高中现代散文阅读教学中存在的问题。希望通过本论文的研究为高中现代散文阅读教学提供参考和借鉴，开启现代散文批注式阅读教学的新思考。

（二）研究意义

1. 理论价值

现代散文阅读一直都是高中语文学习的重难点，也是高考命题的主要选择方向。此研究建立在批注式阅读法理论研究的基础上，将批注式阅读法运用于高中现代散文阅读教学中，试图弥补批注式阅读法在现代散文阅读教学的空缺，为现代散文的阅读教学提供新的理论参考。同时，批注式阅读法对落实课标提出的散文教学要求也具有一定的积极意义，研究成果对今后高中现代散文的教法提供了有效的理论参考，丰富了现代散文阅读教学在语文阅读教学领域的研究内容。

2. 实践意义

高中现代散文批注式阅读教学并没有被广泛地推广使用，首先，散文的"个性化"导致教师课堂教学呈现"散化"状态，学生的学习习惯也表现出"散性"特征。教师讲授法的教学观念较重，对于现代散文阅读教学的方法一贯采用"灌输式教学"与"经验教学"。其次，批注式阅读的个性化也为教学增加了一定的难度和负担，教师对学生个性化阅读的培养意识欠缺。最后，即便学生在运用批注式阅读时，可能出现批注重点不突出、界限不清晰、照搬课件与辅导书，无法真正实现批注式阅读的价值。本论文针对高中现代散文阅读教学的现象，提出现代散文批注式阅读教学的实施策略，研究成果便于在现代散文阅读教学中应用实践，具有一定的参考性和可操作性。

三、研究现状

国内外研究现状：

围绕"现代散文阅读教学"这一主题，语文教育界与学者都进行过细致地研究与探讨，也发表过许多观点和建议。而围绕"批注式阅读"这一关键词进行搜索，其研究成果也是较为显著的，有对批注式阅读教学的研究；有对批注式阅读法运用于不同体裁教学的研究。但将"批注式阅读"与"高中现代散文阅读教学"相结合，查阅到的资料就十分匮乏了。

利用中国知网（CNKI）检索关键词"高中现代散文阅读教学"与"批注式阅读"，研究成果以国内研究为主。再经过翻阅王荣生教授的《散文教学教什么》、孙绍振的《孙绍振如是解读作品（散文及其他卷）》、韩中凌老师的《让语文教学更高效：批注式阅读教学探索》、孙立权的《现代文批注式阅读100篇》，结合数字图书馆、万方、维普等网站进行文献搜集。具体情况如下：

1. 高中现代散文阅读教学研究

高中现代散文阅读教学作为高中语文阅读教学的重点之一，研究成果也在逐渐增多，研究方向也越来越广，对"高中现代散文阅读教学"的研究主要有以下几个方面：

第一，对现代散文文体特点的探讨研究。2010年李淑红的硕士论文《论高中现代散文的语言特色教学》对教材中的现代散文进行分析，提出品味语言要重视朗读，要从散文的景情理意上关注语言的表达效果，把握各大现代散文名家的语言风格。2017年成亚璐在《高中散文"品味语言"教学现状与对策研究》一文中建议从品味高中散文语言的文体美、意境美、情感美、情韵美和形式美几个方面优化高中散文"品味语言"的内容，从教学策略、教学操作、教学技巧三个层面优化高中散文"品味语言"的方法。2017年崔锐瑶的《高中散文语体的阅读教学研究》提出散文语体教学对散文阅读教学的价值，要根据散文语体特征确定散文教学内容。

第二，对不同类型的现代散文阅读教学开展研究。2012年张雪梅的《高中现当代抒情散文教学研究》；2017年辛莹莹的《高中现代抒情散文教学的现状分析与对策研究——以天水市第一中学为例》；2017年贺小婷的硕士论文《高中现代写景抒情散文教学研究》，这些都是指向高中抒情性散文进行研究的。同样，对记叙性散文与议论性散文也有相应的研究成果。

第三，对现代散文教学内容选取设定的研究。2010年黄雪英的《高中现代散文教学内容选择探究》中分析了高中现代散文教学内容选择的现状，以教学课例提供了散文教学内容选择的参考方向。2014年张丽萍的《高中现代散文教学内容指标体系建构研究》指明高中现代散文教学内容的确立理据要依照高中语文课程目标、教材编排体系、散文文体体式特性、学生认知思维水平、教师个人素质几方面。

第四，对现代散文阅读教学方法和策略进行研究。一方面有散文阅读教学策略的研究，比如2014年张盼的硕士论文《高中语文中国现当代散文教学研究》，2017年张萍萍的硕士论文《高中语文现代散文阅读教学研究》。另一方面也有以具体方法运用于高中现代散文阅读教学的研究。例如：吴弈凡的《意脉分析法在高中现当代散文阅读教学红的运用》，秦朗的《比较阅读法在高中写景散文教学中的运用研究》，黄晓英的《运用情境教学进行现代散文阅读教学的研究》。整体而言，高中现代散文阅读教学的研究主要集中在最近几年，虽然论文的覆盖面比较广，但质量上却显得参差不齐。而且以具体方法运用于现代散文阅读教学的研究还不够丰富，有待充实。

2. 批注式阅读教学研究

1989年刘羡华在《"批注式阅读"教学》一文首次对批注式阅读教学的概念进行了阐述。

1998年孙立权老师认为按照模式化的阅读很难实现真正的阅读。偶然翻阅祖父线装书时，他发现了《封神演义》和《三国演义》两本书的书页写有夹批，孙先生因此受到了启发。而后他在两个班级中进行了实验，让两个班级的学生读同一本书，每个学生都要在空白处写下自己的阅读感想，并进行交流学习。这个实验取得了一定的成效和反响，也推广了批注式阅读法这一教学方法。

"批注式阅读教学"这一概念在相关硕士论文中都有论述，只是阐述的角度和深度不同。像杨芳的《批注式阅读教学研究》、刘娇的《批注式阅读教学一般原理研究》和刘晓利的《语文批注式阅读教学有效性研究》以及在一些期刊论文中，都着重研究了"批注式阅读教学"。而首次对"高中语文批注式阅读"进行研究的是2009年魏红梅的硕士论文《新课程高中语文批注式阅读教学研究》。她从阅读教学的现状与新课程改革的内在要求入手，提出批注式阅读在高中语文教学中的实施原则和注意事项。自此之后，高中语文批注式阅读教学的研究有了起色。陈智娟的《批注式阅读在高中语文阅读教学中的应用策略》中认为要选择合适的批注教学材料，重视批注的评价。陈春元在论文《高中语文批注式阅读教学研究》中对高中语文批注式阅读教学现状做问卷调查，分析学生和教师层面上各存在的问题及原因。强调教师应该加大对批注式阅读的指导；注重批注式阅读教学对学生的综合素质培养；要对课内外和助读系统批注式阅读做不同处理。批注式阅读运用在高中语文阅读教学中的研究在2017年之后才开始受到越来越多学者的关注。

　　相对而言，研究高中语文批注式阅读教学的期刊论文的数量更为可观，共有19篇论文可供参考。较早的有2011年马春燕的《高中语文批注式阅读教学模式的探索》和2012年张剑红的《批注在高中语文阅读教学中的应用探析》这两篇期刊论文。最近的有2020年常萧《批注式阅读在高中语文阅读教学中应用的几点思考》和李小强《批注式阅读法在高中语文教学中的实践》等的期刊论文。总体来看，2017年之后"高中语文批注式阅读教学"的研究渐渐增多。

　　在检索"批注式阅读"时，显示较多的是"文言文批注式阅读教学"的内容。2016年赖潺的硕士论文《高中语文文言文批注式阅读必要性研究》首次将批注式阅读与高中文言文教学联系起来。他认为高中文言文批注式阅读有助于突出学生的主体性；提高学生的阅读水平；实现学生与文本之间的有效对话。此外，还有批注式阅读与小说阅读教学的研究：2018年索舒婷的硕士论文《高中阶段小说批注式阅读教学研究》，她根据语文教材和习题中的小说，给出批注式阅读教学的案例分析。2019年陈媛媛的硕士论文《高中古诗词批注式阅读教学研究》又研究了"批注式阅读"在"古诗词阅读教学"中的运用。以高中阅读教学的学情特点，批注式阅读应用于高中古诗词的价值和意义，阐述了批注式阅读在古诗词阅读教学的可行性。近两年，批注式阅读在高中语文不同文体教学中的研究日渐丰富。

　　3. 高中现代散文批注式阅读教学的研究

　　关于高中现代散文批注式阅读教学方面的研究，在整理统计的过程中，并未发现有关的硕士论文。其研究成果多出现在期刊论文中，但期刊论文的数量都十分有限。例如：陈枫的《批注——走进美丽的阶梯——浅谈散文和诗歌中的批注式阅读教学》；陈云静的《批注法在高中小说散文阅读中的实践与思考》；彭旭和江明月的《散文教学的多维解读》中也提到了现代散文阅读教学的批注式阅读；王娟的《用思维导图构建散文批注式阅读思路》；李陇耕的《源有活水渠自清——例谈现代散文批注式阅读法教学》。这些期刊论文都从不同角度论述了现代散文的批注式阅读教学，但不够完善，寥寥数笔难以阐述清楚。但还是可以看出批注式阅读是有益于现代散文的阅读教学，高中现代散文批注式阅读教学的研究是有必要的。"批注式阅读法"运用于"高中现代散文阅读教学"的研究缺少完整性、系统性的参考资料。以期刊为主的文献资料针对性不强，内容不够深刻，参考借鉴的角度有限，相关的硕士论文又无处查询。因此，高中现代散文批注式阅读这一内容还存在较大的探索空间和研究价值。

综上所述，批注式阅读法运用于高中现代散文阅读教学，有利于提高散文的阅读教学效率。本论文通过对人教版高中语文现代散文作品的选文情况进行统计分析，调查高中现代散文阅读教学现状，分析问题存在的原因。以批注式阅读法的教学启示和思路，将其运用于高中现代散文的阅读教学过程中。提出具有针对性和操作性的教学策略，从而提高现代散文阅读教学的效率，改变现代散文阅读教学的困境。

四、研究方法

文献研究法：借助知网、维普和数字图书馆等网站的文献资料，查找"现代散文"和"批注式阅读法"的相关概念和理论知识。了解高中现代散文阅读教学的情况和研究成果，掌握"批注式阅读法"的理论精髓和使用现状。为本论文的研究提供可参考的资料，奠定论文研究的理论基础。

文本分析法：本论文立足于人教版高中语文教材中的现代散文，运用批注式阅读的方法对其进行分析和提出批注角度，为高中现代散文教学提供参考和借鉴。

问卷调查法：通过对高中语文教师和学生发放问卷的形式，调查高中现代散文阅读教学的现状，并对数据进行统计分析。以期更为客观地反映当前高中现代散文阅读教学存在的问题，使提出的教学策略更加切合实际。

归纳法：对搜集的资料进行整合归纳，梳理问卷调查情况，找出高中现代散文阅读教学存在的问题，归纳分析其存在原因，并根据文体提出有效可行的对策和方法。

第一章　高中现代散文批注式阅读教学概述

现代散文作品在高中语文教材中分布广，类型多，散文阅读教学价值不可小觑，教学地位不可撼动。其形式灵活、取材广泛、情感充沛。在阅读教学的过程中容易引起学生情感的共鸣，也有益于培养学生的审美意识。因此研究高中现代散文批注式阅读教学时，不仅要明确现代散文的概念、文体特点及其分类，同时要对高中语文教材中现代散文的选文情况作分析。而且要理清批注式阅读的定义及内涵，才能正确理解何为现代散文的批注式阅读教学。

第一节　现代散文概念

了解现代散文的概念时，不可忽视散文的定义与发展过程。现代散文是在散文的基础上发展形成的，其具有散文的一般特性又区别于散文的传统意义及内涵。现代散文的出现也标志着文学史上中国散文的改革与创新，为散文赋予了全新的面貌。

一、散文的定义

"散文"的概念及界定范围一直都未有明确。"散文"最初并不指代文体，是在文学创作的不断发展中成为了一种文体的统称。南宋时期罗大经的《鹤林玉露》里便对"散文"二字及其文体特征早有记载，后来陈柱《中国散文史》一书中也可查证。[1] 罗书华认为：在唐代初年甚至更早就已有作为固定名词出现且与文体相关的"散文"概念。[2] 罗先生提到的主要是作为固定名词的"散文"，涉及经学和训诂学领域。而他认为，文体的散文在一定意义上是依附词体的散文进行发展的。"散文"在《辞海》中又解释为："区别韵文和骈文，把凡不押韵、不重排偶的散体文章，包括经传史书在内，概称'散文'。后又泛指除诗歌以外的所有文学体裁。"[3] 可以看出，散文的概念随着文学的发展和变革也在发生改变。

---

[1] 陈柱.中国散文史[M].南昌：江西教育出版社，2017：2.
[2] 罗书华."散文"概念源流论：从词体、语体到文体[J].文学遗产，2012（06）.
[3] 夏征农.辞海[M].上海辞书出版社，1999：4185.

不仅如此，根据文史资料，散文的形式在发展过程中也有迹可循。我国最早的一种散文形式体现在利用甲骨文和金文来记录占卜和祭祀；《周易》一书中发现的散文作品可窥探出我国古代散文的形成过程；《尚书》在某种程度上又可看作我国散文正式形成的标志。每一次文学革新运动，都为后世散文在艺术性、实用性和通俗性上做了铺垫。随着现实生活发展的需求，以古文为基础的散文已经无法适应新的社会环境。于是，"五四"运动的新潮——白话文的出现，为中国散文划出了一个崭新的时代。

二、现代散文的定义

现代散文的开端要追溯到"五四"时期的新文化运动之后，文言文的地位在白话文出现后受到了极大的威胁。散文也在这场文化运动中悄然巨变，基于白话文诞生而来的散文文章成了"五四"新文化运动的产物，谓之为"现代散文"。在此，也划分出来散文的界限，承袭古代散文内涵的被看作是广义的散文，建立在西方文学概念发展而来的就被看作是狭义的散文。散文在西方被译为"prose"和"essay"，前者是相对于韵文而言的散文，涵盖面较广；后者指不以叙事为目的的非韵文，即随笔或小品文之类。这两者定义对现代散文具有最直接和最深刻的影响。"essay"这一词最早由刘半农引入我国，"五四"运动初期他发表的《我之文学改良观》一文中谈道："所谓散文，亦文学的散文，而非文字的散文。"[1]1921年周作人以介于诗歌和小说之间的一种体裁，提出"美文"的概念，将其称为"好的论文"，但刘半农和周作人都未曾对散文的概念作更进一步的明确。1924年鲁迅先生翻译《出了象牙之塔》，对"essay"又描述为"随随便便，散漫随意，兴之所至，笔下成文。"这样的观点影响了中国散文理论与实践。基于此，胡梦华在两年后依据"familiaressay"一词提出"絮语散文"的概念，称之为"家常絮语，零碎感想的文章"。而后散文理论家葛琴根据散文界定里散文的三个特点，将散文的核心要素定位为"情感"，现代散文理论在文学家的不断探索和进一步完善补充中渐渐趋于成熟。

随着语文教育教学的改革，现代散文的概念也随之发生了改变。根据散文学家的观点及散文的发展历程。以笔者的拙见将现代散文看作是一种无定式无规范的零散性文章，用以表情达意的真实性文章，区别于其他文体的灵活性文章，具有个性化的语言风格和个性化的情感态度的文章。

现代散文属于文学作品的范畴，具有浓厚的文学色彩，鲜明的形象特点，真

---

[1] 刘半农.我之文学改良观[J].新青年，1917（03）.

挚的情感表达。艺术手法的表现也较为灵活，题材的选择较为广泛，叙事节奏没有固定的要求。同时，根据余光中先生的观点来看，现代散文它讲究弹性——对各种文体、各类语气都兼容具有高度的融合适应能力，不趋于僵化。斟酌可采用西方的句法样式，更显新颖灵活，合着兼含文言句法，余韵浑然。其"密度"也很重要，在固定有限的篇幅和字数以内，也能满足阅读者对美感的追寻。简单来说就是在现代散文中能以"贫嘴"或"流水账"的话语穿插散文中，在自然间流露情感，生动形象。最后，它还讲求质料——对遣词造句品质有所要求。现代散文以纪实的真实故事和感受为主要内容，重在情感的宣泄，文中的"我"常常是作者自己或是带着作者影子的人物。作者记载自己对现实生活的记录与过去经历的回忆，所写的人情世故、自然风光和故事情节都是真实的，没有夸张与雕刻的成分。即呼应了"文学性的散文"这一概念——文学与实用兼并的文章，具有双重的文学性质。实用性体现在提到的故事人物及其他对象是客观存在，文学性则表现在人物景情都在语言的营造下呈现，用个性化语言抒发个性化感悟。总之，现代散文的概念没有固定的公式与章法；表现形式多种多样；散文篇幅相对短小、灵活自由。因其语言优美，情感隽永，现代散文也有"美文"之称。基于此，本文的研究立足于探讨人教版高中语文必修教材中的现代散文作品。

第二节 现代散文的特点与分类

上文提到现代散文章法无定式，表现多样式，讲弹性有密度求质料。分析现代散文的切入点不同，呈现的特点也有异，但整体上的主要特点还是比较固定。如情感真实性、形式灵活性、语言凝练性等都是现代散文所表现出来主要特点。对于现代散文的分类，上文简要提及，本节内容会做详细叙述。

一、现代散文的特点

（一）真实性

现代散文是作者对现实生活的刻画与影射，是作者个性化体验与感悟的寄托。它更多地反映了真实的人物、故事与生活感受。因此，真实性是现代散文最明显和最突出的特点之一。作者对真人、真事、真情的表达企图与读者产生最真挚的情感共鸣。这也是现代散文区别于小说、戏剧、诗歌和其他体裁的显著特征。

真实性一方面表现在作者的真性情与真感情。吴伯箫说："说真话，叙事实，写实物、实情是散文传统，古代散文是这样，现代散文也是这样。"[1] 林非也曾说背离了真情实感的流露，散文就失去了本质。真实性的另一方面体现在表达上的真实。在现代散文的叙述方式上，运用抒情、叙事、议论等表达方式时，都是在为抒发"自我感悟"而服务的。翻阅现代散文名篇进行分析时，不难发现几乎没有戏剧化的冲突；也没有错综复杂的人际关系；甚至对事物的刻画也没有华丽辞藻的堆砌，叙述与表达中更多的是质朴与平实的语言。现代散文真实性的特点也得到了文学界的公认，成了现代散文的最为直观的一大优势。

（二）凝练性

散文的凝练性包含着形散神凝。散文最终的目的是凸显情感的表达与升华，这也正是"神不散"的宗旨。内容的包罗万象，表达与形式的灵活多样，都是在对文章的中心思想进行铺垫。看似毫无规则的文章结构与情节安排，最终都回归到作者的笔下之情。同时，散文语言凝练而准确。陆德庆先生称赞散文的语言潇洒却不失简洁，朴素又不乏优美，自然而有神韵。而不同散文学家语言风格更是不同，比如余秋雨先生散文作品中的语言则表现为在抒情的笔法中含有理性的思维，在理性的叙述中又透露着生命的哲理；冰心散文语言是柔美且隽丽的；徐志摩的散文作品语言特色则是繁复浓丽的；叶圣陶散文语言的清淡平实也是较为突出的。散文终究是充满一定个性化表达的文体，而优秀的散文作品都离不开对意蕴的营造和言语的锤炼。正如诗歌所追求的"丰不余一字，约不失一词，言尽而旨远，辞浅而意深。"散文作品也是如此，文章中对词语的选用，句式的安排，标点的配置，意境的营造都是恰如其分，即便是在朴实的语言中也会读出一份美感与意犹未尽。因而，散文也称"美文"，自然文采的讲究，语言的凝练就显而易见了。散文的艺术在于"语言的艺术"，浓与淡的相得益彰，雕饰与自然的精巧融合都在语言的凝练中有所彰显。

（三）灵活性

现代散文是文体中最为潇洒自如的。其取材范围的"活"与"广"最能体现灵活性的一面。内容广泛、丰富、毫无拘束。柯灵《妙哉散文》中就赞叹散文可包孕天地万汇，人海波澜，闳远精微，无所不窥，无所不亲。[2] 其次，散文是无规矩的艺术，其结构与写法也相当灵活，无规范的形式与格律，却处处显其精妙。可以着力于一点，也可放眼于全局，所谓"形散"也正验证着其形式的灵活

---

[1] 吴伯箫.《散文名作欣赏》序[A].见：傅德珉.散文艺术论[M].重庆出版社，1988：12.

[2] 柯灵.妙哉散文[C].人民教育出版社，2009：121.

多样，笔法的自由随意。作者可以直抒胸臆，也可隐喻其中；可以简单叙述，也可精雕细琢，即心之所向，笔之所至，章法自如，随意赋形。随着作家灵活运用各种技巧用以叙述，为求情感的表达更加真挚和丰富，以致文章的呈现效果达到绝妙。

二、现代散文的分类

散文的分类一直众说纷纭，种类繁杂且多变。1924年王统照以历史类、描写类、演说类、教训类和时代类的散文来划分散文的种类。但这种分类方法是存在歧义的，描写类和历史类以及时代类之间就缺少明确的界限，在进行归类时，难免多有争议。余光中先生也曾说散文的种类繁杂，1980年他先以散文的功用将其分为五类，即议论文、叙述文、描写文、抒情文、身份暧昧的杂文。后来，他又将散文的功用与文类进行整合重新划分了散文的分类，即抒情文、议论文、表意散文、叙事文、写景文。林非又将其分为了四类：抒情性强的小品文、抒情性成分浓而叙事少的散文诗、具有议论性情感的杂文、叙事较重的报告文学。余树森运用两级分类法先将散文分为：抒情性散文、随笔散文、纪实散文三大类，然后又将不同种类的其他类型归入这三大类之中。此外，还有郑明俐、陈剑晖、贺玉波等人都对散文进行了分类，在此就不一一列举。但可见散文的分类文人学者都各持己见。本论文对现代散文的分类根据人教版高中语文教材现代散文的分类提示以记叙性散文、抒情性散文、议论性散文三类进行研究。由于杂文、小品与随笔类文章难以有明确的界定，笔者在此借鉴前人学者的观点也将其列入议论性散文的范畴。

（一）记叙性散文

记叙性散文从属于记叙文门类，它以记人叙事、写景状物为主。通过记叙和描写为主要表现手法来叙述和描绘人和事物或景物较为具体和突出的一部分，通常隐含着浓浓的抒情成分，直接或含蓄地传递着作者内心的思绪感悟。记叙性散文中的记事散文主要在于叙述"事"，选择的记事内容可以是完整的故事。如梁秋实在《记梁任公先生的一次演讲》中，从梁任公先生进教室为演讲做准备——演讲过程——演讲结束这一系列故事发展的顺序。表达着作者对梁先生的崇敬与敬仰之情。记叙性散文一般在事件的发展过程中有着对事物本质的揭露并传递作者的某种真情实感。可以对片段性的事件展开叙述，像《记念刘和珍君》全文分为七节内容，但结合鲁迅写作的七个部分来看，都并未对刘和珍君这一人物的事件有详细完整的叙述。却以"始终是微笑着的"这一点将刘和珍君的人物形象立在读者心中。通过记叙与刘和珍君少有的见面和对话的几个片段入手，却包含着作者无尽的情感。记事散文并不像小说与记叙文要求时间有始有终，其更多的是借对事物的叙述，寄托自我的情感。而写人散文则是通过对人物的描写来表现作者的感悟与情思。因此写人散文的重点不在于刻画人物形象或者塑造人物性格，它偏重于以人物为中心，抓住人物性格的特征表现人物品质与精神等方面。写人散文中的人物都是源于生活，是真实存在的。因此，散文中的人物形象相对于小说而言，更加丰满有质感。

（二）抒情性散文

抒情性散文自然重在"抒情"二字，其抒情意味十分浓厚，尤其注重表达作者的情思心绪。与记叙性散文不同的是，抒情性散文中对事与物情节的描写和叙述，不会始终贯穿全文。它只作为一个引子或中介。借此直抒胸臆或触景生情等，一般会给读者带来强烈的画面感，有身临其境之感。像朱自清先生的《荷塘月色》中，对月夜荷塘绝美的景色描写，常常给人置身画境的享受。抒情散文最大的特点在于语言十分优美隽永、感情真挚炽热，表达作者的态度和直观感受。其语言的优美不仅表现在能做到形神具备与传情达意，还讲究韵律、节奏和词彩。常常运用象征、比拟、通感等艺术手法，准确生动地表达情感色彩，并将感思寓于客观事物之中，言有尽而意无穷。并且这类散文还具有较强的艺术感染力，其立意清新、结构精巧，对意象的选择与意境的营造上也是精妙绝伦。抒情性散文常见的形式有：借景抒情、因物抒情、以事抒情。高中语文教材中的《荷塘月色》《故都的秋》《囚绿记》等都是这类散文中的代表。

（三）议论性散文

议论性散文是通过散文的笔法发表议论，表达阐述某个观点和见解，具有"议论文"与"散文"的两大特性。虽以议论为主，但不像一般议论文过于强调理论性和逻辑性，它是在叙述与描写的语境下，侧重对形象的描绘和情感的抒发。通过对现实生活中典型的人物、事件与现象等进行分析议论的过程中，表明自己对人生、社会及其他的感悟，摆出自己的态度、立场及观点。具有抒情性、哲理性的特点，在阐明道理的同时也给读者富于理性的认识及感悟。它不同于记叙性散文和抒情性散文，议论性散文传递的思想感情偏重于"理"，是有着对社会、现实的一些独立思考，能够对读者有所启发。作者可以借助某一事物形象抒发观点或表明态度，也可以借助独特的文化现象、自然山水，将历史的反思与生活的智慧融汇其中，理性与情思的相互交融，见解独特，具有更强的说服力。同时议论性散文相对于前两类散文来说，范围更广泛，包容性更强，像杂文、随笔、小品文等都可以归为其中。

三、高中现代散文选编分析

现代散文在高中语文教材中分量独得偏倚，教材编写者在仅有的几册课本中选入了各类现代散文作品，其教学地位和意义不容小觑。以当前使用的人教版高中语文教材为例，选入的现代散文皆为名家经典，文质兼美，意蕴隽永，极具代表性。人教版高中语文教材分为必修与选修两个部分，必修教材又分为五册，其中语文必修三没有选入现代散文作品。人教版高中语文必修教材现代散文选文分布情况如下表：

表 1.1

书册	篇目	作者	类型
必修一	《记念刘和珍君》	鲁迅	记叙性散文
	《记梁任公先生的一次演讲》	梁实秋	
必修二	《荷塘月色》	朱自清	抒情性散文
	《故都的秋》	郁达夫	
	《囚绿记》	陆蠡	
	《拿来主义》	鲁迅	
必修四	《父母与孩子之间的爱》	弗罗姆	议论性散文
	《热爱生命》	蒙田	
	《人是一根能思想的苇草》	帕斯卡尔	
	《信条》	富尔格姆	
必修五	《咬文嚼字》	朱光潜	议论性散文
	《说"木叶"》	林庚	
	《谈中国诗》	钱锺书	

从表中可以看出现代散文在高中语文必修教材中的呈现情况，除了语文课本必修三，其余四册必修课本中都出现了现代散文作品，共计 13 篇文章。必修四中主要是随笔和杂文类，根据上文提到的分类，在本文中将其归为议论性散文一类。经过统计，现代散文作品占人教版高中语文必修教材 78 篇文章中 16.6% 的比例，占现代文 39 篇文章中 33.3% 的比重。因而，现代散文在高中语文阅读教学中的地位和价值不言而喻。总体来说，像《荷塘月色》《故都的秋》这一类散文，注重"美"的探究，又隐含着对时代的思考；《拿来主义》《记念刘和珍君》这一类作品又掷地有声富有批判意味；而《热爱生命》《信条》这类文章又侧重

109

对生命和哲理的思索。

第三节　批注式阅读概念

批注式阅读虽不是全新的阅读理念，但在发展过程中其形式上和应用技巧上却被赋予了新的活力。将其作为阅读方法运用于现代散文的阅读教学，更加要深入了解，掌握其内涵与相关的理论依据，才能更好地实现批注阅读教学现代散文使用价值。

一、批注与批注式阅读

批注，在古代称之为"评点"，是古人常用的一种阅读方法。阅读者以符号或文字的形式将自己在阅读作品时产生的学与思、得与惑标注在文中的空白之处，帮助理解，加深思考。"评点"在《中国诗文评点史研究》中称它是：用以评论、圈点书面上诗文所产生的文字。因而"批注"也被称作为"圈点评注"。有关它的起源一直都言人人殊，有称它起于注疏，有称是萌芽先秦，有称要追溯梁代，也有认为是始于唐代。《辞海》中以"评定和审定"对其下定义，指出文章整体用则为"批"，解释文中字词则为"注"。《现代汉语词典》中对"批注"的解释也有两种：一种是加批语和注解，作为动词形式；另一种是作为名词存在，特指批注的语言和注解的文字。《世界诗学大辞典》中定义它是古代文学评论的一种方式，因撰写在文本旁处，称之是对文本的批注和评点。笔者根据前人的观点对"批注"的定义进行了总结：指读者在阅读文章的过程中，将自己的切身感受写于文中空白处。可以是对作者的心境进行揣测注解于旁侧；或者记录困惑之处便于阅读后求证给予明确；还可以用来作为阅读提示以达到深入理解文本的目的，是一种深入文本学习与个性化学习的阅读方式。

批注的分类也是各式各样。按形式可分为文字批注和符号批注两大类，其中文字批注又可以分为：眉批、侧批、夹批和尾批等类别，是利用文字的形式将自己的思、感注于文中不同地方。像页眉部位批注就称为眉批；两边页间距空白处的批注称为侧批；在文字间的空行处作批注则为夹批；而尾批多用在文章末尾写阅读感受、读书心得或总结全文。而符号批注则是利用不同符号：如△、※、□、☆等标注在文章正文部分。比如利用横线勾画出文章中的经典片段或好词佳句，用△标注关键词语等做法，目的是便于直观阅读文本和加强对文章的理解。这是较为常见的分类，除此之外，还可以按照批注的内容、批注的位置、批注的阶段以及批注的颜色等进行划分。

批注式阅读并非是新的阅读教学方法和教学理论，它是在评点、圈点评注以及文学评论的基础概念之上得到继承与发展。1999年孙立权老师在基于"语文教育民族化"下将其作为一个阅读新概念提出，还认为这种阅读方法是极具中国文化意蕴的。随后，它走进了语文课堂之中，还受到语文学界的关注。韩中凌老师评价："批注，讲求阅读的主动性和创造性，注重阅读的审美性、差异性和批判性，它不仅是一种真正意义上的阅读方式，而且是良好的阅读能力与阅读习惯的表现形式之一。"[1] 韩老师的说法得到了普遍的认可，也适用于当前的语文教学观念。从概念上来说，它与评点没有太大的区分，都是在阅读文本时，利用"评"与"注"的方式。但批注式阅读是一种变幻多端又具有个性化的阅读方式，同一篇文章批注可多变，同一个读者的二次批注亦可不同。于语文阅读教学而言，它是一种以学生为主体的体验式阅读，可呈现出学生在阅读时的思维动态发展和双向体验，还能及时反映当下的阅读状况与知识掌握能力，具有较强的针对性和个性化。

二、批注式阅读教学理论依据

不同的阅读教学方法与教学模式都会建立在相关教学理论依据的基础上进行发展，加以再赋予。最初的批注式阅读可能仅仅建立在与"评点学"相关的教学理论。但随着教育的发展，批注式阅读这一阅读方法便可窥探出更多维的教学理论依据。主要有以下几种：

（一）中国古代评点学

本论文中反复提到"批注式阅读"是对中国古代"评点学"的继承与发展。因此，"评点学"就是它的第一个教学理论依据。语言简繁皆可、形式多变随意、内容鞭辟入里。具有一定的文学艺术性和审美性，批注式阅读现今还保留着评点学理论里的诸多优点。

伴随着文学作品的产生、传播和接受，文学评论便开始萌芽发展，逐渐形成"评点法"这一理论，它是对文学作品进行批评的一种特殊形式。南宋吕祖谦的《古文关键》可看作是评点文体正式形成的标志。纵观文学评点的发展历程，评点者多为文学批评家，如著名的文学批评家金圣叹，他对《西厢记》《水浒传》等书都进行了深入地评点。古时，只有文学地位高的文人才能对文章进行批评。在科考制度的影响下，读书人也会对文学作品进行评点。但他们的评点中常有借

---

[1] 韩中凌. 让语文教学更高效——批注式阅读教学探索[M]. 江苏凤凰教育出版社，2015：4.

批评文学作品来倾泄愤懑不得志的心境。可见旧社会里，评点的形式与意图另有意味。在逐渐的发展过程中，评点的主体发生了转变，开始以学生群体为主，评点也不再传达愤世嫉俗的愁绪。虽然批注式阅读在一定程度上沿用了古代评点学中的一些做法和表现形式，但学生不是文学批评家与愁绪满怀的科考人。学生不具备文学批评的基础与能力，无法站在文学理论的高度和立场上批评文学作品，评点主体的身份地位与结构发生了改变。将评点引入语文课堂，便被赋予了新的活力与使命以"批注"这一重命名全新归来。高中语文阅读教学中，学生在批注上呈现出来的更多是困惑与感悟。批注式阅读对于学生而言，目的单一，形式灵活。即使在应试教育的影响之下，学生也可利用批注表达阅读的自读自悟。批注式阅读更加符合学生的阅读需求，不再千篇一律取词断句统一标准进行分析。学生随读随思，有感即注。批注式阅读在古代评点学的基础上，从评点身份、评点目的、评点形式和评点内容多方面发生改变。简言之，批注式阅读弥补完善了传统评点学的局限和不足，又兼以包容与多元，更符合当前的语文教学理念，也适应学生循序渐进的发展观，开启了语文阅读教学的新局面。

（二）对话理论

批注式阅读实则也是阅读者与文本之间的一场对话行为，所以批注式阅读的另一个理论依据就是对话理论。前苏联文学理论家米哈伊尔·巴赫金是最早提出对话理论的，他认为：话语沟通是人类存在形式的基础，对话行为无处不在。作者与人物之间存在对话，相互的人物之间也存在对话，读者对人物有对话，读者和作者也在对话。甚至于他认为人自身存在的意识也会进行对话。[1]依据巴赫金的观点，我们可以把阅读过程看作是读者和文本的对话过程。对话理论在教学过程中的使用并不罕见，国外教育家苏格拉底以及我国春秋战国时期的孔子先生，他们与学生和弟子的教学就是在对话中开展的。"灌输式教学"与"讲授法"都可以看作是依附于对话理论基础的，只是在传承与运用的过程中有失偏颇，没有真正做到对话行为之间的"交互"。《课标（实验）》中也提出要实现阅读的多重对话，即在师生、教材、编者和文本之间。对话理论是教学中常见的一种手段，也是教育学界公认推崇的一种教学形式。对话过程能体现出思想交互的碰撞，也是心灵相互交流的动态过程。对话理论对阅读教学具有很大的参考价值和借鉴意义。批注式阅读很好地体现了读者与文本、人物与人物、教师与学生之间的多重平等对话过程，正契合对话理论里所提倡的观点。高中阶段的学习，要求学生有思辨能力和批判能力。批注式阅读在运用的过程中能够给学生创造更多机会，实

---

[1] 方智范. 语文教育与文学素养[M]. 广东教育出版社，2005：89.

现与文本的对话，与作者的对话和与作品中人物的对话。从学生的批注中便可看出与文本发生对话时产生的内容、交谈的深浅，这也是学生思维发展能力的一种培养方式。同时，在实际教学中，教师与学生的对话往往碍于身份与地位，始终达不到平等这一层面。但通过学生所写的批注内容，教师与学生之间便水到渠成地实现了师生间的对话行为。并且，教师在对评价学生的批注阅读时，也是在帮助教师倾听每一位学生的内心世界。扬弃传统的单边教学模式，在平等互动的对话中，学生的见解、观点、感悟都能得到有效指正，更有助于提高学生的文本阅读能力。

（三）召唤结构理论

批注式阅读的对象是文学作品，笔者将其阅读对象更加细化——现代散文。现代散文作品本就无法完完全全给它解读透彻，它留有的空间与想象是无限的，也会因读者的心境与阅历被赋予新的生命。这样的"作品留白"与"情感再赋予"正符合着召唤结构理论。召唤结构理论是接受美学理论中的一个重要概念，20世纪60年代，德国汉斯·罗伯特·姚斯提出接受美学理论。而召唤结构理论又由伊瑟尔提出，他们认为作家写出来的作品并不是真正意义上的完整的作品，文学作品是半成品，是一个多层面的结构体系。其实质是指文学作品存在留白，具有不确定性和否定性。文本的留白和不确定性对读者存在一种诱惑和吸引，它召唤着读者用自身的体验和感悟填补文本中存在的留白，使文本达到真正的完整。"留白"的艺术手法在文学作品中十分常见，诗歌、散文、小说等具有艺术感染性的文学作品惯用留白，用以增强文本的神秘感和想象空间。

批注式阅读一直强调"悟"，提倡注写感悟、理解与联想，这也正是对召唤结构理论的一种映衬。并且批注式阅读中包含"联想性批注"这一类，将文本的"确定"成分独立出来，余留的"不确定"就可与自身经验相关联。对文本展开多元解读和联想，赋予作品个性化韵味，使文学作品在作者层面与自我层面都达到真正的完整。

三、现代散文批注式阅读

理清了现代散文与批注式阅读的概念，对于高中现代散文批注式阅读的内涵就显而易见了。简要概括来说，即在高中语文现代散文作品的阅读教学中，引导学生利用批注法进行阅读学习；实现学生与文本的对话，教师与学生的交互；培养学生在学习现代散文时采用批注式阅读的习惯。

学生对现代散文阅读学习的过程中，批注式阅读可灵活使用贯穿整个教学活动。比如学生在课前预习阶段就可以采用批注式阅读先对文章进行初读了解。接着在课堂教学时，根据老师的讲解与分析，结合对照自身对文本的批注，补充完善不恰当与遗漏之处，校正批注。一般来说，现代散文会根据其不同的体裁特征，批注式阅读教学的倾向重点也不同。在教师的指导批注下，可帮助学生更加深入地理解现代散文作品。现代散文的阅读学习如果仅仅停留于课堂之上，是远远实现不了其教学价值的，散文蕴含的文学价值也会大打折扣。因此课后反思阶段也很重要，学生可以和老师、同学交流分享自己批注的内容，在分享探讨时，往往还会得到意料之外的收获。

高中现代散文批注式阅读教学要凸显个性化阅读与实现多重对话。现代散文阅读教学不同于其他文体的教学，散文中作者的主观情感痕迹较重，这与作者的个人经历有关。所以，在阅读文学家的散文作品时，可先大致了解作者的性格特点与人生态度。这体现了现代散文作品的解读要讲求多元化，追求个性化，但这也给现代散文的阅读教学增加了难度，便造成了现代散文阅读教学低效化的现象。教师习惯用"自我+教辅"的方式解读现代散文作品，只顾将文学常识与文章主旨灌输给学生，学生被动之下缺乏自我理解，又参悟不透其文本内涵。阅读参与者与阅读对象甚至阅读主体都没有实现多重的对话，又何以能实现散文学习的重要性和教学价值。

高中现代散文批注式阅读教学，突破了传统的散文阅读教学观念。首先初读预习时，批注式阅读就可以让学生有充分展现自我表达的机会。即使学生的知识水平和能力还无法对文章做正确且深入的分析，但学生能够对文章有自我的认知，也算实现了个性化阅读，符合了课标对现代散文的学习要求。学生真正成了学习的中心、课堂的主体。同时，学生偶尔的"突发奇想"还会给作品的解读带来新的启发，赋予了作品新的意义。现代散文作品大多都具有时代的印记，但随着时间的流逝，文学作品的含义应该在原本的基础上赋予新的意义。跳出刻板印象使之与时代发展相适应，优秀的文学作品就是应该发人深省，常读常新。高中阶段的学生，已经具有很明显的个人特色和人生观念，现代散文批注式阅读也是对学生阅读能力考查的一种方式。在脱离教师的辅导下，用自己的知识基础分析优秀的文学作品，培养创造能力，能在细微处领悟现代散文的美感。最终达到对学生思辨力、创造力、审美鉴赏能力综合培养的目的。

第四节　高中现代散文批注式阅读教学价值

现代散文阅读教学的价值在于让学生了解并学习优秀文学作品，培养学生赏析散文的能力和审美意识。批注式阅读作为学习现代散文的一种学习方法，其教学价值主要在于可以激发学生的阅读兴趣，能够促进学生主动思考；有助于深化教学内容，丰富散文的阅读教学方法；以及重视学生学习的个性化体验，真正意义上的做到培养学生的鉴赏能力和审美意识。

一、激发阅读兴趣，促进主动思考

新的课程标准认为：阅读教学实则是一场对话行为，要珍视学生（也是阅读者）在阅读过程中所衍生的独特感受和体验。现代散文的阅读要求表现在个性解读、情感体验、审美思辨等方面，但高中现代散文阅读教学存在教学低效化的现象。[1] 批注式阅读在高中现代散文阅读教学中的运用，有助于激发学生的阅读兴趣，促进学生主动思考。学生在运用批注式阅读时，学习的主体是他们本身。当学生拥有主动权与个性展示的机会时，他们会不自觉形成一种责任意识，试图寻求正解呈现优秀状态以渴望得到更多的认可。也会在无形之中给学生群体树立竞争意识，越发激发他们的求知欲望，调动他们主动进行思考。现代散文语言较于古文更通俗，这更有利于学生开展批注式阅读，他们不必占用大量时间注解字词段落。散文的"散"也为学生的批注阅读留下了更宽广的空间，学生对现代散文的批注阅读受到的约束性较小，却能更大限度地发挥学生的主观能动意识。

高中现代散文批注式阅读教学也有利于教师关注学生阅读文本的深度与广度。学习能力的差异，从呈现出来的批注内容中显而易见。传统的现代散文阅读教学课堂，教师的想法和观点贯穿阅读教学过程中，批注式阅读突破这一固有模式，给每一位学生都搭建了阅读平台。提高了学习的参与度和阅读兴趣，培养学生的自主阅读习惯。批注式阅读是一种相对独立的学习方式，在整个过程中，通过"自读自批+讲解校批+交流思批+反思完批"的形式，增加了学习的乐趣，提高了学生的兴趣，促进学生主动思考，有利于培养了学生的思辨能力与逻辑能力。

二、深化教学内容，丰富教学方法

立足于"这一篇"散文进行阅读教学，是王荣生教授提出的散文阅读教学理念。但实际上现代散文的阅读教学呈现出来的是用"这一篇"教"那一篇"或"众多篇"的状态，没有真正对现代散文的内涵做出合理的解读，在教学内容的选择与确定上也存在相应的问题。我们在阅读文本时会产生各样的体会与感受，正是因为我们所经历与思考的不同，如《荷塘月色》的热闹与冷清是独属朱自清

---

[1] 蔡娜. 高中语文现代散文教学低效的成因分析[D]. 河南大学，2017.

先生的,《故都的秋》里北平的秋天是郁达夫先生一个人眼中的。我们所能体会到作者的心境,是因为我们在作家的文字里,在文字之下营造的意境里,一层一层体悟出来的。不可因为这个作家在这一篇散文中是这样的情感,在另一篇散文里情感还一模一样,这也是散文个性化的一种体现形式。也不可因为解读这类散文中的某一篇用了这样一种方式,对其他同类的散文就进行套板。因而,传统的用一种方式教学所有的散文作品是在对文本内容进行割裂,脱离了散文的"聚",忽视了散文的"个性"。每一篇现代散文在阅读教学时,选择的教学内容和解读角度应该有所区分。高中生文学理论的知识体系不成系统,举一反三的能力还不足够,他们对现代散文的阅读更多会只关注在"这一篇"散文上,这反而符合了王荣生教授的观点。因而,学生对现代散文做批注式阅读,是建立在以"这一篇"散文内容的基础之上,教师在进行阅读教学时,更能引导学生深入解读文本内涵。

　　批注式阅读为现代散文阅读教学提供新的启示与方法。以往的散文阅读教学,教师把控课堂主场,以教法为主,忽视学法。在一些研究成果中也可看出散文阅读教学效果实属不佳。批注式阅读教学的出发点就是为了发挥学生的主体地位,激发学习主动性。教师和学生在运用批注式阅读法时,课前阶段都需要开展自我阅读,体现对文本有个性认识和思考。在课堂之上,再进行对比、补充、改善,从而扩展思维方式。教师长期"自我解读"式教学固化了对现代散文解读的思维,在运用批注式阅读教学时碰撞出的火花,也可为教师带来柳暗花明又一村的效果。

三、重视个性体验,培养审美意识

　　散文作为"美文",在意境的营造,物象的选择,词句的组织等方面都是对美的构造。"美"是一个抽象的概念,千人千面,不同人对"美"的认识本就具有个性。品读现代散文作品在一定程度上也是对"美"的解读。传统的现代散文阅读教学,教师往往将"美"揉碎了摆在学生面前,学生未入"美境",何谈"悟美"。其实这种被掰碎的"美"是带有教师和辅导书的情感色彩的,无法满足学生的个性差异,不具备说服力。而批注式阅读主张自我阅读,个性体验为主。学生即便无法正确地领悟散文"美"的内涵,但他们事先完成了或深或浅的个人体验。在结合教师的分析中,更能全面地体验作者笔下的美韵,与作者达成情感的共鸣。

　　散文阅读一直强调"审美意识"和"鉴赏能力",散文作品常借用精巧的艺术构思和独特的表现手法以及优美的语言表达,给读者呈现出富有诗意与哲理的画面。运用批注阅读现代散文作品，可以引导学生发现作品于细微之处的美，感受作者在不同环境中的精神品质与高尚德行，品悟文学作品的艺术美感。散文作品中也常暗含着作者的人生态度，能够带给学生心灵与精神的洗礼，在人格塑造与个人修养上也发挥着潜移默化的作用。批注式阅读运用于现代散文阅读教学符合课标对语文美育功能的要求，有益于学生审美意识的培养。

第二章　高中现代散文阅读教学现状

高中现代散文的批注式阅读教学研究，是针对高中语文现代散文作品的阅读教学研究。批注式阅读教学策略的提出是为解决现代散文阅读教学中存在的问题。利用问卷的形式调查高中现代散文阅读教学现状是最为直观且有效的，根据问卷调查的结果才能更加科学、准确地分析其成因。

第一节　高中现代散文阅读教学现状调查

一、调查研究设计

（一）调查的目的

为了更加清晰地了解高中现代散文阅读教学的现状，笔者对高中语文教师和学生分别发放问卷进行调查。本部分的调查，建立在客观数据的基础上展开，为求发现高中师生在现代散文作品阅读教学中存在的问题，找到问题的根源，提出科学有效具有针对性的教学策略。

（二）调查对象

此次调查开展的时间在 2020 年 11 月期间，笔者在贵州省思南县第九中学高一、高二、高三各年级随机选择了 330 名高中学生发放调查问卷，共回收 319 份有效问卷，学生问卷有效率达到 96.6%；对高中语文教师共发放了 55 份调查问卷，回收了 50 份有效问卷，教师问卷有效率达到 90.9%。

（三）问卷设计

本部分的研究采用问卷调查法，分为高中学生问卷和高中语文教师问卷。学生问卷设计了 14 道选择题，教师问卷由 11 道选择题组成。在设计问题时，力求将问题都尽量做到清晰明了，以保证数据的真实可靠，便于后期的研究使用。

二、学生问卷调查结果及分析

（一）学生对现代散文的喜好程度

表 2.1 高中学生对现代散文作品阅读的喜爱程度

喜好程度	人数	比例分布
喜欢	81	25.3%
一般	204	63.9%
不喜欢	34	10.6%

根据统计出来的数据显示，有 10.6% 的高中生不喜欢阅读现代散文作品，喜欢现代散文作品的学生大约占四分之一的比例，剩下 63.9% 的高中生对现代散文的喜好程度呈现出一般的趋势。可见，现代散文作品很难引起学生的兴趣，得到他们的青睐。总体来看，现代散文作品在高中阶段不易受到学生的重视，学生对现代散文作品的学习兴趣较为低下。

（二）学生对现代散文文体的了解情况

1. 你能否区分出语文教材中的现代散文作品？
2. 你的语文教师有没有详细介绍过"散文"这一概念的内涵？

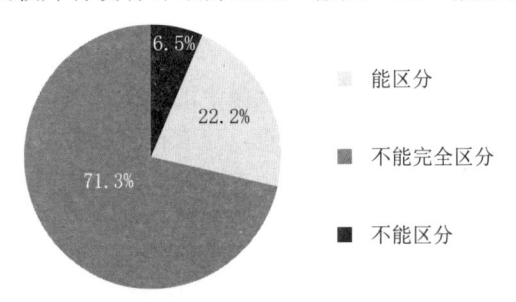

图 2.1 学生对教材中现代散文文体区分情况
- 能区分 22.2%
- 不能完全区分 71.3%
- 不能区分 6.5%

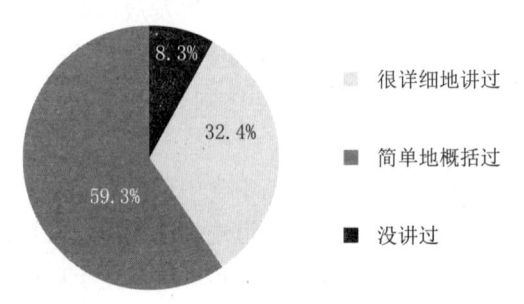

图 2.2 教师对"散文"概念的讲解情况
- 很详细地讲过 32.4%
- 简单地概括过 59.3%
- 没讲过 8.3%

虽然整个中学阶段都涉及了现代散文的阅读教学，但从图2.1中的统计数据来看，仅有22.2%的高中生能明显区分出现代散文文体；存在71.3的高中生是不能完全区分出现代散文文体的；甚至有6.5%的学生是完全不能区分出高中语文教材中有哪些是现代散文作品。教师对"散文"定义的讲解，通过问卷统计可以看出有59.3%的学生表示语文教师在课堂上只是简单概括了"散文"的概念；32.4%的学生记得教师在散文概念上是有详细地讲解；只有8.3%的学生表示教师未做"散文"概念的讲解。整体来看，教师对现代散文的阅读教学涉及了"散文"概念的知识。不过即使教师梳理过概念的知识，学生依旧不能很好地区分出教材中的现代散文作品。

（三）学生学习散文的目的调查分析

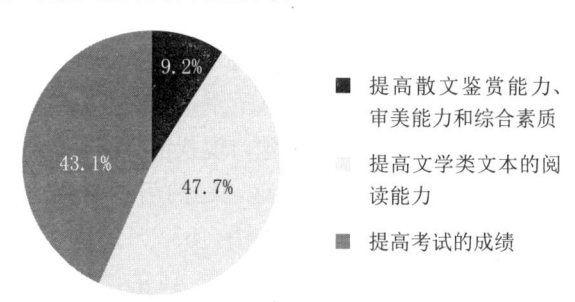

图2.3 高中生学习现代散文的目的

由饼状图2.3中可以得出，只有9.2%的学生认为现代散文的学习要以提高散文鉴赏能力、审美能力和综合素质为目的；43.1%的学生直接认为现代散文的阅读教学就是为了提高考试成绩；47.7%的学生觉得散文的学习是要提高文学类文本的阅读能力，高中语文考试试卷中涉及了文本类文本阅读的题型。简单来说，这类学生潜在的意识里是为了以提高考试成绩为目的。

（四）学生对现代散文学习的预习情况调查

1. 你在学习现代散文的过程中会提前预习吗？

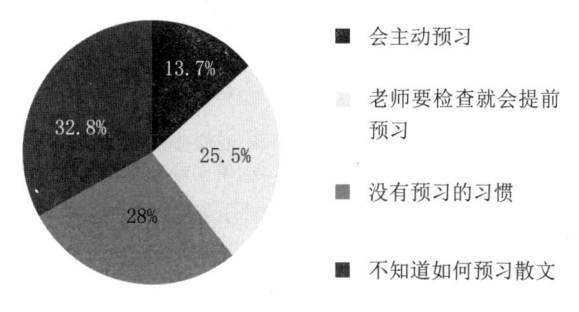

图2.4 高中生现代散文预习情况

2. 你在预习现代散文作品时，一般采用那种预习形式？（没有预习习惯和不知如何预习散文的同学不参与此项调查）

表 2.2　学生对现代散文预习形式情况

方式	人数	比例分布
熟读课文，写下自己的感受和勾画不理解的地方	3	2.4%
借助参考书理解文意，做相关练习题	24	19.2%
对文章中的字音、词意做标注	29	23.2%
读一遍文章	69	55.2%

图 2.4 显示，28%的同学在现代散文学习过程中没有提前预习课文的习惯；25.5%的学生在老师要检查预习情况的时候才会对文章进行预习；32.8%的高中生表示不知道如何预习现代散文，预习无从下手；仅有 13.7%的同学对现代散文会主动进行课前的预习思考。在调查学生预习现代散文采用的形式和方法时，没有预习习惯和不知如何预习的同学不参与这一题的问卷调查，所以在第六题中，共有 125 份有效问卷。在这 125 份有效问卷中，55.2%的同学对现代散文的预习都只是停留在读一遍课文这样的形式上，只有 2.4%的学生有较为明确的预习目标，有望通过预习达到阅读学习的目的。

（五）教师对现代散文的教学情况

1. 你的语文老师会对语文课本中的现代散文作品逐一讲解吗？

表 2.3　语文教师对语文课本中现代散文教学情况

教师现代散文的教学情况	人数	比例分布
会，老师会讲解每一篇现代散文作品	151	47.3%
不会，老师只会挑选其中的课文进行教学	168	52.7%

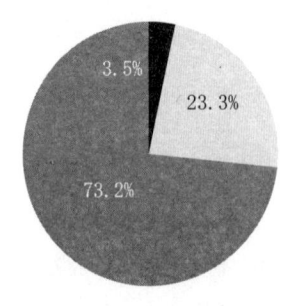

图 2.5　教师对每一篇现代散文教学情况调查

图 2.6 教师对挑选的现代散文教学情况调查

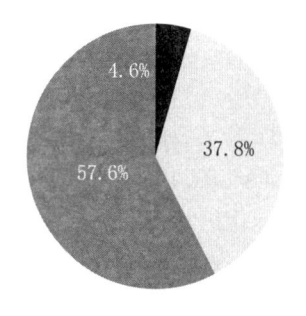

2. 每一篇散文都讲的老师，讲解模式和方法是否不同？（选择会的作答）

3. 挑选课文讲的老师，有没有突出挑出来"这一篇"散文的不同？（选不会的作答）

4. 现代散文阅读教学课堂上，教师比较重视哪一方面内容的讲解？

表 2.4 语文教师对现代散文的教学重点情况

散文教学重点倾向	人数	比例分布
散文的思想情感	68	21.3%
散文的语言特色	43	13.5%
散文的整体意境	47	14.7%
散文的表达技巧	33	10.3%
训练散文的写作	19	6%
散文的答题技巧	109	34.2%

在表 2.3 中可以了解到 47.3% 的高中生表示他们的语文教师会对语文教材中的每一篇现代散文都进行讲解。这部分同学参与到图 2.5 涉及的问卷调查中，因此，图 2.5 中共有 151 份有效问卷，从饼状图中可以看出，教师对不同的现代散文作品之间的教学没有明显的差别，甚至于 73.2% 的同学表示他们的教师会将散文划分为几个知识点来开展散文的阅读教学，有 23.3% 比例的同学他们的问卷中显示教师在阅读教学现代散文时，教学内容讲解得面面俱到，没有突出散文之间的不同。

表 2.3 中剩下 52.8% 的同学表示语文老师只会选择其中一些课文进行现代散文的阅读教学。这部分同学参与到图 2.6 涉及的问卷调查，所以图 2.6 中共有 168 份有效问卷。在图 2.6 的学生问卷中显示出，大部分教师对选择出来的课文只做部分讲解或者提醒考点内容，只有少数 4.6% 的教师会立足于这一篇散文对

学生开展现代散文的阅读教学。

在表2.4学生对语文教师散文阅读教学重点倾向统计表中可以看出,高中语文教师在阅读教学现代散文时更容易倾向传授给学生散文的答题技巧这一部分内容,教学功利性较为明显。学生问卷中对教师散文阅读教学的反映情况来看,存在着教师对现代散文的阅读教学忽视散文个性化的特点、肢解散文教学内容、固化散文教学模式以及散文教学功利性较强的一些教学现状。

5. 你的教师一般采用哪种教学方法指导你们学习现代散文?

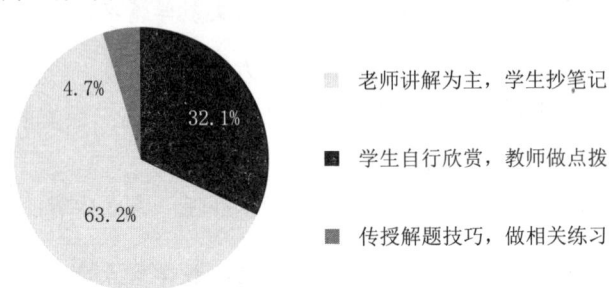

图2.7 教师教学现代散文课堂教学模式情况

- 老师讲解为主,学生抄笔记 32.1%
- 学生自行欣赏,教师做点拨 4.7%
- 传授解题技巧,做相关练习 63.2%

在图2.7中,根据学生的问卷调查情况,可以了解到学生在现代散文的学习过程中以"抄笔记"与"做练习"的方式为主要的学习模式。实则是一种"死记硬背"的学习状态,无法实现现代散文阅读教学的目的。从图中表现出来的情况来看,只有4.7%的学生做到了对散文的赏析,且不论其中的"自行赏析"是否达到了鉴赏散文的标准。鉴于此,学生学习散文呈现出来的整体状况就已经不容乐观了。

(六)学生对现代散文的赏析情况调查

1. 在阅读散文作品时,教师或你自己会对散文进行赏析吗?
2. 你的语文老师重视你们对散文文本的赏析吗?

图2.8 学生对现代散文的赏析学习情况

- 老师会让我们写下自己的感悟或看法 27.8%
- 自己在阅读到精彩的地方会做一定的批注 30.1%
- 听老师讲解就行了,没有欣赏的必要 35%
- 7.1%

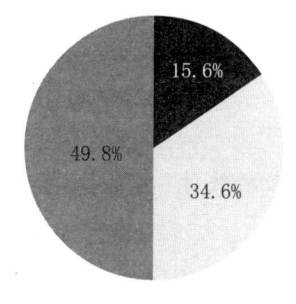

```
                15.6%

49.8%
                      ■ 重视，老师经常让我们写下阅读体
                        会互助交流
          34.6%
                      ■ 一般，老师都会讲需要赏析的地方，
                        不要求我们有自己的见解

                      ■ 不重视，只要能理解散文的大致内
                        容就行了
```

图 2.9　师生对现代散文阅读赏析的重视程度

从饼状图 2.8 中可以看出，学生对现代散文的理解是建立在教师对散文理解的基础之上，缺乏自我观点与立场。值得肯定的是存在 30.1% 的同学在阅读到散文的精彩部分时会做相应的批注。但也存在 7.1% 的学生认为只需要听教师的分析即可，没有进行赏析的必要性。而在图 2.9 中对现代散文阅读赏析的重视程度来看，15.6% 的学生觉得他们的语文教师不重视他们对现代散文的鉴赏，49.8% 比例的学生认为他们的语文老师不要求他们有自己的见解。由此可见现代散文的阅读教学，似乎变成了教师替代学生学习，教师替代学生思考与领悟。

（七）学生对现代散文学习的反思情况

表 2.5　学生对现代散文学习的反思情况

学生学习现代散文反思情况	人数	比例分布
会，散文分类很广，每一篇散文作品的学习都值得反思	73	22.7%
不知道从哪些地方进行反思	149	46.8%
不会，老师该讲的都讲了，没有必要花时间反思	97	30.5%

表 2.5 中反映出学生在学习现代散文的过程中缺乏对散文作品学习的反思。有 30.5% 的高中生认为教师在课堂上已经把该讲的地方都讲清楚了，所以没必要花时间进行学习的反思。而 46.8% 的同学有现代散文学习反思的意识，却不知道从哪些地方入手进行反思。根据统计数据的显示，学生对现代散文没有养成良好的学习反思习惯，学习的深度也有所欠缺。学生不知道从哪些地方进行反思，侧面也显示出教师并未指导和点拨学生课后反思的方向。

三、教师问卷调查结果及分析

（一）教师教龄统计情况

表 2.6 高中语文教师教龄统计

教师教龄	人数	比例分布
0—5 年	19	38%
6—10 年	24	48%
10 年以上	7	14%

由表 2.6 可以看出，本次针对高中语文教师的问卷调查教龄分布集中在 10 年以内的语文教师。这个教龄阶段的语文教师，他们拥有比较先进的教学理念和教育思想，也能和学生保持融洽的师生关系。他们处于摸着石头过河的状态，敢于表现自己，也能虚心接受前辈的经验与指教。

（二）学生在现代散文课堂上的表现情况

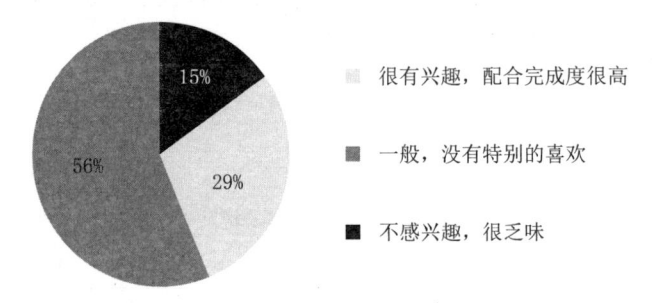

图 2.10 学生在现代散文课堂上表现情况

图 2.10 中教师的问卷调查显示 56% 的学生在现代散文的课堂上，表现出无感和一般的课堂状态。15% 的学生在散文课堂上呈现出乏味枯燥不感兴趣的状态。少有的 29% 的学生会相对积极一些，配合度较高。学生在课堂上整体呈现出来的状态是不太理想的。

（三）教师对现代散文阅读教学价值的看法

现代散文的阅读教学对学生阅读、审美、思辨能力的提升作用如何？

现代散文要求提高学生的散文鉴赏能力与审美能力，但是在实际教学中却很难做到。从调查中可以看到，现代散文对学生阅读能力和审美能力的提高效果并不明显。再结合数据，有 59% 的教师认为学习散文对提高学生这方面的作用并不大，也有 7% 的教师认为毫无用处。由于问卷调查中有优、中、差三个等级的学

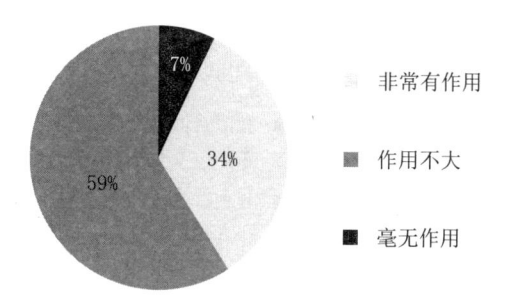

图 2.11 教师对现代散文教学作用情况调查

生群体，教师教学的班级也存在学生水平不等同的情况。总的来说，大部分教师认为通过现代散文的阅读教学来提高学生的各项能力是纸上谈兵。

（四）教师对学生学习现代散文的预习要求情况

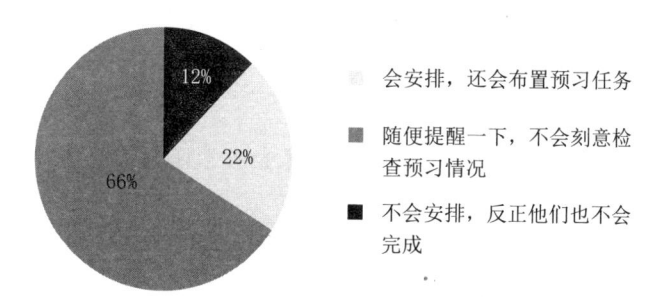

图 2.12 教师对学生散文预习要求的情况

现代散文作品大多篇幅较长，文字较多。所以教师很难在课堂上一字一句带领学生朗读或浏览，散文阅读的任务就落在学生的头上。因此学习散文提前预习是必不可少的，并且预习有利于培养学生的自主学习能力。但从教师的填写的问卷中，只有22%的高中语文教师在教学散文作品时，会要求学生提前预习，还会给出预习要求和任务，66%的教师只是随便提醒一下学生，并不做硬性要求也不对学生的预习情况进行检查。学生是自觉性很差的群体，没有明确布置作业，学生是很难自觉去完成任务的。笔者特意翻阅了不安排学生预习的这部分问卷，发现了这些教师大多是有着10年以上教龄的教师。他们在长期的教学工作中观察到即使给学生布置了预习作业，学生也不会完成，于是渐渐地这些老师便不愿浪费时间给学生安排预习任务了。

（五）教师对现代散文阅读教学的相关情况

1. 对于现代散文的教学，您一般如何备课？
2. 您如何组织学生现代散文阅读教学？
3. 您对现代散文阅读教学倾向于哪种形式？

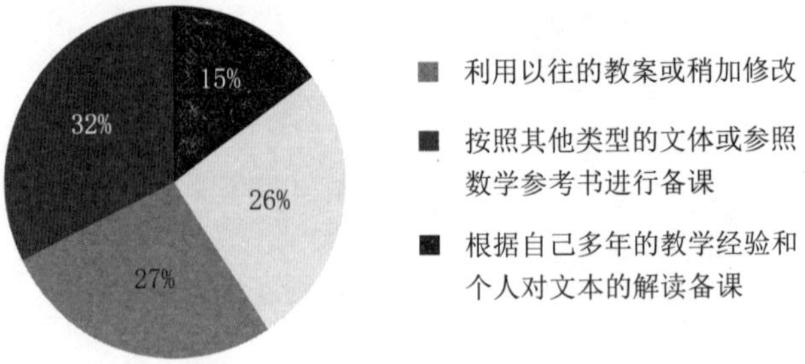

图 2.13　高中语文教师对现代散文的备课情况

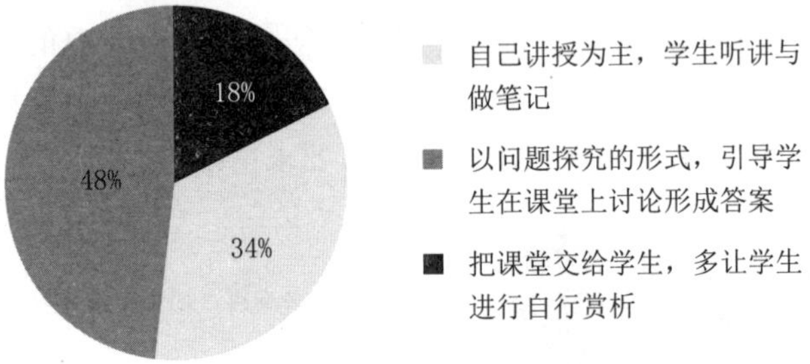

- 利用以往的教案或稍加修改 15%
- 按照其他类型的文体或参照教学参考书进行备课 26%
- 根据自己多年的教学经验和个人对文本的解读备课 27%
- (32%)

图 2.14　教师现代散文课堂教学模式情况

- 自己讲授为主，学生听讲与做笔记 18%
- 以问题探究的形式，引导学生在课堂上讨论形成答案 48%
- 把课堂交给学生，多让学生进行自行赏析 34%

表 2.7　教师对现代散文教学采用的形式情况

散文教学模式	人数	比例分布
作为一篇完整的文章来解读引导学生赏析散文	16	32%
将文章转换为几个知识版块分别讲解	24	48%
面面俱到地解读文章各个方面	10	20%

　　教师对现代散文阅读教学的准备、形式以及运用的方法都决定着散文课堂教学的成效，影响着学生对现代散文的重视程度。从这三个图表中可以看出，教师对现代散文作品的备课不够用心，只有 27% 的语文教师会深入文本，依据不同学生的情况来合理进行散文作品的备课。其余 73% 的语文教师要不使用"老教案"，要不依赖于教参书，或以经验上课。

　　在组织现代散文课堂教学时，也只有 18% 的语文教师把学生作为学习的主体，给予学生自我表达的机会，培养学生散文鉴赏的能力。虽然 48% 的语文教师以问题探究的形式引导学生课堂自由讨论，但脱离文本的问题实则就是在训练学生的答题技巧。还有 34% 的老师依旧沿袭着老式教学，教师一言堂，满堂灌，学生就不停地抄写笔记，完全不知其内在联系。现代散文阅读教学一直被人诟病将散文肢解化、分解式，在笔者的问卷调查中也体现出了这样的现象。48% 的语文教师会将散文的教学内容转换为几个知识点对学生开展散文阅读教学,其中以问题探究的形式开展散文阅读教学的教师大多都选择了分解知识点这一形式的选项。能真正将散文作为一篇独立完整的文学作品来上课的只有32%的语文教师。剩下20%的语文教师追求面面俱到开展散文课堂教学,完全不能凸显其独特性的一面。

(六)教师对学生散文赏析的重视程度

1. 您重视学生对现代散文阅读的赏析吗?
2. 您一般如何让他们表达自己散文阅读的感悟?

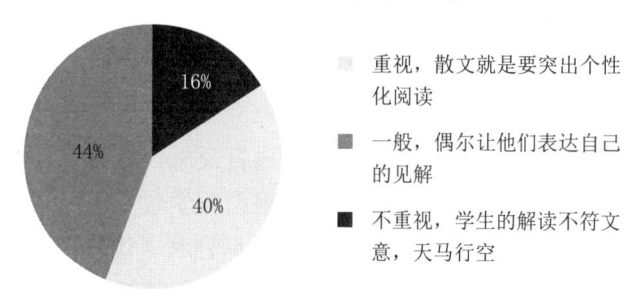

图2.15 教师对学生散文赏析的重视程度

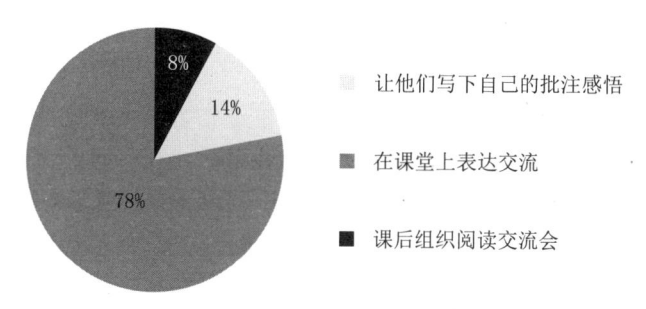

- 重视,散文就是要突出个性化阅读 16%
- 一般,偶尔让他们表达自己的见解 40%
- 不重视,学生的解读不符文意,天马行空 44%

图2.16 学生阅读感悟形式的情况

- 让他们写下自己的批注感悟 14%
- 在课堂上表达交流 78%
- 课后组织阅读交流会 8%

散文阅读教学"鉴赏"与"赏析"至关重要,文本中的意境、情感等方面都需要经过细细的品味。但在调查中,重视学生赏析散文作品的教师只有40%的比例。可见教师因为各种因素的影响致使他们忽视学生对散文的鉴赏。图2.16中,教师让学生表达散文阅读感悟的形式多为在课堂上表达交流,不可否认这样的方式也是值得借鉴的。但教师不应该只训练学生的口头表达能力,学以致用还应该体现在会写作和书面表达。学生长期只通过口头表达的方式,对书面表达就会略显生疏。并且课堂上的灵光一现是短暂的,需要借助书写帮助记忆,所以"说写结合"才是最为合适的形式。同时,还可以看出散文的阅读教学大多停留在课堂之上,在课后就被抛之脑后了,仅有8%的教师在课后还会组织学生开展阅读交流会。

（七）教师对现代散文阅读教学的反思情况

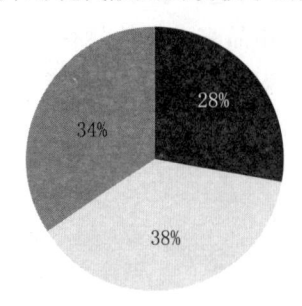

图 2.17　教师对现代散文教学的反思情况

教学反思也是教学环节中不可缺少的一部分。根据调查问卷的情况来看，28%的高中语文教师会对现代散文的阅读教学进行反思，还会引导学生进行反思养成良好的学习反思意识。38%的语文教师是根据教学效果的反馈情况来决定是否要进行教学反思。甚至有34%的教师表明不会单独对现代散文的阅读教学开展教学反思。所以散文作品的教学反思也成了现代散文阅读教学的一大困境。

第二节　高中现代散文阅读教学存在的问题

现代散文教学一直备受语文学界的关注，不少学者也总结了散文阅读教学存在的各种问题。笔者通过高中语文教学实习观察和阅读相关资料以及发放的问卷调查中，发现了高中现代散文阅读教学存在的一些问题。从高中现代散文阅读教学过程的课前预习状况、课堂教学状况、课后反思情况进行分析总结。

一、阅读教学，忽视个性化特点

散文的个性化表现在语言的个性化、情感的个性化、作者的个性化等方面。因此，现代散文的阅读教学不可脱离"个性化"这一特点。笔者在学生问卷与教师问卷中都涉及到了散文阅读教学方面的几个问题，得到的结果多数是教师会倾向于将现代散文变成某几个知识点或分解为几大板块对学生进行讲解。大多数学生也认为教师即使是对不同篇目的散文作品，其形式上和方法上都没有发生太大的变化，都是以考点形式划分为几大部分列出来逐一突破。侧面反映出散文的阅读教学忽视了散文独有的个性化特点和破坏了散文阅读的整体性美感。"形散神不散"是文学界对散文共同的认知和默许，无形之中这也成为了语文教师对散文解读和散文阅读教学设计的一种标准。但这样的观点在一定程度上对教师和学生都造成了误导，"形散神不散"其实质是指明了散文最突出的一大特点，而不是作为散文阅读教学设计的尺度和标准。因此，语文教师对"形散""神不散"之间的理解和权衡有误。多把重点倾斜在"神聚"之上，扩大"神"的重要性，重视对"神"的解读和剖析。只要能强化散文精神的凝聚，其整体性上并不在意，更别提突出其个性化的特征。以套路化解读散文作品，对教学内容的确定没有做精心的挑选，完整的文学作品最终变成了零散的语文知识点，而语言表达的个性化就更难有所体现。学生大多知晓散文"形散神聚"的特征，却不明虽同为散文"这一篇的散"与"那一篇的散"有何异同，更不知散文还具有个性化特点。王荣生教授提倡散文的阅读教学要立足于"这一篇"。其实质也是在提醒要注重散文个性化的特点，不可孤立解读文本内容，割裂语言与情感之间的联系。然而在实际教学中，教师时常会借用那一篇散文的内涵试图填充这一篇散文的留白。或者以毫不相关的课外资源引入散文阅读教学过程中，如许多教师在阅读教学《荷塘月色》一文时，会播放荷塘月色的相关音频或视频。听过这首音乐的都知道它的节奏是轻快欢畅嘹亮的，然而朱自清笔下的荷塘月色之景是虽极美却略带凉意，且丝毫没有外物的干扰。是作者独有的，像珍藏秘密一般的存在。引入这样的课外资源不仅会分散学生的注意力，还会给学生留下先入为主的印象。其实立足于文章内容来看，梳理语言在表达上的特点并联系情感进行分析，更有利于理解这一篇散文作品。学生看到的是散文中客观外在的言说对象，与朱自清先生眼中的是完全不一样的。当讲解到月色下的荷塘与荷塘之上的月色之时，大多数教师会反复引导学生对景色描写的句子进行赏析。忽视了朱自清笔下所持有的个性化特点，忽略了其关键点是作者当时发现景色时心境和对独处之妙的窃喜，贾宝泉先生说："散文大美在于整体，研究散文不是要肢解散文。"然而，忽视散文的个性化特征便会造成肢解散文现象。所以存在以零散性的片段和单个的知识点开展散文的阅读教学，以佳句赏析、片段解读、主旨探讨等形式，实则破坏了散文在整体性上应有的美感；是在将作者的精心安排和独具匠心做割裂，抽象解读文本内涵。以自我感悟或教师体验揣度作者的情思也是不正确的。实际上，无论在任何情境下，读者都是难以与作者的心境达到一致的。在这样的情形下，"这一篇"散文就变成了"这一类"散文的阅读教学，也变成了"这一位"作者的散文风格，但即便是同一位作者在不同文章中和不同时期里的散文样式都是具有变化和差异，这也正是散文个性化的最强写照。

二、散文预习，学生无从下手

课前预习是一种良好的学习习惯，在教学活动中极为重要，有利于教学过程的开展。帮助学生提前了解新的学习内容和学习目的，促使学生学习的主动性和积极性。课前预习一方面可以帮助学生大致了解所要学习的新知识，让学生在思维和行动上都有所预备；另一方面可以让学生运用已有的知识基础解决新知识中存在的问题，检测学生对以往知识的掌握情况。好的预习效果体现着学生旧知识系统的学习效果，学生通过课前预习能够发现自己无法解决的困惑，进而激发学生的求知解疑精神。也能加强学生在课堂上的学习注意力和学习目的性意识。

通过问卷调查，学生和教师对现代散文阅读教学的预习情况结果不容乐观。参照上文的问卷调查的统计结果（饼状图2.4、表2.4与饼状图2.12）来看，教师与学生对现代散文的预习重视程度和实施开展程度明显不够，大部分学生不知道如何对现代散文做课前预习。散文预习，无从下手，进而导致学生不知便不做。或者简单的为字词注音释义就误以为达到了散文预习的效果，殊不知其意味相去甚远。教师也不深入了解学生的预习情况，对预习没有做明确的要求和指示，课堂上也不会检查学生的散文预习情况。学生对课文内容极度生疏的情形下，直入主题开展阅读教学，整个教学流程学生都只是在囫囵吞枣。现代散文是建立在白话文的基础上发展而来。它在字、词、句的选择和构建上都较为平实和简易，学习难度上就低于古代散文与文言文类作品。致使现代散文的课前预习就得不到师生的重视，教师在布置预习和预习要求比较随意。学生预习摸不着头脑，找不到散文预习的切入点，整体预习情况不容乐观。同时，学生会觉得现代散文的学习比较轻松容易，也不愿花费课余时间来预习现代散文作品。韩燕也在其硕士论文《高中阅读教学课前预习环节研究》[1]中利用问卷调查分析表明了虽然教师知道阅读教学的课前预习很重要，但关注度却很低。同时高中学生基本上不会主动进行课前预习，即使教师安排了预习任务，但学生在预习时间和内容的安排上也很难得到可观的数据。

三、课后反思，比较流于形式

现代散文的阅读教学也是心与心相互碰撞的体现，读者在感悟作者心境之中召唤自我与之产生交感和共鸣。前文虽提及，读者是无论如何也无法切身体验作者的心扉与情思的，但散文的魅力也在于从作者独特的经验和阅历中，启迪自我思考，升华自我情感。因此，散文的阅读教学反思极为重要，只有通过反思才能明确自我是否感受其独特性，理清个性化特点的表现形式。缺少反思，散文的阅读教学就没有落到实处，内涵和价值都难以领悟。

---

[1] 韩燕.高中阅读教学课前预习环节研究[D].苏州大学，2017.

在问卷调查中,学生觉得教师把该讲的内容都已经讲了,没必要花时间进行反思。也有一部分学生不知道如何反思现代散文的学习,出现反思不到位的现象。散文阅读教学的反思整体呈现出来的现状是比较流于形式的,在问卷调查的统计中也有较为明显的体现。从教师的问卷中也可看出,有些教师不会对现代散文的阅读教学特意开展教学反思活动。并且有大部分教师他们对现代散文的教学反思不是针对课文内容本身进行反思的。或者说教师对现代散文阅读教学的反思目的不纯,影响他们开展现代散文教学反思活动的往往是与散文阅读教学本身无关的要求和任务。教师忽视教学反思,学生也会忽视学习反思。教师将现代散文的教学效果与教学反思建立联系,其实则是等同于以散文阅读题目的得分率来衡量学生对散文的理解掌握程度,因此现代散文阅读的教学反思反而变成了对考试分数的反思。

四、散文类型,教学区分不明

前面提到散文类型较多,分类也没有唯一固定的标准。仅以高中语文教材来看,就有记叙类、抒情类、议论类三大类别,在大的归类里又囊括着更细化的子类体裁。无形之中也给现代散文的阅读教学增加了难度。观之高中现代散文阅读教学,就出现了教师在对散文不同类型开展阅读教学时没有体现他们之间的差别,也没有凸显不同体裁间的特点。时常将记叙性散文作品等同于抒情性散文作品,而教学抒情性散文时,又上成记叙性散文。散文类型的不同,在阅读教学时的侧重点也是不同的。

在问卷调查表2.3中可以看出,教师会选择某一篇散文作品作为现代散文阅读教学的代表。以一代多,依样画瓢,没有意识到类型上的差别会影响作品中情感的表达。且不论记叙类与抒情类或对比议论性散文,在写作角度和手法运用以及情感表达上会存在较大的区别,就同类散文之间也是各有特点。记叙性散文可记人,可写事;记人可全面可局部,写事可详细可简略;角度多样,形式多变。学生不能发现"这一篇"与"那一篇"散文的阅读教学有区别,教师也没有对每一篇作品都进行教学。一方面拘囿于教学时间的有限;另一方面则隐含着教师对现代散文体裁之间的阅读教学区分不明显。

第三节 高中现代散文阅读教学困境成因分析

现代散文阅读教学存在的问题不是由某一个因素造成,而是各种因素共同作用的结果。结合教学实践进行分析,发现由于师生对现代散文阅读教学的观念较为薄弱，从而影响到了散文课前、课堂、课后整体的教学过程。散文阅读教学没有体现散文的个性化，不同类型之间的阅读教学也区分不明显则正是因为对文本的解读侧重点不明确造成的，因而无法立足于"这一篇"散文开展阅读教学。最后，应试教育的思想在各个方面都给现代散文阅读教学带来了不同程度的影响。

一、散文阅读教学观念薄弱

根据笔者问卷调查中反映出来的情况来看，高中现代散文阅读教学的观念较为薄弱。现代散文的无规范增加了阅读教学的难度，传统的思维方式也影响了教师对散文文体的忽视。整体来看，现代散文阅读教学观念薄弱，教学意识也有欠缺。致使师生对散文的课前预习缺乏重视，没有形成良好的散文预习习惯，预习目的性和针对性不强。教师对现代散文的课前预习要求也较低，指导也不到位，现代散文的预习较为肤浅和流于形式。

散文教学观念薄弱也影响了教师对教学目标的设定和课程的规划。分析散文类作品的教学案例可以发现，散文的阅读教学似乎上成了"理解作者表达的思想感情和分析作者的人物性格"这样的情感熏陶与道德教育课。

比如，一位教师将《荷塘月色》其中一个教学目标设计为："分析、理解作者复杂的思想感情，帮助学生树立正确的世界观。了解当今'中国梦'与个人价值观。"这类教学目标，偏离了散文阅读教学的初衷。容易误导师生在教学中，不断从字里行间与细枝末节中去挖掘作者是如何表达自己的情感，这样写作意欲何为等。朱自清先生也曾说："只注重思想而忽视训练，所获得的思想必是浮光掠影。因为思想也就存在语汇、字句、篇章、声调里，中学生读书只取思想，那便是将书中的话用他们原有的语汇重记下来，一定是相去很远的变形。这种变形必失去原来思想的精彩而只存其轮廓，没有什么用处。"[1] 散文阅读，忌讳以自我情感代替或同化文中"我"的经验，尤其在课前，情境的营造，刻板印象的存在，容易对散文学习造成结论先行的标签式阅读。结合王荣生教授的观点散文的学习，要立足于"这一篇"文章，要重视读者在"这一篇"文章的体验，读者既为教师也包含学生。但因为教学观念的薄弱，教师易忽略这一层面，有的教师还乐于将自我体验蕴含在文本解读中传授给学生。

散文阅读教学缺少反思也是教学观念薄弱的一种体现。教学反思往往也反映出师生对文体的重视程度，以教学成效来决定是否进行教学反思，而教学成效又

---

[1] 朱自清. 文学的美，朱自清选集第三卷 [M]. 石家庄：河北教育出版社，1989：434—435.

反映于学生的考试情况。教学反思反而成为对分数的反思,而非是对"这一篇"散文阅读教学的反思。

二、文本解读侧重点不明确

文本解读的关键点在于"文本、解、读"三个层面。脱离文本就不能称其为"文本解读",缺少了"读"就难以开展"解"的过程。蒋成瑀先生认为:"读,是文本理解的起点,尽量读出文本原意;解,是文本释义为起点,要有创造性的发挥。"[1] 可见,文本解读一定要立足在文本之上,对其内容进行必要的筛选,具有一定的创造性。创造性在某种意义上可以认定为对教学内容的重构,也可以是对文本内容意义的再赋予。学生在阅读文本的过程中,可能在理解文本上会存有个性化,但谈不上是对文本解读的创造性,学生依旧不具备这样的能力,因而,教师要担负这样的职责和任务。

语文教师都知道散文要有多元化的解读,但教师并没有真正理解多元化解读的含义。在实际中,教师往往将多元化解读演变成了散文的广泛化解读、碎片化解读、辅助性解读等。散文无定式无规范,确实给教学带来了一定的难度和挑战,因此造成了眉毛胡子一把抓的教学现象。教师想要做到面面俱到,就无法突出教学内容的侧重点,也正体现出教师对散文作品的文本解读侧重点不够明确。

脱离文本,根据教师的经验随意解读文本,呈现出来的教学内容零散化、片面化,难凸显个性化。同时随着多媒体技术的发展,文本反而成了课堂的配角。比如教师在教学《荷塘月色》一文,利用多媒体播放《荷塘月色》音频或展现清华园学堂中的荷塘之景的图片。反观课堂现状,学生跟着音乐哼起小调,或者定格欣赏图片中的景色。对课文的学习并没有起到实质性的作用,反而喧宾夺主,转移了学生的注意力和思维。同时在引导学生阅读文本时,教师也利用配乐的方式伴读。要知道朱自清先生是在"颇不宁静"的思绪下一个人出游,景色是在独处中发现的,景色的幽美静治愈了心中的不宁静。因此在这样的氛围下,音乐反而影响了学生的感悟能力。从这些方面看,教师对文本的解读是有偏差的,无法正确认识文本的深刻含义,借用辅助以达成教学目标,文本价值解读失误失质。

现代散文还被赋予着"一文一时代"的使命。一篇优秀的现代散文作品中或多或少都有对社会现实与时代背景进行揭露与讽刺。鲁迅的《记念刘和珍君》揭露了帝国主义和封建军阀屠杀的仁人志士的罪行;郁达夫《故都的秋》则带有影射之意,斥责了国民党白色恐怖的威胁等等。散文作品都是基于一定的社会环境

---

[1] 蒋成瑀. 解读学论 [M]. 上海:上海文艺出版社,1998:10—11.

中进行创作，因而，教师在解读文本的过程中，过度地将作品与社会黑暗环境相联系，夸大其政治觉悟思想与情感倾向。忽视了情感的多元性与散文解读的多元性，比如《记念刘和珍君》一文中还有着对勇士的敬佩与痛惜、对庸人的失望、对"学者文人"的蔑视等等复杂情感交织一起。实际教学中，教师对散文教学内容本就侧重于讲解情感表达，但如果过分强调将其与政治化和道德化相关联，容易造成对文本的误读。

三、应试教育思想影响较重

应试教育是一个禁锢，也是现在教育界面临的一大困境，许多教学问题的存在都脱离不了应试教育这一因素，现代散文的阅读教学也是如此。

高中阶段的现代散文阅读教学更多是带有功利性的，更多为试卷中的文本类阅读题打下基础。所以在平时的阅读教学过程中，教师会有意识地将散文讲解成简答题对学生进行训练。学生对散文学习目的性较强，审美意识和审美能力易抛弃，更别提在散文学习中有什么反思和情感共鸣了。这样的情形下，教学模式和教学方法也受到了局限和固化。在高考的压力下，教师会选择迎合高考散文类试题的答题要求和标准贯穿散文阅读教学过程。

对于学生来说更是如此，高考的思想从高一开始就萦绕脑海。多学科的学习任务也无法让学生有更多的机会去赏析一篇优秀的现代散文作品，只要掌握答题要领，学生就自以为达到了散文的学习目标。全然不理其审美意识、艺术手法、情感表达等方面，利用题海战术以求达到速成的散文鉴赏方法。现代散文阅读教学很多时候连"阅读"二字都没有得到有效的体现，仅在课堂教学过程中，按照语文教师的指示对散文作品开展"读"的活动。长此以往，学生学习散文的兴趣就会受到打压。散文本身就不像小说具有冲突、故事性强，足以吸引学生的注意力，也不像诗歌富有韵律与直观的美感。散文是在一步步的解读探索中发现其魅力，但在考试的大环境下，学生缺少足够的时间去细细品味，教师也无法在有限的时间里环环紧扣引导学生渐入散文佳境。同时，在学生眼中，学习散文作品是有"参考答案"的，教师课件中呈现出的内容与提醒要做笔记的内容就是散文学习的"答案"。只要将这些"标准答案"进行背诵，就能够应对考试。对于教师来说，应试教育也是对教师能力的一项考核，教师便不得不围绕着"考点"展开教学活动。散文类作品的"高频考点"就成了课堂教学的重点和中心，对于其他内容只做简要概括或一笔带过，绝不"浪费"有限的课堂时间。在课余时间，教师也不愿占用学生过多的时间让他们去做现代散文的课前预习。

在笔者的问卷中，调查了教师是否会对现代散文阅读教学进行反思，多数教师会看教学效果来决定是否进行反思，而教师对"教学效果"的评价依据就是考试分数。完全忽略了要树立学生散文阅读学习的观念，培养他们的审美意识。因此，应试教育对现代散文的阅读教学有着很大的消极作用。

第三章　高中现代散文批注式阅读教学策略

批注式阅读教学高中现代散文，力求改善高中现代散文阅读教学所处的困境，为现代散文的阅读教学提供新的思路与参考。梳理分析了高中现代散文教学现状及成因，批注式阅读立足于教学中存在的问题，从课前、课堂、课后三个阶段入手，致使批注式阅读能够在现代散文阅读教学的不同阶段灵活运用，贯穿于教学过程，从学生的角度、教师的角度分别提出切实可行的教学策略。根据记叙性、抒情性、议论性散文的各个特点给予批注示范，为教师与学生提供参考与借鉴。批注式阅读作为一个新的阅读方式引入散文的阅读教学，可能会存在使用误区，所以教师应该做好指导与监督。

第一节　批注阅读，贯穿教学

对高中现代散文采用批注式阅读教学法应该渗透在散文阅读教学的不同教学阶段与过程中，也就是要将批注阅读，贯穿于现代散文阅读教学。前文提到批注式阅读分类甚广，在不同的阶段，选择最合适的批注方法，才能更有效地改善现代散文阅读教学困境。比如在课前预习阶段，学生可以采用自由批注的方法提高预习效率；在课堂教学过程中，可以根据教师的点拨与讲解，对教学内容做重点批注加深对文本的理解；在课后反思的时候，结合课前预习中的质疑与课堂教学中的讲解，站在"我"的角度对散文的文本内容进行更完整和深层次的批注阅读。通过系统性的批注式阅读，更好地实现了现代散文的阅读教学价值。

一、课前预习，自由批注

"事预则立，不预则废"，语文教学的预习更是如此，好的预习效果是教学成效的基石。高中阶段的学习课业多、压力大；语文课时量有限；而现代散文篇幅又较多，几乎涉及每一册语文必修教材。有限的课堂教学时间里不能完完全全处理好每一个教学内容，解决每一个疑惑与问题。因此，课前预习就显得十分重要,它可以针对性地反映出学生对一篇现代散文的熟悉情况。学生通过课前预习可以对文本有大致了解,课堂教学的效率就能得到有效地提高。

从学生的角度来看,现代散文的课前预习可以通过自由批注的方法初赏散文,做到有效性预习。课前批注反映了学生的知识结构,亦可培养学生的阅读兴趣。自由批注是学生根据自己的情况,对不同的内容采取最适合自己的批注方法帮助理解文意和辅助学习。学生在预习散文时,往往不知从哪些方面着手预习。批注式阅读开展散文预习可以从以下方面入手:

初读课文,字词批注。从字词着手预习的要求相对较低,主要是让学生在预习过程中对不理解的字、词、句进行注释。像《记念刘和珍君》这类作品,会存在理解相对困难的短语:如"忘却的救主快要降临了罢""这样的罗网"等词在课文下方都有注解,学生可做勾画标注。便于理解特殊字词含义,了解其社会环境,深层次解读作者在黑暗笼罩社会之下的无可奈何与痛心疾首。高中生都会购买语文参考资料书籍,在课前预习批注阶段,还可对作者简介和写作背景进行圈点勾画,借以辅助理解文章。对字词的批注,适用于各个水平层次的学生,优等生批注字词可加以强化巩固;中层水平的学生可增强理解记忆;后进生可辅助提示学习。基础的字词批注,实则也是对预习的一种监督。

自读散文,直感批注。现代散文注重"情感"二字,因此学生可以写下自己在阅读课文时的第一感受。可以是阅读到某一句话的感悟,也可以是对某个段落或全文的感想。以《记念刘和珍君》为例,本文共分为六个小节,学生在阅读每一小节后可写下自己的直观感受,或者是在阅读全文后记录下对整篇文章的阅读心得。教师在课堂上教学作品时,学生就可将自己的阅读感悟与教师的分析讲解进行对比,发现自读时的感悟与理解是否全面,或哪些地方还存有欠缺。这样才能更好地反思学习文本内容,加深对散文作品的理解。

提纲挈领,质疑批注。它对于学生知识水平的要求较高,一般语文基础较好的学生,教师可引导他们进行质疑批注的尝试。其要求学生能够抓住文本内容中的关键要素或问题,做简明扼要的阐述。再根据自己所找出的关键点,提出质疑或解决问题。学生在阅读散文作品时对其关键的地方通过质疑探究的方式做出批注,深入文本,实现与文本的多重对话。如在阅读《记念刘和珍君》一文中"有写一点东西的必要了"这句话反复出现,这是为什么?学生在自行探究这一问题时,就可以理解到作者的心绪,发现作者是"有写了一点东西",这"一点东西"却"一点也不简单"。再比如《荷塘月色》中"心里颇不宁静"在全文有何意图?在这样的情境下,激发了学生好奇心。根据全文的行文思路,就可以找出作者这一路的心路历程。可从"颇不宁静——寻求宁静——暂得宁静——又失宁静"这一角度做出批注,这种做法比教师反反复复地讲解有效得多。像《囚绿记》中,学生便可自问:作者为何囚绿?用何种方法囚绿?囚绿以后作者又做了什么?利用此类质问的方式,引导学生在预习中解答疑惑。其实,文章后的"研讨与练习"编者都设计了相关问题,指引学生阅读思路和作答方向。《故都的秋》课文后的研讨与练习编者就问道:作者选取了何种景物,写出了故都的秋怎样的特点?哪些语段中体察到"悲凉"?如何看待这种"悲凉"?[1]学生如果在阅读中无法得出答案,他们便会带着这样的疑惑在课上认真听老师的讲解,或主动询问老师。利用质疑批注的方式可以改变散文预习不乐观的现状,还可以培养学生的探究精神,真正做到"预习四到",达到预习的最佳效果。

对教师来说,引导学生预习散文时应该要有意识地提醒或明确预习要求和任务,避免学生"满手抓"和"一头雾"的状况。教师在课前(个人备课)阶段也可运用批注阅读法。教师在教学现代散文作品时,应该先以一个初学者的身份对文本进行一次批注式阅读,教师对课文往往是信手拈来。但长期固定式的教学也让教师陷入了困境,对课文的分析缺乏新意,课堂的氛围变得生硬僵化,也没有考虑到不同学生的状况。所以教师也可以采用批注的方式尝试解读作品,做到对课文常读常新。尤其像散文类作品,在不同的情境下,所得出的感悟也是不同的。同时在备课时不可忽视学情、课标、教材和其他的重要因素。经过多方面考虑后再拟定教学目标和确定教学内容,可参考孙立权老师提出的"非教学性备课与教学性备课"的观点。教师利用批注的方式鉴赏散文作品,再结合以往的教学经验易得到新的思考和启发。还能预设学生在批注阅读的过程中会出现的情况,最后以教学者的身份对课堂教学进行准备安排,让"教"与"学"实现交互,教学活动也会变得更加灵活。

二、教学内容,重点批注

对教学内容做批注主要集中在课堂教学活动中,此阶段是课前批注预习的延伸和提高;是教师在明确教学目标和确定教学内容后,为学生分析讲解作品内涵的重要教学过程。因此,学生在散文阅读教学课堂上要对作品中的重点知识进行批注。批注重点有助于学生联系课前预习的疑惑,反思散文的预习批注,更进一步启发学生的思维。对学生深入文本学习,深化对作品的认识和理解都大有裨益。教师对散文阅读教学的内容解读存在零碎化,无法抓住散文个

---

[1] 人民教育出版社课程教材研究所编著.普通高中语文课程标准实验教科书语文必修二[M].人民教育出版社,2006:9.

性化的问题,正是因为教师没有领悟到散文阅读教学的重点。不了解在教学过程中,要突出散文个性化的特点。力求面面俱到却又无一突出,力求达到目的却又忽视整体。因此,要批注出现代散文阅读教学的重点,批注散文精彩的个性化表达。

一般而言,现代散文阅读教学的重点主要体现在文眼、语言、意象和思想感情这四个方面。散文个性化的语言特征,也能从中看出来。因此,对现代散文阅读教学的批注重点可从这四个方面入手。通过批注重点内容可以帮助学生理解掌握散文个性化的语言形式,建立散文美在整体的阅读意识。

朗读课文,文眼批注。"揭全文之指,或在篇首,或在篇中,或在篇末,谓之文眼。"[1] 诗有"诗眼",文有"文眼",散文中最能显示作者写作意图的词语或句子叫作散文的"文眼"。它是最能突出文章思想脉络的关键性语句,是全文框架结构的桥梁,是作者极力想表达的中心。[2] 阅读现代散文找到文章的"文眼"句就能基本理清作者的情感底蕴。《荷塘月色》开门见山就以"这几天心里颇不宁静",摆出了作者的心理状态是极不宁静的。而且"这几天"这三个字,说明这种不宁静的心态是持续不断的,在这样的情形下写作了这篇文章。此句便是全文的文眼。学生在阅读时,首先对这句话做一个批注,提示它为全文的"文眼"。在后续的阅读学习中便紧扣其"不宁静"的情绪,才能切身体悟作者想纾解的情思。学生在阅读课文后,批注出散文的"文眼"内容,对散文的情感与意境就有了大致的了解,在此基础上开展阅读教学会取得更好的进展。

揣摩精彩,言语批注。王尚文先生曾说:"好文章往往都有独特的语言表达方式,值得我们细细品味。"[3] 散文的语言本就极具个性,选入语文教科书中的现代散文作品更是极富经典和意义的优秀作品。对言语层面的揣摩品析更是不可忽视,其语言富有个性,常有变化,又饱含哲理,最能引起读者的思考。每一位作者都具有自己独有的语言风格,在不同时期与背景里所创作的散文作品其语言特点也不同。学生在批注散文作品中言语的艺术手法和写作技巧以及背后所透露出的艺术气息时,可以更好地帮助学生领悟现代散文的语言魅力,提高他们对散文语言的审美鉴赏能力。经典散文《荷塘月色》中,对景物的描写历来被称赞,也被给予了很高的评价,堪称典范。其中对荷花的描写:"正如

---

[1] 刘熙载 [清]. 艺概·文概 [M]. 朝华出版社,1978:56.
[2] 梁健. 如何提高散文阅读的能力 [J]. 语文教学与研究(教研天地),2012(07):46—47.
[3] 倪文锦,王荣生. 人文·语感·对话——王尚文语文教育论集 [M]. 上海教育出版社,2010.

一粒粒明珠，又如碧天里的星星，又如刚出浴的美人。微风过处，送来缕缕清香，仿佛远处高楼上渺茫的歌声似的。"学生便可批注道：这句话运用了博喻的写作手法，突出荷花在月光下晶莹明亮、闪亮干净的特点。还以通感的手法，把嗅觉用听觉表现出来，将花香写成歌声，将那微风吹拂下荷香断断续续，若有若无，忽隐忽现的美丽景象刻画得出神入化。学生在这样批注语言的过程中，便能结合例句学习通感、博喻等修饰手法，并对作者笔下的景物有了一定的画面感，仿佛与作者一起置身于场景之中。鲁迅先生的文章中言语大都有深意，《记念刘和珍君》中"真的猛士，敢于直面惨淡的人生，敢于正视淋漓的鲜血。""沉默呵，沉默呵！不在沉默中爆发，就在沉默中死亡。"[1]这样的语句，学生必然要借助老师的分析才能准确理解其深层含义。这类句子，批注固然必不可少。培养学生阅读散文养成批注言语的习惯，对优美段落的赏析批注，对难解多意句子的分析批注，都是在课堂教学中师生应该共同关注的。久而久之，学生对作家的写作风格和语言特色就有了相对完整的轮廓，对理解散文个性化语言会更有效。并且学生也能在批注过程中，锻炼自己的语言表达能力，有助于形成自我语言的个性化风格。

分析联想，意境批注。如果说"文眼"是散文结构的枢纽，那么"意境"就是散文作品的核心。"意境不是单层的平面的自然的再现，而是一个境界深层的创构。从直观感受的描写，活跃生命的传达，到最高境界的启示。"[2]散文中的"意"是作者流露出的思想情感，而情感的表达往往又需要依附于"物"与"景"，因此，所被描写的"景""物"便形成了散文的"境"。可见，散文的意境是一个较为抽象的概念，它是一种艺术境界；是"这份情"与"这份境"在特定时空中的艺术结合；是需要读者借助想象来体验的。因此，在现代散文的阅读教学过程中，对散文意境的分析，应该启迪学生展开联想，自然而真切地感受意境交融带来的艺术魅力。比起教师将其拆分得零零散散，先入为主地生硬分析，学生通过联想批注的方式，更能感受到散文的意境，唤起学生的共鸣心理。

学生的思维较为开阔，联想的内容也是层出不穷的。很多时候可能会脱离文本，天马行空地进行想象，这就需要教师适当地做点拨，引导学生进行联想批注。一位语文教师在教学《故都的秋》一文是这样设计的：

---

[1] 人民教育出版社课程教材研究所编著.普通高中语文课程标准实验教科书语文必修一[M].人民教育出版社.2006.28—29.
[2] 宗白华.中国艺术意境之诞生——美学散步[M].上海人民出版社，1981：63.

1. 欣赏第一幅画：用自己的话描绘一下画面的内容。（学生交流后屏幕示例）

"碧绿的天底下，五颜六色的牵牛花荟萃成流光溢彩的野花圃，天地之间，偶尔出现一两只白色或灰色的驯鸽，坐在院子里的人，手捧茶碗，举头望碧空，附身撷牵牛，耳边不时传来驯鸽声。"

提示：画面有动有静，绘声绘色，秋的美，秋的情趣就在这蓝天白花中。

2. 画面中是如何体现"清、悲凉"的特点的？

冷色：青、蓝、灰、白

破败景象：破屋、破壁腰

以动称静：驯鸽的飞声

3. 有感情地朗读本段。

4. 教师小结：从这幅画中我们可以看出作者的心境是清闲淡泊的，作者的审美情趣是高雅恬淡的。通过对本段的赏析，我们也明确了写景散文要通过文字展开联想进入意境，把握景与情的内在联系。

5. 自由欣赏另外四副画，品位故都的秋。

学生一：我从秋槐的落蕊中品出了秋的凄清。

学生二：我从秋蝉的残鸣声中品出了秋的寂静。

学生三：我从秋雨的忽来忽去中品出了秋的凄凉。

学生四：我从闲人的问答中品出了秋的清闲。

图 3.1

这位教师在教学设计上利用图片让学生展开联想，想象作者所创造出来的意境，了解作者在描写客观场景时所透露出的真挚情感。在灰白之间，是故都的眷念，亦是"我"的处境。掌握散文的意境对于学生而言是较为困难的，分析散文意境最合适的就是恰到好处的引导。激发学生的联想，运用联想批注的方式，自感自悟。教案设计中的教师就做了很好的示范，引导学生发挥自己的想象，于细微之处品味秋的意境。既活跃了学生的思维，培养了审美情趣，对文章的理解和记忆会更深刻。

升华主题，情感批注。散文的文眼里藏着感情的基调，言语里蕴含着情意的流露，意境里更是情感的高级体验。散文自始至终都围绕着"情"字展开，无论是哪一种类型的散文，其主旨都是作者主观情感或立场的表达。散文阅读教学虽然讲究整体性的美感，但并非是面面俱到无孔不入，对文眼、语言和意境的分析批注都是为了更进一步接近作者的内心世界，寻找与作者情感的契合点。而一篇散文作品知晓了文眼，品析了语言，明确了意境，再结合情感的体验就已经达成了整体性的审美。对其个性化与独特性也会了然于心。不过，高中语文教材中的选入的现代散文在情感表达方面还是较为独特与复杂的。类似于《荷塘月色》一文，作者在极其复杂的社会环境下生存，他的心境与思想是别人不可企及的。因而要求学生掌握作者的思想感情，他们固然难以理解作者"淡淡的喜悦"和"淡淡的哀愁"以及在景物变换中情绪的转换这样的复杂思绪。再如鲁迅先生《记念刘和珍君》一文，在情感上也异常独特，复杂而多样。有着对英勇牺牲的青年学生的赞扬与沉重；有着对反动政府的愤懑与鄙夷；有着对无知闲人的失望与痛心等等难以言说的矛盾心理。学生即使在学习文章以后，也道不清说不明作者的思想感情。因此，教师在教学现代散文作品时，应恰当总结升华文章主题，指导学生对文章的情感写下批注。以《荷塘月色》为例，前文提到对文眼的批注可让学生事先感知本文的情感基调，教师在结束全文的学习时，可以在此基础上对文章进行总结升华，学生的批注便可这样写：作者当时所处的现实社会环境，令人愤慨不满却又无可奈何，内心极度苦闷又彷徨，难以宁静。思绪的反复作祟令作者渴望寻求一片幽静之地解脱精神上的束缚，慰藉心中的郁结，但又无法解脱与纾解的矛盾心理。隐含着作者关心国家前途与命运的情感，追求自由的精神。通过这样的批注，学生对文章的认识就更提升了一个层次，也不会误以为本文只是一篇简单的写景散文。对情感升华的批注也可以让学生自行探索，学生在学习散文作品后，选择的切入点不同，对文章情感的总结批注角度也会不同。只要立足于文本主题，对情感的理解就不会横空而来，情感的归宿便有迹可循。

三、反思文本，深入批注

《礼记·学记》中提到"学，然后知不足；教，然后知困。知不足，然后能自反也；知困，然后能自强也。"表达的意思是，通过学习的过程才能发现自己的不足，在教学过程中才能感知自己存在的困惑。知晓自我的不足才能更好地进行自我的反省，明白存在的困惑才能越发奋进自强。[1]这句话点明了教学反思的作用和意义，语文教学反思不可小看。教学反思是一个提高自身教学效能和素质的过程，教师在反思教的过程中回顾教学桥段的设计和教学互动的情况、诊断教学反馈和教学目标完成情况，以及其他的形式。然后给予肯定与强化或给出否定与修正。现代散文的阅读教学，经过教学反思过程才能检测是否完成阅读教学任务，实现阅读教学价值。学生的阅读批注情况可以作为教学反思的其中一个衡量参考和评定标准。一般来说，学生对文本阅读教学的批注会出现照搬教师课件上展示的内容或者将教师口头表述复制抄写下来，不进行自我理解和消化，其散文阅读教学还是浅表化了。改变高中现代散文阅读教学反思不深入不到位的现状，

---

[1] 陈戍国. 礼记（校注）[M]. 长沙：岳麓书社，2006：429.

可以利用批注式阅读法从以下两个方面开展散文阅读教学的反思。

　　裨补缺漏，完善批注。现代散文的阅读教学并非需要包罗万象，每一篇作品都有相应的学习重点和教学意义。课堂教学往往具有很多不确定因素和突发情况，教师在教学时也会因此打乱原本的教学设定和计划，有可能会造成教学重难点不突出或其他教学内容遗漏的现象。所以在教学反思时，教师要对文本的教学内容进行反思，发现缺漏或学生还未理解的内容，引导学生首先通过自行批注，教师评定的方式补充完善。对于学生来说，习得反思也很重要，知不足，才能自反也！现代散文的写作背景多与作者当时所处的社会环境紧密相关，所以其倾诉的情感也是较为复杂且多含有隐晦的意义在其中。学生在学习作品之后，要对文本内容进行反思，随笔批注记录，才能更好更全面地掌握"这一篇"散文的内容和思想。像《谈中国诗》这样的文章，往往容易忽略原文是一篇演讲稿和文中作者钱锺书谈中国诗的立场这样的细节问题。在课后回顾反思时，便可补充细节的缺漏，使批注阅读更加完善。反思过程中的批注是对文本内容的巩固和深化，语文教材中需要学习的课文多，类型杂，学而忘、学而丢的现象常常出现。学生在课后反思时利用批注辅助学习，可以更有效地提高教学效率，也便于学生在后期复习和回读课文时起到提示和对比的作用。

　　探讨交流，反思批注。课堂教学固然是散文阅读教学的重心，于是交流互动这样的教学环节大多只出现在课堂教学时，但其实课后的交流探讨也是十分有必要的。批注式阅读讲求"批"与"注"，现代散文又极其自由灵活，二者相结合，能最大限度地发散学生思维。课后可开展批注阅读交流活动，同学之间相互探讨，共同学习。有的学生可能注重对字词的批注，有的学生可能重视情感的探讨，有的学生可能善于挖掘背景意义。不同的学生有不同的学习方法，批注式阅读的运用形式也不同。在交流的过程中，学生会不自觉地学习与借鉴优秀同学的批注方法和形式，从而反思对比自己批注的内容和形式。长此以往，同一个班级里的学生会在潜移默化中形成具有个性化而又规范性的批注阅读样式。闭门造车是难以得到思维的拓展的，灵感的火花是在碰撞中产生的。现代散文作品对于学生来说是极有深意的，反思便是一种再学习与深化自我思维的形式。

第二节　类比体裁，差异批注

　　现代散文阅读教学存在教学不分类型，以一文模式教多文的现象。学生对现代散文知其形散，不知其型广。既存在分类，就应显其差异。前文已经详细论述过各个类型散文的内涵和特点，不同类型的现代散文的阅读教学，选择的侧重点必然应该有所区分。因此，在运用批注阅读时选择批注的重点内容和批注角度也应该有区别。

一、记叙散文，细节批注

记叙性散文重在"记叙"二字之上，教学时也应该紧扣"人、事、物"等关键因素。王先霈先生说叙事则不讲究故事性、情节性，往往勾勒事件的基本框架的前提下，突出细节和印象。[1]因此，叙事性散文的阅读教学不必要拘泥于对"事"的面面俱到，追究其前因后果。

高中语文教材中的记叙性散文主要集中在必修一第三单元：《小狗包弟》从选文中被删掉后，还剩下《记念刘和珍君》和《记梁任公先生的一次演讲》两篇课文。从这两篇课文中可以看出，叙事性散文中作者对事物与人物的描写是极具表现力且富有画面感。批注阅读记叙性散文作品时应该抓住作者对人物的刻画和对事件的叙述中，在细节中以小见大，分析细节描写的妙处，注重对细节描写内容的批注。以《记梁任公先生的一次演讲》为例，作者梁实秋在文中对梁任公先生的外貌、谈吐、动作等方面都做了细致的描写。

表 3.1

原文片段	批注示例
①"我记得清清楚楚，在一个风和日丽的下午，高等科楼上大教堂里坐满了听众，随后走进了一位短小精悍秃头顶宽下巴的人物，穿着肥大的长袍，步履稳健，风神潇洒，左右顾盼，光芒四射，这就是梁任公先生。"	"步履稳健，风神潇洒，光芒四射"这些词由衷地表达出对梁先生的赞美之情。这句话清楚地交代了时间、地点和任务，先描写梁先生的身材、肖像和衣着；后刻画梁先生的精神气质，层层递进，由表及里。人物形象跃然纸上，呈现出一个卓然不凡的大家风范。从作者的笔墨中略有夸饰，却遵循了人物固有的特点。"坐满了观众"这一细节又说明了梁先生受欢迎的程度。简短的一段话就将梁先生的自信潇洒和气宇非凡的学者形象呈现在读者面前。
①他走上讲台，打开他的讲稿，眼光向下一扫，然后是他极简短的开场白，一共只有两句话，头一句是："启超没有什么学问——"眼睛向上一翻，轻轻点一下头，"可是也有一点喽！"	以梁先生奇特的开场白入笔，"启超没有什么学问""可是也有一点喽"的语言描写中看出梁先生语言的简短又富有风趣，按作者的话来说是"谦逊而又自负"的。生动地表现出梁任公先生的幽默与率直的性格，自然却不做作的个性，展现了梁先生独有的人格魅力。

---

[1] 王先霈，孙文宪. 文学理论导引 [M]. 北京：高等教育出版社，2005: 76.

续表

原文片段	批注示例
①这四句十六字，经他一朗诵，再经他一解释，活画出一出悲剧，其中有起承转合，有情节，有背景，有人物，有情感。 ②先生博闻强记，在笔写的讲稿之处，随时引证许多作品。 ③先生的演讲，到紧张处，便成为表演。他真是手之舞之足之蹈之，有时掩面，有时顿足，有时狂笑，有时太息。	这几处都是在对梁先生的演讲进行描写，第一句话中"一出悲剧"四字就写出了梁先生具有极强的演讲能力，生动精妙，富有感染力和想象力。第二句话中作者没有成篇列举或论述梁先生的学识丰富，只"随时"一词便验证了先生的博闻强识。最后一句话中以动作和神态描写体现了梁先生在演讲时的情感充沛和毫不掩饰的性格特点。

　　学生经过对细节描写内容的批注就可以直观感受作者笔下的人物形象和性格；也可以体会和学习作者在刻画人物和记叙事件时的语言运用。作者在文中以小见大，细微之处显亮点，注重捕捉细节，言语朴实而生动。循序渐进地引导学生学习精湛的写作技巧和表达方式。这种批注阅读的方式比学生只听教师讲解更有成效，学生在批注时思维是紧紧跟随着作者的思绪，仿佛也置身在梁先生的演讲现场，更能切身感受作者心目之中高大的梁先生形象。

　　对细节的批注不仅可以关注被记叙的对象，还可以关注到文章的谋篇布局，标点的运用在记叙散文中的妙处，也是值得学习的。以《记念刘和珍君》一文进行分析：

表3.2

分析探究	批注示例
①为什么文章分为小节叙写，且用序号隔开；同时对刘和珍君的记述是没有完整具体的一个事例的，为何以几个片段入手？	这反映了作者布局的匠心，事例不完整，只是截取了生活的"横截面"，避免了繁缛冗长的叙述，对截取的片段进行直抒胸臆，更加突出作者对刘和珍君的深刻记忆和沉痛惋惜。
①但是，我还有要说的话。我没有亲见；听说，她，刘和珍君，那时是欣然前往的……但她还能坐起来，一个兵在她头部及胸部猛击两棍，于是死掉了。为什么一句话作为单独的一段？	这里将一句话独为一段，前后分为两大自然段段来写。一方面是为了表达作者震撼于刘和珍君"欣然前往"这样的举措，又带着听闻悲烈惨死现状的错愕。从不相信会遇害到不得不接受她已死亡的痛苦心路历程。另一方面是为了下文强烈的抒情和议论做好铺垫。体现着作者非凡的文学功底和精妙的布局安排。

续表

分析探究	批注示例
①无论如何，总该是有些桀骜锋利的，但她却常常微笑，态度很温和。 ②待到偏安于宗帽胡同，赁屋授课之后，她才始来听我的讲义，于是见面的回数就较多了，也还是始终微笑着，态度很温和。待到学校恢复旧观，往日的教职员以为责任已尽，准备陆续引退的时候，我才见她顾及母校前途，黯然至于泣下。 ③况且始终微笑着的和蔼的刘和珍君，更何至于无端在府门前喋血呢？ ④始终微笑的和蔼的刘和珍君确是死掉了，这是真的，有她的尸骸为证。	"微笑且温和"是作者给我们刻画的刘和珍的形象，从活着"微笑且温和"的她到死亡后依旧还是记忆中"微笑且温和"的她。更加突出了烈士的英勇与壮烈，反衬着军阀屠杀爱国青年的暴行。作者反复写她"微笑且温和"但在顾及母校前途时却"黯然至于泣下"，在温和中的刘和珍君又多了一份血热，极具责任感的刘和珍君鲜活地呈现在读者面前。
以及在这篇文章中的标点符号的运用这一细节也为文章更增亮色。比如：	
①但段政府就有令，说她们是"暴徒"！ ②但接着就有流言，说他们是受人利用的。	一般来说，"！"是运用于情感到达高潮时所使用的；"。"是用于结束一句话才使用的。但此处，标点符号却有不同，后一句话中的"。"情感更为激烈，是情感到达极致时的回归，痛到无处可说，哭到泣不成声的沉默。短短的两句话各成一段，内容上有层次性，情感上有递进性。[1]
①我没有亲见；听说，她，刘和珍君，那时是欣然前往的。	简短的一句话用了一个分号，三个逗号。表达出作者无限的悲痛。欲说又止，欲止还说，其中隐含着作者的诧异、无奈，最后只剩下了沉痛。

当然，像《记梁任公先生的一次演讲》中细节批注，高中学生是可以自行阅读进行批注的。即便学生无法细致地表达出作者细节描写的精妙体现在何处，但是像这样的活灵活现的外貌描写为学生的写作提供了很好的示范。学生在批注此类细节时，也在无形中学习到类似的写作手法。然而像《记念刘和珍君》中标点以及章法结构等内容的批注阅读，对于学生而言就存在一定的难度。教师在教学这类内容时，就应该进行讲解，指导点拨学生进行批注，感悟作者的精心妙笔。但不难看出，记叙性散文多在于细节之处的叙述，紧扣作者在记叙性散文中对细节的叙述，就可以于微妙之处领悟作者文笔的精妙和情感表达的精髓。

---

[1] 周旭东，龙应霞.《记念刘和珍君》教学的"三难"[J].黔南民族师范学院学报，2018（03）：62—66.

二、抒情散文，重"情"批注

抒情散文，顾名思义自然紧扣"情"字开展，作者选取的景与物都是对情感的寄托，是为情感宣泄奠定感情基调。人教版高中语文教材中的抒情性散文主要分布在必修二的第一单元有《荷塘月色》《故都的秋》《囚绿记》三篇文章。这三篇散文都属于抒情性散文中的写景抒情这一类，其写作背景都是在较为阴沉的社会环境下，作者在灰暗的社会背景下心境也着实难以沉稳。因此，他们的情感是更为复杂与矛盾的，眼睛虽在观景赏物，内心却难以与美景融为一体无心赏景。即便在美景氛围的感染下暂得喜悦但整体基调都是低沉颓靡的。这类散文作品的阅读教学首先要抓住作者倾力描写的景物，再去感受作者是如何在景物之中蕴藏自己的情感。在复杂的环境中，景物又给作者的情感带来了怎样的波动与变化。这类散文借助批注辅助阅读，才能更精准地把握作者整体的情感基调与情感变化过程，对作者表达情感的手法和方式要知其然更要知其所以然。朱自清的散文以"美"著称，《荷塘月色》在美文名篇中的地位不可撼动。美文固然要重在赏美与品美，但大多读者也都只看见了荷塘与月色交相辉映的美，却忽视了作者是在借助这样的美景排遣心中的郁结；也小看了他这一路赏荷与观月的心路历程与情感变化。抒情性散文中情感是基石，也是高屋建瓴，景物之中都是情感的浓淡变化，思绪由近及远的外在体现。此文的批注式阅读可从以下角度入手：

表 3.3

原文内容	批注示例
①这几天心里颇不宁静。 ②今晚却很好，虽然月光也还是淡淡的。 ③这一片天地好像是我的；我也像超出了平常的自己，到了另一个世界。 ④像今晚上，一个人在这苍茫的月下，什么都可以想，什么都可以不想，便觉是个自由的人。 ⑤这是独处的妙处，我且受用这无边的荷香月色好了。 ⑥但热闹是他们的，我什么也没有。	从这些句子中体会到了作者的情感变化过程，因不宁静出门，淡淡月光与独处让作者浅尝到了微妙的喜悦；幽静淡雅的荷塘舒缓了短暂的苦恼，暂得些许宁静；忽悟热闹是别人的，我什么都没有；又在这样的景物中忆起江南采莲之事，反添对江南的思念之情；归家已晚，周围更为沉寂，更增忧愁与苦闷，不宁静的心绪反而被强化。
⑦这真是有趣的事，可惜我们现在早也无福消受了。 ⑧这令我到底惦着江南了。 ⑨轻轻推门进去，什么声息也没有，妻已睡熟好久了。	

学生找准带有情感色彩的内容，圈点批注便可对作者的情感有更为清晰的认识，有利于掌握全文的情感脉络。强烈的情感抒发不是一气呵成的效果，只截取某一句或某一词，容易忽略情感的铺陈和层层递进，不利于后续对语言的赏析和品读景物的表述。写景抒情散文，立足了"情"离不开"景"，作者写了怎样的景，如何写的景，景物有何特点，给作者带来了怎样的感受？作者在写景时运用了何种手法，意图表达怎样的心绪？这些都是在分析景物描写时应该考虑的。比如朱自清在本文中对叠词的运用，修辞手法的使用，对字词的锤炼等等都是学生应该批注学习的地方。

表 3.4

技巧探究	批注示例
①曲曲折折的荷塘上面，弥望的是田田的叶子。叶子出水很高，像亭亭的舞女的裙。层层的叶子中间，零星地点缀着些白花，有袅娜地开着的，有羞涩地打着朵儿的；正如一粒粒的明珠，又如碧天里的星星，又如刚出浴的美人。微风过处，送来缕缕清香，仿佛远处高楼上渺茫的歌声似的。	这里大量运用了比喻的修辞手法。将叶子比作舞女的裙，以舞动的裙写静态的叶，形象生动地写出了荷叶的舒展、轻盈，也写出了作者对荷叶的喜爱。"明珠""星星""美人"三个连续的喻体来比喻荷花这一个喻体，运用了博喻的修辞手法，突出了荷花在月光下晶莹明亮，繁而净的特点。以"远处渺茫的歌声"写"缕缕清香"，听觉写嗅觉是一种通感手法，描绘了荷香似有似无，时断时续的特征，暗含着作者内心淡淡的喜悦，缥缈的荷香与淡淡的喜悦之间形成一种映衬。
①月光如流水一般，静静地泻在这一片叶子和花上。薄薄的青雾浮起在荷塘里。叶子和花仿佛在牛乳中洗过一样；又像笼着轻纱的梦。塘中的月色并不均匀；但光与影有着和谐的旋律，如梵婀玲上奏着的名曲。	"泻"写出了的月光一泻无余，流动轻柔。"浮"表现了雾的轻薄和朦胧。"洗""笼"勾勒出迷人如梦一般的幻境。同样的通感，将"光与影的交错"写成"梵婀玲上的名曲"将视觉转化为听觉。突出月光的温和，也写出了作者对月光的喜爱。
①荷塘的四面，远远近近，高高低低都是树，而杨柳最多。这些树将一片荷塘重重围住；只在小路一旁，漏着几段空隙，像是特为月光留下的。树色一例是阴阴的，乍看像一团烟雾；但杨柳的丰姿，便在烟雾里也辨得出。树梢上隐隐约约的是一带远山，只有些大意罢了。树缝里也漏着一两点路灯光，没精打采的，是渴睡人的眼。这时候最热闹的，要数树上的蝉声与水里的蛙声；但热闹是它们的，我什么也没有。	本段运用叠词，写出了荷塘四周的景物特点，也照应着第二自然段中走出家门看到的荷塘四面的景物。"树上的蝉声与水里的蛙声"由寂静到热闹，化静为动，喧寂相间。

参考上表中批注示例的内容，可以看出作者笔下的景是带着浓浓的感情色彩，作者传神地勾勒了一幅层次感和立体感都很强的月夜荷塘之景。整体上营造

147

出一份幽静、淡雅且朦胧的意境。朦胧之下映衬的是作者淡淡的喜悦和淡淡的哀愁，"淡淡的"很细小微妙的感情变化。却在不经意的景物之中得以体现，进一步体现了写景抒情中景服务情，情赋予景的表现特征。这些内容仅仅靠口头与想象是很难有画面感的，且稍不注意就会错失对细微情感的领悟。课堂记忆往往也是短暂瞬时的，在记忆发生转移和时间的延长后，这些感悟可能会顿失。但是利用批注记录下来的内容，能够加强学生的记忆，正所谓好记性不如烂笔头。还可以在批注之中感受作者之感悟，亦可在做出批注的同时细致领悟作者用笔的绝妙。

"北国的秋，却特别地来的清，来的静，来的悲凉。"这一句话奠定了《故都的秋》一文的感情基调。学生在批注阅读时，就应该抓住"清、静、悲凉"这三个方面。批注文章何处为"清"，哪里写"静"，又如何体现"悲凉"。同理，《囚绿记》一文，作者为何"囚绿"？批注"囚绿"的前因后果，明晰作者思想感情的变化。总之，抒情性散文中的"情"是突出的，甚至很多文章的感情是一读便知，但是否含有更深层次和更隐晦的情感值得读者挖掘。因此，要重视抒情性散文情感的交织复杂性。学习这类散文，就要注重对情感的理解，利用批注加强学生对情感的记忆和掌握，避免出现"记景忘情""景深情浅"的情况，鉴赏抒情性散文作品，理解情感是关键。

三、议论散文，注"理"批注

议论性散文带有鲜明的个性化色彩，善于凸显作者的人生态度价值观，作者会利用作品传达自己独特的思想和鲜明的立场见解以及对一些事物展开议论。议论性散文固然以议论为主要，借用各种论证方法以求最为直观和明确地表达自己的观点和立场。议论性散文在高中语文教材中主要存在文艺评论、杂文、随笔以及一些科普小品等类型，有《拿来主义》《父母和孩子之间的爱》《短文三篇》《咬文嚼字》《说"木叶"》《谈中国诗》六篇文章。议论性散文在教材中的整体比重大过于记叙性散文和抒情性散文，但实际上，它们受到的重视程度却比不上记叙性和抒情性散文。既然议论性散文重视"理性态度"的阐述，对议论性散文的批注阅读重点理应放在对散文中"理"的批注。学习议论性散文要求学生学习后要延伸思维角度，启发对问题的探索精神，从不同角度切入思考和大胆质疑。因此批注阅读议论性散文作品时，要沿着作者的思路，先找出具有作者的立场或态度的句子与段落，做出批注以示提醒和明确。再挖掘作者是如何站稳立场，论证自己的观点态度的。把握了文章结构和主要议论的内容后，可以将自己的认识和见解批注与之进行比较或对其进行延展，更利于培养学生的思辨能力，加强对生活的联系性。以鲁迅《拿来主义》一文为例，用批注阅读看看作者是如何做到以理服人的？

表 3.5

论点分析	批注示例
①中国一向是所谓"闭关主义"，自己不去，别人也不许来。自从给枪炮打破了大门之后，又碰了一串钉子，到现在，成了什么都是"送去主义"了。 ②但我们没有人根据"礼尚往来"的仪节，说道：拿来！	作者以讽刺"闭关主义"来引出自己的观点：批判"送去主义"，另起一段提出"拿来"的主张，表明了作者的态度。
①我只想鼓吹我们再吝啬一点，"送去"之外，还得"拿来"，是为"拿来主义"。	作者再一次摆出自己提倡"拿来主义"的观点。
①但我们被"送来"的东西吓怕了。先有英国的鸦片，德国的废枪炮，后有法国的香粉，美国的电影，日本的印着"完全国货"的各种小东西。 ②所以我们要运用脑髓，放出眼光，自己来拿。	送来的是"鸦片、废枪炮、法国的香粉"等等令清醒的青年们都产生恐怖的东西，所以作者认为，我们不仅要实行"拿来主义"还得要"自己拿"，更明确了作者对"拿来主义"的坚决态度。
①总之，我们要拿来。	最后一段的第一句话再一次强调了作者坚持要"拿来"的态度和决心。

从以上的内容批注，我们就可以很明确作者在本文中持有的观点和所要议论的中心。了解了作者所要阐明的道理，就可抓住这篇散文的精神。一般议论性散文在阐明观点时会运用到各种论证方法，以求更深刻地表达作者的思想态度或更直观地解释事物的特征。学生学习议论性散文，对其论证方法也要求有所掌握，利用批注可以更直观地了解论证方法的概念和特征。继续以《拿来主义》为例：

表 3.6

技巧探究	批注示例
①自从给枪炮打破了大门之后，又碰了一串钉子，到现在，成了什么都是"送去主义"了。别的且不说罢，单是学艺上的东西，近来就先送一批古董到巴黎去展览，但终"不知后事如何"；还有几位"大师"们捧着几张古画和新画，在欧洲各国一路的挂过去，叫作"发扬国光"。	作者运用举例论证，举了三个"送"的事例，揭示在"送去主义"下国家所处的窘况。表达对"送去主义"的不认可和批判，进而引出"拿来主义"的主张。

续表

技巧探究	批注示例
①尼采就自诩过他是太阳，光热无穷，只是给予，不想取得。然而尼采究竟不是太阳，他发了疯。	将"尼采"与"送去主义"者作对比，暗讽"送去主义"者像尼采一样是发了疯。在这里"尼采"和"送去主义"者在作者看来是具有相同思想和意识的人，他们属于同类事物，运用同类事物之间的比较来阐明观点的方法称为"类比论证"。
①但我们被"送来"的东西吓怕了。先有英国的鸦片，德国的废枪炮，后有法国的香粉，美国的电影，日本的印着"完全国货"的各种小东西。于是连清醒的青年们，也对于洋货发生了恐怖。	运用举例论证，说明为何"我们被'送来'的东西吓怕了"。
①譬如罢，我们之中的一个穷青年，因为祖上的阴功（姑且让我这么说说罢），得了一所大宅子，且不问他是骗来的，抢来的，或合法继承的，或是做了女婿换来的。那么，怎么办呢？我想，首先是不管三七二十一，"拿来"！但是，如果反对这宅子的旧主人，怕给他的东西染污了，徘徊不敢走进门，是孱头；勃然大怒，放一把火烧光，算是保存自己的清白，则是浑蛋。不过因为原是羡慕这宅子的旧主人的，而这回接受一切，欣欣然地蹩进卧室，大吸剩下的鸦片，那当然更是废物。	本段的比喻论证十分精妙："譬如"二字点名了比喻论证的使用；将"大宅子"比作文化遗产和外国文化；"孱头"比喻懦弱无能的逃避者；把盲目排斥的虚无主义者还要放火烧光遗产的家伙比作"浑蛋"，而那些全然接受的继承者，大吸剩下鸦片的投降者比喻成"废物"。
①看见鱼翅，并不就抛在路上以显其"平民化"，只要有养料，也和朋友们像萝卜白菜一样的吃掉，只不用它来宴大宾；看见鸦片，也不当众摔在茅厕里，以见其彻底革命，只送到药房里去，以供治病之用，却不弄"出售存膏，售完即止"的玄虚。只有烟枪和烟灯，虽然形式和印度，波斯，阿拉伯的烟具都不同，确可以算是一种国粹，倘使背着周游世界，一定会有人看，但我想，除了送一点进博物馆之外，其余的是大可以毁掉的了。还有一群姨太太，也大以请她们各自走散为是，要不然，"拿来主义"怕未免有些危机。	本段与第八自然段都运用了大量的比喻论证。"鱼翅"比喻着文化遗产中的精华；用"鸦片"比喻文化遗产中的糟粕；"烟枪中的烟灯"比喻了文化遗产中的旧形式；姨太太则比喻腐朽淫靡的低俗色情文化。

通过对作者观点态度的批注和论证手法的批注，文章的中心意图与主旨大意就显而易见了。在这里，笔者未对整篇文章的内容观点做完整的批注，只列举了几个批注角度。但在对这几个片段的批注中，文章的论点就跃然纸上。所以，批注阅读议论性散文时要着力抓住作者议论的观点，议论技巧和论证手法几方面，体现出议论性散文的逻辑性和说理性。

第三节　教师点拨，指导批注

现代散文的批注式阅读注重以学生为中心开展自我阅读，提升自我感悟。但批注式阅读目前并未在现代散文阅读教学中得以广泛运用和有效实施。因此，要预防批注式阅读现代散文出现的相关问题，减少其消极因素，最大化实现现代散文批注式阅读教学的应用价值。所以，教师的点拨与督促至关重要。教师要引导学生关注现代散文的阅读教学，培养学生利用批注式阅读学习现代散文的习惯。在现代散文的批注式阅读中，要尽量规范批注式阅读的样式。虽然提倡要重视学生的个性化阅读，但零乱不成章法的批注阅读是无法达到提高学生阅读能力的目的。适当的规范化，有助于达成高效性的批注式阅读。评价现代散文批注式阅读也是有很大的必要性的，这既可以关注到学生阅读能力的提升情况；也可以为学生的批注阅读提供动力；还可以在学生群体中形成一种监督效应。

一、落实阅读，培养批注习惯

现代散文作品的篇幅比较长，而课堂时间又有限，所以教师大多不会利用课堂时间让学生齐读或朗读整篇文章，都以默读课文为主。但学生的默读大都是粗略地浏览文章，也不会对文本进行细致的阅读，在课下就更难主动去完成现代散文的阅读活动。阅读教学中的"阅读"二字就没有得到很好地体现。阅读教学，却缺乏了阅读行为这一环节，阅读教学目标的实现就显得空泛不落实处。因此现代散文的阅读教学首先要关注阅读，落实阅读，阅读是阅读教学开展的前提条件。基于此才能培养学生的阅读能力，树立良好的阅读理念。在课堂上对散文作品要有阅读行为，即使在时间有限的情况下，对文章精彩部分也应反复阅读、仔细阅读，所谓书读百遍其义自见正是这个道理。学生在阅读中会不自觉地得到启示和思考，而往往这些灵感是瞬时发生的事。因此，要提醒学生以批注的形式记录下转瞬即逝的"灵感"。

落实学生阅读散文作品的行为，真正开展散文阅读教学课堂，鉴赏文学作品的课堂。朱绍禹在其主编的《中学语文课程与教学论》中提到阅读教学有很多种方式：而朗读法与默读法、摘记法与提要法是最为常用的方法。笔者所提倡的批注法与朱老师提出的摘记法和提要法有不谋而合之意。都说散文作品"散"，我们便可运用批注将"散"凝聚。培养学生现代散文批注阅读的习惯，真正做到眼到、手到、心到的阅读。散文类作品最能打动人心，引人深思。快文化的环境下，读者常常出现随读随忘或读完易忘的情况，批注在这时就发挥其作用，可以标注读者，提示要点，辅助学习。重视批注首先要形成批注的意识，养成在散文阅读中运用批注的习惯，学会与同学和他人分享批注，借鉴优秀的批注形式和方法，教师不定期对学生散文阅读的批注进行检查，做出评价。长此以往，学生自然会在阅读过程中善用批注，形成具有个性化的批注，阅读能力也得到质的提升。

二、参考示例，规范批注形式

学生的学习习惯和个性差异会导致呈现出来的批注在内容和形式上都各式各样，看上去混乱不堪。因此，教师在重视现代散文批注式阅读教学的时候，也应该重视学生阅读批注的规范。上文提到批注有很多种类，比如利用某种符号标注，或采用不同的颜色做出批注等方法提高批注阅读的效率。这样学生在养成批注阅读习惯的同时，也避免了学生在批注上不成章法的问题。所以，规范批注符号或统一批注格式等行为是有必要性的，它可以约束学生天马行空的想法，也可以让学生更清楚明了地表达自己的见解，在回顾复习的时候批注阅读的内容呈现会更直观。

在语文发展过程中，早已有用符号标识句子成分的做法，在现代汉语中就有用"＿＿＿"符号标注句子主语，"＿＿＿"符号标注句子谓语，用"＿"符号标注句子宾语，以及其他更多种类符号标注的形式，便于区分学习与理解。批注式阅读法一直以来也有一套较为规范的批注符号：用"1、2、3…"为文章标出段落；用"// 或 |"划分文章结构层次；波浪线"～～～"划出重要的句子或需要鉴赏理解的句子；关键字词可用"．．．"进行着重强调；对于不理解的地方一般以"＿ ＿ ＿ ＿ ？"的方式，以及其他一些约定俗成的批注符号。但由于实际教学中批注式阅读并未得到广泛的重视和使用，所以这些批注符号少有人用，也渐渐淡出人们的视线。不过对于批注符号的规范可以根据教师和学生平常的教学习惯来达成相对统一的规则，学生在长期规范的批注阅读中会形成一定的规律，具有长效性与规范性。

以《故都的秋》第三自然段为例：

不逢北国之秋，已将近十余年了。在南方每年到了秋天，1 总要想起陶然亭的芦花，钓鱼台的柳影，西山的虫唱，玉泉的夜月，潭柘寺的钟声。在北平即使不出门去吧，就是在皇城人海之中，2 租人家一椽破屋来住着，早晨起来，泡一碗浓茶，向院子一坐，你也能看得到很高很高的碧绿的天色，听得到青天下驯鸽的飞声。从槐树叶底，朝东细数着一丝一丝漏下来的日光，或在破壁腰中，静对着像喇叭似的牵牛花的蓝朵，自然而然地也能够感觉到十分的秋意。说到了牵牛花，我以为以蓝色或白色者为佳，紫黑色次之，淡红色最下。最好，还要在牵牛花底，叫长着几根疏疏落落的尖细且长的秋草，使作陪衬。

像这样一段文字，利用不同类型的符号勾画出的对象表达出的意义也是不同的。比如第1句与第2句就是一种对比，前一句中的景色都为故都的名胜，是历史留下的足迹，是最为外人所瞩目的。但是藏在北平百姓群众日常生活中渗透出来的秋韵才是北平秋天最具灵魂表现力的写照。也就是作者极力想呈现给读者眼前的画面。正如描写的第2句中，"破屋、浓茶、碧天、驯鸽"等等最具秋天代表性的景物。以细小的景物入手，以平凡的事物着手，突出北平的秋天，突出"清、静、悲"的特点。

除此之外，批注形式的规范还可以从批注位置和用笔颜色等方面来引导学生。比如对散文作者和背景以及文章层次可以做"眉批"；散文中的文眼和重要句词句可以做"旁批"；散文的中心思想或者主旨大意以及思想感悟可以做"尾批"。其实笔者在实习中通过观察也发现了学生在写读书笔记和阅读摘要时，选择抄写笔记的位置基本上较为统一，都会以文首或章末为主。然而像利用笔的颜色来做区分批注的就很少了，学生可以用不同颜色的笔来对散文作品中的不同内容进行批注。比如，红色的笔可以用作旁批记录课文中难以理解和掌握的句子，黑色的笔可以在眉批和尾批部分用来批注文章简介和学习文章的感悟以及记录作品的主旨大意，蓝色的笔就可标注文章的字词部分与写作手法或层次划分。两色或者三色在文章中既不会显得繁杂缭乱，也可一目了然、清晰明确。规范批注的形式其实也是在规范学生阅读散文作品的习惯，良好的学习习惯有利于达成高效率的教学效果。

三、多元标准，评价阅读批注

教学评价一般是对教学目标、教学内容和教学方法三个方面进行评价。其实，对于批注阅读也应该进行评价，笔者在实习期间发现，学校为学生专门开设了阅读课，定期检查学生的阅读收获，教师会对学生的阅读摘抄本做批改评价。可以发现学生在教师的评价中有较为明显的进步，学生很看重教师的评价与批语。它可以激励学生获取动力，激发学生求"好"的欲望，许爱红老师也提到："评价能促进学生最大性的发展。"

现代散文的批注式阅读也应该建立评价机制，对学生现代散文批注式阅读的情况给出中肯的评价。但批注式阅读的评价要有科学性、多元性。学生的个性思维、学习程度等方面都是存在差异的，并且文本解读是没有唯一标准和固定模式的，散文的阅读批注也是个性化阅读的体现。因此，对现代散文的批注阅读应该尊重学生的个性化表达，允许不同观点出现，针对具体的情况采取合宜的评价标准。对于基础成绩较好的学生，教师的评价要求就应该相对严格一些，促使他们更上一层楼。对于基础成绩中等的同学，教师的评价中应该做到尽力鼓舞和勉励，让他们稳打基础力争上游。对于基础成绩较差的学生，教师就可以放宽评价标准，鼓励他们尽力而为，步步稳进，让后进生也感受到教师对他们的关注与爱护。客观、公正的评价标准既能检验学生的批注能力，也能激励学生的信心，同时还可以发现学生存在的不足之处。在没有固定答案的情况下，教师在评价的过程中，更应该注重学生在批注过程中的思维活动。笔者在实习期间修改学生课外阅读记录本的时候，发现很多同学会在读书笔记末尾写到自己的疑惑，请求教师的解答。教师在看到这类疑问批注时，应该巧妙地回答学生的问题，还应该关注学生为什么会产生这样的疑惑，也就是要关注学生在阅读中的思维活动。这类批注式阅读的评价比培养学生写出正确答案更有意义和价值。

除了教师参与评价，学生之间也可以参与评价，也就是评价主体的多元化。学生评价包括互评与自评，自评实则是自我反思的过程。学生可以自行对比前后散文阅读的批注变化，就可以看出自己是否进步，或哪些地方还有待改进。可能最初对散文的批注多从字音开始，慢慢到句子分析鉴赏，以及质疑探究、阅读感悟等。对比之下，学生就可以看出批注式阅读法对自己学习是否有效，哪些地方提升得更快。互评则能起到互相监督学习的作用，向做得较好的同学借鉴交流，在竞争中共同进步。评价阅读批注的对象也应该多元化，可以对学生阅读批注的格式进行评价；可以适当评价学生批注的写字规范程度；还可以对学生在批注中选择阅读批注内容的价值进行评价等等。

总之，现代散文批注式阅读应该从多角度出发，不应该以统一的标准一刀切，只要学生在阅读过程中做到了真正的阅读，就应该给予肯定。评价的目的并非分出优胜劣汰，更多是为了解学生的阅读批注情况，对学生起到监督的作用，让他们养成良好的阅读习惯，掌握有效的阅读方法。

结　语

将批注式阅读法运用于高中语文现代散文的阅读教学，契合了人教版语文教材现代散文单元导读提出的观点，也是对现代散文阅读教学的一次新的尝试。

从现代散文与批注式阅读的概念入手，以问卷调查的方式发现了高中现代散文阅读教学的困境并分析其存在的原因，运用批注式阅读法力求解决存在的教学问题。从散文的预习——课堂的阅读教学——课后的反思将批注式阅读贯穿于现代散文阅读教学的过程中。然后，根据现代散文阅读教学存在教学体裁区分不明显的现象，给出不同的批注角度。并且，建议教师对学生散文阅读的批注进行引导和点拨，尽量避免现代散文批注式阅读出现的问题。

高中生具有独立思考的能力，能有效地做到批注式阅读中的"批"与"注"。现代散文具有个性化特征，批注式阅读也讲究个性化阅读；散文作品是意随文生的产物，批注式阅读也讲究直观的阅读批注，二者之间形成不谋而合的效果。批注式阅读现代散文作品，遵循了学生主体、教师主导的原则，体现了阅读教学中的多重对话。在循序渐进的阅读过程中，也在做更进一步的探索创新，培养了学生阅读现代散文的鉴赏能力和审美能力。学生在运用批注式阅读时，有利于加强对语言文字的运用。深层次的批注式阅读类似于撰写读后感和阅读心得，这实则也在间接帮助学生提高写作能力。现代散文作品不同于小说、诗歌、戏剧，有完完整整的人物关系、因果逻辑、故事情节。它是作者随心而写，随笔而抒的心路历程，需要读者反复地阅读仔细地思索方能探究作者的思绪。批注式阅读就能帮助读者达到这样的目的，一读一批，再读复批的学习模式下，散文个性化的特点与主题思想就跃然纸上。有助于培养学生独立思考，乐于表达，善于书写的能力，学生的阅读兴趣和自信也会逐渐提升。

不过，现代散文批注式阅读教学的研究还有待完善，一方面批注式阅读本身就具有一定的局限性，在教学实施的过程中，一些矛盾和问题还丞待解决。另一方面学生的个体差异性在批注式阅读中更为明显，是否会影响学生的积极性，增加学生的学业负担。批注式阅读现代散文的形式没有统一，也会给教师增加指点和评价上的难度；良好的阅读习惯并非一朝一夕能养成，是否会出现重形式轻内涵的现象。以及在散文的批注阅读过程中，是否存在学生借批注自由发挥，不立足于文本等等状况和问题。在今后的阅读教学中，笔者会继续关注现代散文的批注式阅读，在理论的基础上落实于实践活动中，不断完善现代散文的批注式阅读教学，以弥补本论文中的缺陷与不足。

参考文献

[1]包建新.语文教学设计与案例分析[M].浙江：浙江大学出版社，2012.
[2]傅德岷.散文艺术论[M].重庆：重庆出版社，1988.

[3] 韩雪屏.阅读教学中的多重对话[M].上海：上海教育出版社，2005.

[4] 林非.中国现代散文史稿[M].北京：中国社会科学出版社，1981.

[5] 孙立权.孙立权语文教改专辑[M].长春：东北师大附中研究室编，2002.

[6] 孙立权.启迪灵性的语文学习方式——孙立权"批注式阅读"教例[M].吉林：长春出版社，2004.

[7] 孙琴安.中国评点文学史[M].上海：上海社会科学院出版社，1999.

[8] 王继坤.现代阅读学教程[Z].青岛：青岛海洋大学出版社，1999.

[9] 王荣生.散文教学教什么[M].上海：华东师范大学出版社，2014.

[10] 王荣生.语文教学内容重构[M].上海：华东师范大学出版社，2014

[11] 王荣生.阅读教学设计的要诀——王荣生给语文教师的建议[M].北京：中国轻工业出版社，2014.

[12] 叶玉泉，杨春梅.金圣叹评点经典古文[M].湖南：岳麓书社，2012.

[13] 中华人民共和国教育部.普通高中语文课程标准（实验）[S].北京：人民教育出版社，2003.

[14] 中华人民共和国教育部.普通高中语文课程标准[S].北京：人民教育出版社，2017.

[15] 陈枫.批注——走进美丽的阶梯——浅谈散文与诗歌中的批注式阅读教学[J].课程教育研究，2012（03）.

[16] 陈兴才.批注式阅读教学分析——以《记梁任公先生的一次演讲》为例[J].语文教学通讯，2011（03）.

[17] 崔新月.多重对话深度批注——谈批注式阅读教学[J].语文建设，2016（01）.

[18] 陈云静.批注法在高中小说散文阅读中的实践与思考[J].课程教育研究，2018（11）.

[19] 何虹.批注阅读，意随文生——个性化阅读初探[J].陕西教育，2008（06）.

[20] 陆荷芳.批注阅读，引导学生与文本对话[J].语文世界，2015（6）.

[21] 李陇耕.源有活水渠自清——例谈现代散文批注式阅读法教学[J].大语文论坛，2009（04）.

[22] 马春燕.高中语文批注式阅读教学模式的探索[J].教育实践与研究，2011（09）.

[23] 彭旭，江明月.散文教学的多维解读[J].教育科学论坛，2017（05）.

[24] 苏红方.浅谈批注阅读在语文教学中的运用[J].作文教学研究，2013

（2）.

[25]孙立权."语文教育民族化"的一个尝试——批注式阅读[J].东疆学刊，2005（01）.

[26]孙立权.谈"批注式阅读"[J].吉林教育，2007（12）.

[27]吴承学.评点之兴——文学评点的形成和南宋的诗文评点[J].文学评论，1995（1）.

[28]王荣生.语文课程标准的"对话理论"[J].语文学习，2002（11）.

[29]余光中.剪掉散文的辫子[A].余光中集：第四卷[C].天津：百花文艺出版社，2002.

[30]杨淑延.在批注阅读中发展学生的阅读个性[J].福建教育学院学报，2008（11）.

[31]张剑红.批注在高中语文阅读教学中的应用探析[J].中国校外教育，2012（07）.

[32]王娟.用思维导图构建散文批注式阅读思路[J].语文教学研究，2015（04）.

[33]朱萌霞.让学生真正学会阅读——批注式阅读微探[J].教育教学论坛，2010（08）.

[34]陈春元.高中语文批注式阅读教学研究[D].哈尔滨师范大学，2018.

[35]陈智娟.批注式阅读在高中语文阅读教学中的应用策略[D].江西师范大学，2017.

[36]李淑红.论高中现代散文的语言特色教学[D].华东师范大学，2010.

[37]刘亚芳.高中现当代散文教学策略探究[D].内蒙古师范大学，2011.

[38]彭立平.高中语文课堂评点教学法研究[D].湖南师范大学，2009.

[39]仇恒榜.高中现代散文阅读教学方法研究[D].东北师范大学，2010.

[40]魏红梅.新课程高中语文批注式阅读教学研究[D].山东师范大学，2009.

[41]薛金梅.高中语文文言文批注式阅读教学研究[D].西北师范大学，2013.

[42]杨芳.批注式阅读教学研究[D].东北师范大学，2006.

[43]郑蓉花.高中现当代散文教学探究[D].云南师范大学，2006.

[44]张明明.语文批注式阅读教学研究[D].苏州大学，2012.

[45]张秋娥.宋代文章评点研究[D].武汉大学，2010.

[46]张世贵.高中语文评点式阅读教学研究[D].苏州大学，2015.

精读在中学语文现代诗歌教学中的应用策略研究

胡 迪

摘 要

中学语文现代诗歌精读教学是在遵循新课标要求的前提下，结合精读的应用策略和中学语文现代诗歌阅读教学的现状应运而生的。它将适用于中学现代诗歌教学，为符合新时期新课程改革发展规律的诗歌阅读教学提供了新的思路。这种诗歌精读教学与传统的灌输式教学有所不同，它是为了使学生达到对现代诗歌的充分理解而进行的阅读教学。让学生在充分领会和感悟文本的基础上，以自己的情感来构建文字意义，然后获得阅读体验和情感升华。在课堂教学活动中，教师作为活动的引导者，要以学生为主体，引导学生主动运用精读策略去精读现代诗歌，帮助学生更加有效地阅读现代诗歌。学生对现代诗歌有了阅读兴趣，真正喜欢上诗歌阅读，有助于提高课堂效率，提高现代诗歌课堂教学的教学质量。学生掌握精读诗歌的有效途径，能更快地对现代诗歌进行理解赏析、深入挖掘，这样不仅有助于培养学生的想象力和创造力，而且有助于促进学生审美能力的提升。

论文在绪论部分介绍了论文的选题缘起、文献综述、研究意义、研究方法。主体部分共四部分。第一部分阐述了精读策略在中学语文现代诗歌教学中应用的理论基础。基于建构主义理论、多元智能理论、元认知理论及中学语文课程标准中有关阅读教学的相关规定，将此作为现代诗歌精读教学的出发点和落脚点，贯穿于整个课堂教学的始终。第二部分论述了建构主义理论在现代诗歌精读教学中的应用策略，基于建构主义理念下现代诗歌精读教学的要求，提出了精读方法。第三部分论述了多元智能理论在现代诗歌精读教学中的应用策略，创设情境，激发学生的多元智能，引导学生精读现代诗歌时运用多元智能理论，激发学生的多元能力，从而促使多元能力的全面发展。第四部分论述了元认知理论在现代诗歌精读教学中的应用策略。根据元认知理论在现代诗歌精读教学中的要求，阐述了在元认知理论下，中学语文现代诗歌精读教学中精读策略的应用。包括现代诗歌精读教学的计划策略、监控策略、评估策略的应用，提出相应的指导方法，并在此基础上结合中学语文教材中现代诗歌的具体篇目，提出了相应的精读策略，并进行了探究。为解决现代诗歌阅读教学的实际问题，改善现代诗歌教学现状，提高诗歌教学课堂质量提供了可能。

关键词：现代诗歌；元认知；多元智能；建构主义；精读

绪　论

一、选题缘起

中国现代诗歌是指中国二十世纪上半叶的现代新诗。它是诗人在特定时代发展的产物，具有独特的时代文化特征。现代诗歌是诗人在现代生活中对自身所处时代、所过生活的独特经历的诗意书写，是诗人对生命情感的艺术表现和诗意表达。现代诗歌的阅读与鉴赏对于帮助学生提高阅读能力、审美能力和文学修养有着重要的作用。诗歌的阅读与鉴赏关联的知识很多，如创作背景、惯用典故、派系风格、意识形态内容、常用表达技巧等，让同学们学习起来倍感困难，阅读效率不高。相较于晦涩难懂的古典诗歌，以白话语言为主的现代诗歌在课堂教学中更易于学生接受。然而，由于缺乏科学可行的阅读方法，现代诗歌教学形势不容乐观，课堂效率不高，学生提不起阅读兴趣。

精读是一种以达到对课文的充分理解而进行的阅读。诗歌精读教学是中学语文现代诗歌阅读教学中由教师引导学生运用精读策略进行诗歌阅读的教学。在精读现代诗歌的过程中，学生逐步掌握现代诗歌相关知识和技能，熟练操作精读的技巧，从而提高阅读能力和语文素养。作为学生诗歌精读学习的引导者和点拨者，教师在精读教学课堂上要转变教学理念，确保学生的精读的权利。精读教学法的合理运用，使得学生在良好的课堂秩序中获得独特的情感体验，全面、深入地理解教材。笔者以精读为依托，探讨中学语文现代诗歌教学中精读策略的运用，有助于提高阅读效率，提高课堂效率，并培养学生的文学审美情趣，让学生真正爱读诗。

二、文献综述

我国精读在中学语文现代诗歌教学中应用策略的研究现状主要从两个方面论述：一是我国精读教学的研究现状；二是我国关于精读策略在中学语文现代诗歌阅读教学中的实践研究。

首先我国对于精读教学的研究现状。精读教学是中学语文课堂阅读教学的重要组成部分，很多学者对此进行了多方的探索和研究：一是如王尚文（2006）[1]与王先霈（2006）[2]等学者为精读提供一套理论和方法指导；二是如孙绍振先生（2009）[3]等从文本精读个案入手，对文本进行了多元解读。另外还有广大一线教师在精读理论的指导下进行了一系列的教学实践研究，如王翠花（2011）[4]、邹春（2011）[5]等分别从理论上明确了文本精读的内涵与意义，并从教学实践上对精读策略提出了相应的指导优化。我国精读教学研究重在提高教师课堂阅读教学效果和质量。同时，相关研究也涉及提高学生的阅读能力。

其次，我国关于精读策略与现代诗歌阅读教学的实践研究，目前只存在少量的研究。这些研究主要分为两类：一是论述精读在现代诗歌教学的作用及价值。如於亚东（2015）[6]与丁志忠（2014）[7]等研究，表明诗歌精读教学有利于提升学生的审美能力及有利于课堂有效教学。二是陈慧兰（2015）[8]、吴克维（2011）[9]、许伯纯（2014）[10]等提倡精读在高中语文现代诗歌教学中的应用，对诗歌进行精加工阅读，提出了相应的方法指导。目前，精读与现代诗歌阅读教学的研究主要集中在精读策略与诗歌教学研究的结合上，对提高诗歌阅读能力起着重要作用。

---

[1] 王尚文. 语感论[M]. 上海：上海教育出版社，2006.

[2] 王先霈. 文学文本细读讲演录[M]. 广西：广西师范大学出版社，2006.

[3] 孙绍振. 名作解读[M]. 上海：上海教育出版社，2009.

[4] 王翠花. 慢慢走在文本细读的路上[J]. 语文教学与研究教研天地，2011，9.

[5] 邹春. 优化文本细读提升语文能力[J]. 阅读与鉴赏，2011，11.

[6] 於亚东. 文本细读在现代诗歌教学中的作用[J]. 语文教学与研究（大众版），2015，2.

[7] 丁志忠. 文本细读在高中语文现代诗歌教学中的应用研究[J]. 新校园（上旬刊），2014，6.

[8] 陈慧兰. 文本细读在高中语文现代诗歌教学中的应用研究[J]. 亚太教育，2015，5.

[9] 吴克维. 诗歌意象精读教学探微——以郑愁予《错误》为例[J]. 中学课程辅导：教师通讯，2011，7.

[10] 许伯纯. 文本细读在高中语文现代诗歌教学中的应用研究[J]. 文理导航，2014，10.

但将精读策略与中学语文具体诗歌阅读教学结合在一起的研究还不多,且多以理论论述为主,所获得或提出的论点缺少一定的实践性。所以本文拟结合已有研究的基础上,将精读与建构主义理论、多元智能理论、元认知理论相结合,提出相关精读的要求,并根据要求,做出相应的诗歌精读策略,结合具体的教学篇目,分析精读策略如何在现代诗歌阅读教学中加以运用,进而让学生学会主动运用精读的方法,提高学生的阅读力。

三、研究意义

(一)理论意义

1. 本文的理论意义在于将精读运用于现代诗歌教学中,深化了精读的实用意义,更加说明精读现代诗歌的重要性。

2. 从课堂教学出发,通过阐述精读策略的运用,为构建中学语文阅读教学的建设与发展提供新的理论视角。

3. 立足于中学语文现代诗歌教学的现实状况,将有助于进一步深化和丰富中学语文现代诗歌精读教学研究的教育价值和理论意义。

(二)实践意义

1. 有助于提高课堂教学质量

将精读运用于现代诗歌教学,能培养学生的洞察力,学生能够主动发现、分析、解决问题。

2. 促进学生审美能力的提升

通过对诗歌的精读,培养学生精读的能力和主动性,使他们学会理解、感受和热爱诗歌,进而使学生通过学习诗歌树立正确的价值取向。

3. 培养学生的想象力与创造力

学生在精读过程对诗歌尽情的想象,培养想象力。当学生对诗歌的兴趣能够调动起来,学生能更加仔细地揣摩出作者构词的意图,从而加深对诗歌结构、语言的理解,培养了学生的创造力。

四、研究方法

(一)文献分析法

通过收集查阅有关精读教学的相关研究及人教版中学语文现代诗歌教学方面的最新研究成果,多角度地进行对比研究。在借鉴已有的研究成果和经验教训的基础上,努力找寻新的出发点和立足点,建立文本研究的框架和思路,为理论研究奠定基础。

（二）案例分析法

以人教版中学语文现代新诗教学的具体篇目为例，结合相关理论基础，进行精读教学的案例分析。通过研究当前一线中学语文教师及众多语文教育大家的经典案例，在此基础上发掘现代诗歌的精读策略，并进行过滤、思考、整合，最终用以指导语文阅读教学。

第一章　现代诗歌教学中精读策略的理论基础

"精读"一词在《现代汉语词典》中解释为反复仔细地阅读。叶圣陶指出，精读是阅读的重要方法。精读，首先是建立在反复读的基础上，然后深入细致地研读，最后达到对文本的透彻理解。中学语文现代诗歌一直处于边缘化，所选篇目在教材中占的比重不多，到了高中，就只有必修一第一单元选取了三首诗。如表1.1。

表1.1　人教版初高中语文现代诗歌汇总（必修）

篇目	作者	教材（册）	单元	精/泛读	备注
散文诗两首—金色花	泰戈尔	七年级上	第二单元 第六单元	泛读 精读	2016年版
散文诗两首—荷叶·母亲	冰心				
诗两首—天上的街市	郭沫若				
诗两首—太阳船	吴望尧				
假如生活欺骗了你	普希金	七年级下	第一单元	精读	2016年版
未选择的路	弗罗斯特				
雪	鲁迅	八年级下	第二单元	精读	2009年版
雷电颂	郭沫若			泛读	
海燕	高尔基			精读	
组歌—浪之歌	纪伯伦			泛读	
组歌—雨之歌					
雨说	郑愁予	九年级上	第一单元	精读	2016年版
星星变奏曲	江河			泛读	

续表

篇目	作者	教材（册）	单元	精/泛读	备注
蝈蝈与蛐蛐	济慈	九年级上	第一单元	泛读	2016年版
夜	叶赛宁				
我爱这土地	艾青	九年级下	第一单元	精读	2016年版
乡愁	余光中				
我用残损的手掌	戴望舒				
祖国啊，我亲爱的祖国	舒婷			泛读	
祖国	莱蒙托夫				
黑人谈河流	休斯				
雨巷	戴望舒	高中语文必修一	第一单元	精读	2010年版
再别康桥	徐志摩				
大堰河—我的保姆	艾青				

为了提高中学语文现代诗歌课堂阅读教学的有效性，促进课堂的有效生成与发展，在现代诗歌阅读教学中，精读教学策略就应运而生。精读教学策略的形成与确立，离不开教育理论的支撑，是综合考虑阅读教学及师生具体情况等因素的结果。中学语文现代诗歌精读教学策略的理论基础，主要是以建构主义理论、多元智能理论、元认知理论及中学语文课程标准有关阅读教学的相关规定为主。这些理论独立又相互包容，以此为基础的精读策略在现代诗歌教学中交替出现、相互融合，贯穿于整个课堂教学的始终。

一、建构主义理论与精读策略

（一）建构主义理论

根据建构主义理论，个体认知是在人与外部世界的互动与反思过程中内化和生成的。提出学习是以现有的学生经验为基础，以自身加工和转化的新知识和经验逐渐内化为新的经验过程，而不是传统意义上的教师对学生的单向输入知识过程。学习的建构过程包括两个方面，即学习者对新信息意义的建构和对原始经验的转化与重组。学生在原有知识的基础之上，要积极学习新知识，更新和巩固旧知识，促进新知识的吸收。根据建构主义理论的知识观，着眼于学生自身的主动对知识的意义建构。随着教学的发展，知识意义的建构不断发展和建构。首先教师得主动建构了知识之间的联系，才能更好地引导学生主动建构知识。教师需要改变以往的师生观，要把学生放在主体地位，改变以前"满堂灌"的课堂现象，注重利用学生原有的经验基础，引导学生在现有知识的基础上，以自己现有的价值观、生活观思考和重建自己的知识体系。

（二）基于建构主义理论的精读策略开发

建构主义强调以学生为课堂学习活动的主体，要求教师在课堂教学中引导学生主动进行知识的意义建构。学习者用自己的方式建构对事物的理解，并没有唯一的标准。建构主义视野下的现代诗歌精读策略，就是学生要自觉主动地解决和反思问题，教师要有意识促进学生之间的合作。在教学中，教师可以通过增强对话观念、合作阅读、妙点揣摩来帮助学生建构自身知识的意义。让学生在自主阅读、合作阅读中对文本进行仔细地研读，从而获得阅读知识和方法。

二、多元智能理论与精读策略

（一）多元智能理论

多元智能这一理论最早是由霍华德·加德纳（Howard Gardner）提出的。他在1983出版的《智力结构》一书中，指出人类的智力不是单一的，而是复杂多样的，并提出了人的七种智能（后1995年补充为八种）。这八种智能统称为多元智能，即语言智能、音乐智能、数理逻辑智能、空间智能、身体运动智能、人际交往智能、自我认知智能、自然观察智能。作为教学活动的组织者，教师应该认识到学生智能的多样性和丰富性。因此，在课堂教学中，不应单独强调学生某一方面能力的培养，例如，过分强调学生语言智能或数理逻辑智能的发展，而应重视学生多元智能的全方位发展。教师也要认识到每个学生智能的独特性和多样性，发现学生的不同点和闪光点，尽可能找到适合学生发展的教学方法和手段，因材施教。多元智能理论强调教学理念和方式的转变，它不仅提倡在实践中增加知识和技能，而且更注重经验的反思。

将多元智能理念融入中学语文现代诗歌精读教学，探索和研究多元智能理念下的诗歌精读策略，是多元智能理论在现代诗歌精读教学实践中的最佳切入点。语言智能主要表现在学生对语言有效运用，能把自己内心的想法准确、有条理地表达出来。空间智能体现在学习中精读诗歌习惯从意象及意境方面来思考相关的问题。音乐智力主要表现在学生能够迅速感知到现代诗歌节奏、韵律等，如在诗歌教学课堂中有时会借助于多媒体来进行精读教学。人际交往智能是指个体在与他人交往过程中，能够真正理解他人，与人沟通交流交往的能力。数理逻辑智能并不是简单地运用加减乘除的能力，而是能够对所认知的事件进行一系列的推理、处理问题，对事件有一个比较清楚、科学的发现、辨别、分析的能力。身体运动智能也并不是简单的肢体运动,而是一个人善于运用肢体来表自己内心的想法与情感,或者能通过制作、操控物体表达自我的能力。自然观察智能是指能运用敏锐的观察能力观察自然界中的各种事物,对一切怀着强烈的好奇心与求知欲,能对各种事物进行分辨和归类,能了解事物之间细微差别的能力。自我认知智能是指学习者本身在认知过程中对自我正确有效的认识、分析、评价与反思的能力。在现代诗歌精读教学中重视情境的创设,激发学生的多元智能,学生能在研读中通过多元能力的提升,进而获得新的阅读体验。

(二)多元智能理论与现代诗歌精读教学相结合的必要性

现代诗歌有着不同于其他文体的特点,与实用类文体相比较,它语言优美,意涵丰富,是诗人的感悟而作,重视作者思想情感的抒发;与强调"温柔敦厚,哀而不怨"的古典诗歌及其他文学类文体而言,它形式自由,内容精辟,联想丰富,意境深远。因此,教师进行现代诗歌教学时不能"一体而教",应突出现代诗歌的独特性,体现现代诗歌的文体特点。学生学会精读现代诗歌,有助于认识和掌握现代诗歌的文体知识,提高阅读效率。在教学过程中,应打破传统的以教师为中心,教师把持整个教学课堂的教学模式,摒弃以翻译诗句、朗读背诵诗歌为主的教学方式。重视学生智能的多元性与差异性,立足于知识来引导学生进行情感体验,最终获得能运用精读的方法来阅读现代诗歌的能力。多元智能理论重视学生智能的多元化全面发展,强调以学生主体,重视学习过程中智能的培养,注重通过丰富的教学活动形式培养学生多方面能力的全方位发展。

现代诗歌精读教学与多元智能理论相结合,不仅是学生主体性、个性化的体现,更有利于学生智能的全面发展,能促进学生自我个性的发展。在现代诗歌精读教学中,教师应树立多元化的教育发展观,充分考虑个体智力的独特性和多样性,采取多种教学指导。力求使课堂教学多姿多彩,师生之间的互动形式多样。教师在精读教学中应注重学生智能的多样性,促进学生潜能的发展,实现师生之间教育与学习的最优化。基于多元智能理论的精读策略,教师应兼顾学生智能的多方面,在精读过程中创设相应的精读情境,激发学生的多元智能,引导学生在情境中主动、全身心地投入诗歌世界,发挥多元能力,深入挖掘诗句、字词的深层内涵与意义,使学生对诗歌达到透彻地理解,把握诗歌的细微曲折之处。

三、元认知理论与精读策略

(一)元认知理论

"元认知"最初是由美国发展心理学家弗拉维尔(Flavell 1976)在《认知发展》一书中提出来的。迄今为止,对此概念的表述尚未统一。弗拉维尔对元认知的学术观点得到学术界的认可：为完成某一具体目标或任务，依据认知对象对认知过程进行主动的监测以及连续的调节和协调。根据弗拉维尔的分类，元认知包含元认知知识、元认知体验和元认知控制。元认知是促进学生学会学习的关键，元认知是自身对认知活动监控、反思的知识系统，是对认知过程本身的认知。在课堂的教学活动中，现代诗歌精读教学不仅是一种认知过程，同时也是一种元认知的过程，是教师引导学生学会主动运用元认知理论监控和调整在不同的阅读活动中的不同精读策略。教师结合元认知理论引导学生学会运用元认知方法去精读诗歌，通过这种精读训练，学生可以掌握精读诗歌的技巧和方法，最终形成自己的阅读能力。

（二）基于元认知理论的精读策略开发

元认知要求个体自我体验。在诗歌精读的过程中，教师应尽可能使学生与文本有更多的接触，通过精读可以有自己的体验。让学生积极地进行诗歌精读的思考，并通过有效的手段调动学生学习发现问题和解决问题的能力，使学生在精读课的实践中能掌握学习能力。现代诗歌的精读教学基于元认知理论，提出精读教学计划、监控、评估策略。

运用元认知精读策略进行现代诗歌教学时，教师要引导学生对精读过程的监控与反思，教会学生用语言来对思维过程进行准确无误的有效表达。中学语文课程教学的最终目的是培养学生的语文能力，元认知能力对此起着重要的促进作用，二者是相互影响、彼此共同发展的。一般而言，在平时的课堂教学活动中，学习能力强的学生通常具有比普通人更强的元认知能力，即具有较强的自我监控、自我评价和自我调节能力。在诗歌精读教学中，教师应教给学生提问与评价的方式，可以灵活地改变提问和评价的方式，培养学生的自我评价和反思能力。

四、中学语文课程标准中的相关规定

《全日制义务教育语文课程标准》中提出的基本理念在《普通高中语文课程标准》中得到坚持和继承。中学语文课程以提高学生语文素养为最终目标，精读在中学语文现代诗歌教学中的应用，可以逐步提高学生对现代诗歌的阅读能力和审美能力，提升学生语文素养。诗歌精读教学重视学生对诗歌的自我理解和自我感悟，促进学生独特的审美欣赏和体验的获得。

在上述理论基础之上，笔者将详细论述建构主义理论、多元智能理论、元认知理论在现代诗歌精读教学中的应用策略。

第二章 建构主义理论在中学语文现代诗歌精读教学中的应用策略

建构主义强调课堂教学活动的中心是学生自身，教师应在课堂教学中引导学生培养自主学习的意识。引导学生在已有知识和经验的基础上，主动对新知识进行意义的建构，努力完善自己的知识结构。同时，社会建构主义认为，学习者的知识建构不仅是建构在个体与物质环境的相互作用之中，而且社会成员之间的相互作用，在知识建构中发挥着更为重要的作用。因此，在课堂教学活动中，教师应促进学生之间的相互合作与共同探究。在建构主义认知的基础上，笔者提出了中学语文诗歌精读课堂中学生自主学习和合作学习的精读策略，以提高课堂教学效率。

一、基于建构主义理念下诗歌精读教学的要求

（一）尊重学生的主体地位

尊重学生的主体地位，重视学生的个性化理解是现代诗歌精读教学的基础。建构主义理论指出，学习者自身才是学习的主体，学习是学生自身对知识意义的主动构建和更新、巩固。在精读教学时，学生应意识到自身才是学习的主人，不能完全依靠教师来讲解知识点，应结合自己的原有知识经验对文本和作者所反映出来的信息和情感进行建构和再创造，从而获得新的体验。教师也应放权给学生，在课堂中只是适时点拨、引导。在课堂教学中不能用教师的解读去代替学生自身对诗歌的自我感悟与主动体验，应引导学生自身主动投入课堂，投入文本，与文本对话，与作者对话，在对话中精读、自我建构，在精读中达到"善读"的目的。从而使学生真正参与课堂学习，获得美的体验。但在现代诗歌教学过程中，一部分教师会按照特定模式进行教学，用教参或各种资料代替自己的解读，代替学生的解读。忽视生本关系的精读，不考虑学生自身主动性的教学，容易让学生养成不爱阅读，不习惯思考的学习方式。教师在讲解现代诗歌时重在理性分析，习惯于向学生灌输一些固定的答题技巧，久而久之就会使得学生阅读现代诗歌时就会觉得生涩难懂、无趣、理解困难。学生在学习过程中，缺少了对现代诗歌的自我欣赏、自我体验，缺乏对诗歌深层的、艺术性的鉴赏。只有教会学生精读的方法，引导学生精读课文，才能真正体现阅读教学的阅读主体是学生这一理念。在诗歌精读教学中，教师要引导学生从现象到本质、从诗歌形式内容到诗歌深层内涵吃透文本。

如，《再别康桥》教学中。对于诗歌的主题的探究与看法，学术界历来众说纷纭，观点不一。有避世说。诗中对康桥的描述表现了诗人"边缘化的人生态度"[1]，诗人不愿面对现实的黑暗，政治的腐败，所以留恋代表着美好的康桥的一切。有怀念母校说。诗人出国留学两年，接触西方教育，受到了外国诗歌艺术的影响。这样的学习经历给一直只接受了中国传统诗歌文化的徐志摩打开了一个崭新的世界，传播了一种新思想。对于诗人来说，康桥是特别的，是令他怀念的，所以，在归途的海上，诗人有感而发创作了本诗。王小华曾这样评论"这幅落日告别图，向我们展示了一个学子对母校的无限深情"[2]。另外，还有情诗说[3]（范伟等）。认为这首诗是诗人旧地重游，把心中想念、思慕伊人之情寄托在诗中对康桥的描绘之中。以上三种主旨说，从不同角度诠释了诗歌的主题。在课堂教学时，教师可就此诗主题看法的多样性引导学生进行精读与深究，"这首诗表达了诗人怎样的情感""诗人为何而作"让学生结合文本，谈谈自己理解。或对几种主题说，进行讨论分析。学生在精读诗歌主题时，既完成了教学教育，又陶冶了情操。

再如，针对诗句进行精读：

"我挥一挥衣袖，不带走一片云彩。"

让学生就这一句诗，说出自己的看法，探究究竟作者是因为"不想带走"或"带不走"而故作潇洒，其实内心沉痛而哀伤；抑或作者是真正的潇洒、轻松，只因这里的一切美好的记忆他早已拥有，带不走的只是那个客观世界的事物。学生在主动发挥主观能动性的同时，发散思维，主动为自己的观点找论据，锻炼了学生的思辨能力，也让学生理解了这首诗歌的矛盾之处。

（二）鼓励学生的个性化阅读

根据建构主义理论，学生在自我知识意义建构的过程中的心理活动，与自身文化、生活经历及所处地的风俗习惯有着密切的联系。在构建过程中，学生都是以自己已有的经验为基础，对所看到的信息进行重组、加工和意义建构，最终构建自己的理解。因此，不同学习者他们自身不同的社会实践得出的理解不是一致的，在教学活动就应鼓励学生的个性化阅读。现代诗歌的精读教学，目的就是让

---

[1] 严桂运.《再别康桥》伤感情调的审美价值[J].名作欣赏，2005，12：71-75.

[2] 王小华.纯美的诗，复杂的情[J].现代语文，2008，9：97.

[3] 范伟.《再别康桥》的双重告别主题[J].名作欣赏，2011，16：88-91.

学生对文本进行深入钻研,从而对诗歌所表达的思想情感能透彻理解,得到自身独特的体验。要让学生对诗歌全面而透彻地理解,就得让学生与文本对话,在不断地挖掘中得出结论。但这样的结论不是人云亦云,不是标准化、套路化的答案。诗歌是诗人情感的载体,是诗人自我表达的方式,诗人在诗歌中的表达也许是豪迈、奔放的,也许是含蓄的、无形的。文本的阅读过程也是一个逐渐认识诗人的过程,是一个自我体验与诗人产生共鸣、连带情绪的过程。正所谓"诗无达诂",由于与诗人所处时代、学生认知水平、情感状态等都不同,所以学生在精读过程中,会对同一首诗、同一个意象或同一句子会有不同的感受与体验。

在现代诗歌精读教学中,教师应鼓励学生的个性化解读,重视学生的自我感悟与欣赏。学生在精读中得出自己的认识,不断探索和分析,加深对诗歌的感受和体验。例如,学生在精读诗歌语言时,通过对诗歌中语言文字的研读,深入分析与思考,使得他们更好地理解语句中潜在的意境,感受作者描绘的意象,并将这种意象与自己脑海中所产生的情景产生共鸣,激发与诗歌、作者内心的碰撞、沟通。

以《雨说》教学为例,诗人郑愁予笔下的雨,带有生命的灵性:

"第一样事,我要教你们勇敢地笑啊/君不见,柳条儿见了我笑弯了腰啊/石狮子见了我笑出了泪啊/小燕子见了我笑斜了翅膀啊/第二样事,我还要教你们勇敢地笑……只要你们笑,大地的希望就有了"[1]

诗中两次写到要"教你们勇敢地笑",教师可以让学生就"笑"说说自己的看法,这样一位和蔼亲切的爱的传播者要做的两样事,为何都是"教你们勇敢地笑"?在学生各抒己见,表达自己不同的观点与看法后,再引导学生对诗歌的主副标题进行分析,谈谈对"为生活在中国大地上的儿童而歌"的理解。点拨、引导学生找出诗中"柳条儿——笑弯了腰""石狮子——笑出了泪""小燕子——笑斜了翅膀"这些生动形象、具体传神、极富想象力的诗句,让学生结合自身的生活经验,谈谈他们以前见过的雨中的柳条儿、石狮子、小燕子、旗子是怎样的,以此唤起学生丰富的想象和情感的对话,让他们更好地体味自然的诗意,人生的情趣。

鼓励学生的个性化解读,不是让学生不着边际地乱谈,也不是学生纯粹出于对个性的追求而不尊重原文的解读。教师在尊重、鼓励学生个性化阅读的同时,也要指导学生在尊重原作者、原著的创作背景、理念的基础上去理解。如,在教

---

[1] 课程教材研究所,中学语文课程教材研究开发中心编.义务教育课程标准试验教科书(语文)九年级(上册)[M].北京:人民教育出版社,2009:8.

学《我爱这土地》时，学生应了解到诗中的鸟儿与以往学生所接触的鸟儿有所不同，与啼血的杜鹃、鸣翠柳的黄鹂、非梧桐不栖的凤凰相比，诗中的鸟儿有着"嘶哑的喉咙"，它的歌唱都是悲愤的、激怒的。这一切只因作者处于抗战初期，受那个时代的悲壮氛围所致。但作者又深爱这这片土地，向往着"无比温柔的黎明"，他相信祖国终会胜利，民族正在觉醒。

二、建构主义理论的精读指导

（一）增强对话观念，促使学生自主建构精读意识

阅读教学是学生、教师、文本三者之间的对话过程。强调师生、生生、教师与文本、学生与文本之间应有平等的对话关系，只有在这样的对话过程中进行的教学才是阅读教学。但在现代诗歌教学中，师生、师本对话成为主流，课堂是教师的"满堂灌"和"一言堂"，是学生依着教师思维进行的大讨论。诗歌教学中，教师要引导学生积极开展与文本的有效对话，在总结前人经验的基础上，将诗歌的内容和形式转化为自己的内部语言，与作者的思想感情产生共鸣，发生情绪的连带感，获得独特的自我阅读体验。重视学生与文本的对话过程，提高学生鉴赏现代诗歌的能力，积极采取措施来提升中学语文现代诗歌阅读教学的实效性。在文中，我们把学生和文本（作者）之间的对话简称为"生本对话"。教师应尊重学生的主体性与个体性，具有让学生与文本对话的意识，在生本意识下进行诗歌精读指导。引导学生主动与课文进行对话，与教师与同学之间进行对话，适时点拨，帮助学生主动建构自己的知识。

建构主义的学习理论强调学生自身对知识意义的主动建构。学生是语文阅读活动的主角，学生自我建构的学习经验是自己独特的体验，是别人无法取代的。现代诗歌精读教学是教师引导学生运用精读策略对现代诗歌进行仔细地研读，从而让学生吃透教材，理解诗歌的深层内涵，重视学生的自我体验与感悟。诗歌精读需要学生主动地、积极地投入诗歌文本中，通过对诗中的重点词、诗句的咀嚼琢磨，与文本建立联系，达到对诗歌的内容和思想有比较深的理解和体会。但在教学中，很多学生自主阅读意识薄弱，更不要说对诗歌进行精读。有问题就等着靠教师解决，没有思考、被动地接受教师在课堂上传播的知识。因此，教师应重视学生自主学习意识的培养，在课堂上唤醒和调动学生的主动性、自觉性和自主性。督促学生培养独立阅读、主动学习的习惯，尊重学生个性差异，在诗歌欣赏中鼓励学生大胆表达自我的看法与感悟，让学生独立发言，在精读的基础上，引导学生运用自己的情感和方式去感悟诗歌，努力与作者实现情感共鸣。通过让学生自己反复研读诗歌，在研读过程感受诗歌简洁凝练的语言、鲜活明快的节

奏、丰富细腻的情感，进而发现诗歌中蕴含的深刻文化内涵和丰富的人文情怀，这样不仅有助于丰富学生精神世界，更能让他们通过理解诗歌感受诗歌的美。这就是精读的要点所在。在自主阅读的过程中，学生精读诗歌中的字、词和句子，了解它们表达的直接意义，理解作者想要表达的效果。

教师应将诗歌精读教学自然而然地融入学生的学习、成长等环节中，引导学生通过对文本的品读建构自己的知识系统，进而养成适合个人的良好阅读习惯。例如阅读《我爱这土地》教学时，学生在精读中思考"土地"含义，诗中"用嘶哑的喉咙歌唱"的"鸟"又是一个怎样的形象，"连羽毛也腐烂在土地里面"是为了什么？学生通过独立思考，得出作者是借鸟儿与土地的关系来展开全诗的艺术境界，表达了诗人一种刻骨铭心的爱国情怀。再如《荷叶·母亲》中：

"心中的雨点来了，除了你，谁是我在无遮拦天空下的隐蔽？"

教师可就这句话，让学生说说自己的理解。学生可根据自己在生活遇到坎坷磨难时，谈谈母亲如何一路温暖着自己、保护着自己，为自己指点迷津。学生通过回忆这些事迹，更能理解诗中作者的情感，也更能体会到深沉而温暖的母爱，学会对母亲由衷的感激与爱恋。

现代诗歌精读教学中，教师应坚持生本对话的教学理念，以学生为中心，设计学生自主学习的教学内容，培养学生阅读诗歌的能力，使学生学会阅读。提倡将自主阅读延伸到不同学生的课外阅读中，推荐适当的课外文本，培养学生自主阅读、个性化阅读的兴趣和爱好，鼓励学生发挥想象，感受阅读的魅力，拓展和深化学生的理解。

（二）利用课堂合作阅读，营造良好诗歌精读课堂环境

合作学习是以自主阅读为基点的，学生在充分熟读文本的基础上，分享自己所得，进行合作交流，在合作中给予彼此尊重，在交流中丰富自己的知识，拓展自己的思维，深化理解，最后完全理解诗歌的内容和形式。建构主义理论强调学习主体间的共同协作和沟通交流，重视学生之间的合作学习。合作学习可以在较短的时间内激发学生阅读诗歌的兴趣和热情，在彼此的交流中升华对诗歌内容的认知，为其建构新知识提供良好的主观动力。现代诗歌精读是师生合作与共同探索的过程。从诗歌内容到形式，从形式到内容，学生对同一问题会有不同观点和意见分歧，教师应引导学生通过讨论和研究，互相分享自己的阅读体验和经历，从而促进教学的顺利展开。在交流、学习中，学生成为积极的学习者和建构者，提出问题，并共同讨论、思考、解决问题，摆脱代表权威的教师和教材，在合作中，实现自我，发展自我，建构自我。如艾青《我爱这土地》，在课堂上，同学们围绕着最后一句发表自己的看法，对"眼泪""深沉"进行研讨，在这期间，

教师应肯定学生提出的问题与看法,并及时进行点拨与引导。在讨论中,学生不断地发现问题,逐步地解决问题,教师适时点拨出艾青自称为"悲哀诗人",他对祖国深沉而厚重的爱,这样学生能更好体悟到诗人在诗中体现的思想与情感,增加对"共同土地——祖国"的民族自豪感。《祖国啊,我亲爱的祖国》同样也是一首爱国诗,诗中表达了舒婷对祖国复杂而又矛盾的深情。教师可让学生以小组为单位,对"我是贫穷/我是悲哀/我是你祖祖辈辈痛苦的希望啊"这个句子进行精读,让学生对这句诗修改后比较,相互探讨修改后语句寓意发生何种变化。在此过程中学生们纷纷提出诗中"我是……"排比句式的重复使用,并通过对比、讨论,最后明确诗句寓意的变化规律及诗人这样运用的好处,使其对课文主旨有更为深刻的认识。学生发现、提出、讨论、解决问题的过程也是一个学生表现自我、肯定自我的过程。学生在相互探讨间锻炼了自身自主思考能力,提升自身自主学习的能动性。

建构主义教育理念中的合作学习,它不是简单的讨论,更不是教师依照自己预设的答案而进行的貌似启发的独白式对话。在实际的精读教学中,一些教师会让学生进行团体合作探究,表面上对话双方争论非常激烈、你追我赶,但事实上双方都是试图去反驳对方,教师在过程中没有进行适当的提示与指导,最后学生只能是各持己见,谁也不服谁。这样的合作不仅没有让学生双方在思维上相互转向,也没有精神上的对话,心灵上的相互回应,更没有心灵的碰撞后与作者情感产生共鸣。

(三)妙点揣摩,以批判的立场帮助学生形成自身意义的建构

根据建构主义理论,教师在提高学生自主阅读意识和激发合作阅读热情的同时,也应重视学生对文本的深入阅读,挖掘其深刻的意义。妙点揣摩,是指从诗歌的遣词造句、主题内容、意象意境、艺术表现方式等去领会诗歌的精彩之处,以使自己透彻地感悟、品味课文。现代诗歌精读教学的目标是让学生在精读的过程以批判的立场构建自身的知识。现代诗歌教学不应依条按框地解析,而应注重学生领悟诗歌的内容与情感,完成审美体验。新课标也明确要求学生能:

"体味和推敲重要词句在语言环境中的意义和作用。""对课文的内容和表达有自己的心得,能提出自己的看法和疑问。"

在诗歌精读时,教师可引导学生进行妙点揣摩,适时地提出一些问题,推动问题的一步步深入,教师不断进行追问,充分调动学生参与讨论的主动性与积极性,调动学生的情感积累,促进他们想象力的充分发挥,逐步把要挖掘的内容推向深入。学生在讨论中加深理解,在思想的碰撞下体验和分享作品内在的含义。学生读出问题,读出精彩点,达到深入透彻的理解,正是建构自身知识意义的过

程。"妙点"有助于加深理解文本,当学生有着诸多问题需要解决,就会发散思维,积极思考分析,从各方面探寻问题的结果,加深对文本解读的深度与广度。

对《大堰河——我的保姆》进行妙点揣摩。如:

妙在写"我呆呆地看着母亲怀里的不熟识的妹妹","不熟识"用得好,本是骨肉,却是陌路。

妙在"我呆呆地看着檐头的我不认得的'天伦叙乐'的匾""为了他,常悄悄地走到村边的她的家里去"两句诗中叠词"呆呆地""悄悄地"的使用,反映了"我"的微妙心理。

妙在"不认得"和"天伦叙乐"的对比使用。诗人在小时候不知道"天伦叙乐"的含义,现在识得,却在小时候的父母家里没有感受过"天伦叙乐"。

妙在第四节中八次"在……之后"句式的连用,这每一句都是大堰河平日生活劳作的真实体现。

妙在第十节诗人有意运用大量的数量词,在诗中上下文构成强烈的比照。"四十几年""数不尽"与"四块钱的棺材和几束稻草""几尺长方的埋棺材的土地""一把的纸钱的灰",数量词的多与少形成鲜明的反差。

在现代诗歌精读当中,教师适时引导学生挖掘一处处精彩点,使学生深入挖掘的状态下读懂作者深层次的内涵。通过对妙点的揣摩,让学生对诗歌语言进行研读,可以提升学生对字词的感受能力、语言表达的能力。

如《大堰河——我的保姆》的第十二小节:

大堰河,今天我看到雪使我想起了你/你的被雪压着的草盖的坟墓/你的关闭了的故居檐头的枯死的瓦菲/你的被典押了的一丈平方的园地/你的门前的长了青苔的石椅……

诗人由雪作为参照,以雪起势并以雪结尾。使用"坟墓""瓦菲""园地""长椅"四个与大堰河相关的意象,依次为我们描绘了四个画面。这些意象是我们寻常可见的,但作者却运用了一系列修饰语去形容、去描述。"坟墓"不是一座孤坟,不是《乡愁》中那"一方矮矮的坟墓",而是"被雪压着的""草盖的"看不出原状的坟墓;"瓦菲"不是"瓦楞上长着青青的瓦菲"而是"关闭了的""故居檐头的""枯死的"没有一点生活气息的瓦菲;"园地"没有很大,只是"被典押了的""一丈平方的"不属于大堰河本人的园地;无人光顾而"长了青苔"的"长椅"。当我们把这些修饰语全部省去,试与原诗句进行对照,在学生研读后,教师总结,修饰可以使诗人情感的表达更为深刻,如诗句中"瓦菲""园地"等缺乏感情色彩,加上修饰短语后,这些修饰语和意象就营造了一种凄惨、悲凉的情感氛围。通过回忆那些令人印象深刻的画面,借写景来烘托压抑而悲愤的氛围。"被雪压着的""关闭了的""长了青苔的"等修饰词凸显出环境的寂寥、冷清。"草盖的""枯死的""一丈平方的"等修饰词都说明大堰河死后的冷清与寂寥，能够真实地反映出大堰河贫寒而疾苦的家境，以及大堰河死后家庭的越发衰败，表达作者内心深处对大堰河这个如同家人般的亲人的深深的痛悼之情。学生在这样的改写对比后，不仅理解了诗句所隐含的情感，也掌握了诗歌所使用的艺术手法。

第三章　多元智能理论在中学语文现代诗歌精读教学中的应用策略

　　语文文本阅读的主体是学生。学生的阅读，是学生主动获取知识，获得自我生命体验的过程。多元智能理论认为每个人都是一个独特的个体，不仅有着外在的表现力，也有着内在的自我发展潜力。强调智能是在实践中发展进步的，个体通过运用智能解决现实生活中实际问题。所以，在现代诗歌精读教学中，教师应兼顾学生智能方面的强项与弱项，通过各种途径创设教学情境，为学生营造良好的学习环境，引导学生在情境中主动、全身心地投入诗歌世界，对自身知识与新知识进行意义的建构，尽可能挖掘学生各种潜在的智能。"教师与学生的关系不再是以知识为中介的主体对客体的单向灌输关系，取而代之的是一种'我—你'的对话关系"[1]。教师与学生之间的对话关系不再是传统教学认为的以学生为主体、教师为主导的关系，而是双方是双适应、双发展的共享探究的平等关系，是一种师生之间的感受、理解、欣赏与体验。所以，我们可创设情境引起学生的好奇，引导学生进入诗歌本身的情境，在情境中体验、感悟诗歌。

一、创设情境，激发学生的多元智能

　　多元智能理论认为学生的智能各具特点，在教学要尊重认可个体智能的差异性。但是，因与诗人所处生活时代的不同，学生在学习时，对于诗中描绘的意象、鲜明生动的形象及作者浓厚的情感，都是他们在生活中无法亲自体验的。所以，在精读教学中，教师不只是关注如何呈现、讲解、演示信息，更重要的是要创设一定的环境。教师在引导学生精读诗句时，有意识、有目的地创设与诗句相

---

[1] 邹进. 现代德国文化教育学[M]. 太原：山西教育出版社，1992：73.

关的，以诗句本身带有的情绪色彩或者以诗歌意象为主体的情境，在生动具体的场景下，引起学生与诗人情绪的连带感，激发他们的共鸣，让学生能具体体验，帮助学生更好地进行精读，理解作者的思想与情感。情境创设也是建构主义教学理念的所提倡的。教师在进行教学设计时，可以利用多元智能理论了解学生的智能分布，了解班级学生的阅读经验和现有水平，以教材中现代诗歌的教学目标为依据，根据要学诗歌所描绘的情景进行情境构思。同时，为了提高学生的阅读效率，不浪费课堂时间，教师应吩咐学生课前预习，对所要阅读的诗歌有所了解。在精读诗歌时，教师可以通过各种手段或方法来创设情境，包括语言情境、问题情境、多媒体（直观）情境等。

（一）运用丰富生动的语言创设情境

在教学中，教师需引导学生用符合自内心情感与思想的语言来表述自己在阅读过程中的思维过程。要使用生动、精炼、富有情感的话语来创设情境，以自己的激情，引导学生进入诗歌，体验诗歌的思想感情，表达自己的情感体会。如讲解《天上的街市》一诗时，讲到"你看，那浅浅的天河／定然是不甚宽广"教师可运用语言创设与所学诗歌相符的情境，向学生讲述那凄美的爱情故事，在教师富有感染力，绘声绘色的叙述中，学生容易受到教师语言的感染，从而产生想要进一步了解的求知欲望，那阻隔了牛郎织女幸福的天河，原本是遥不可及、澎湃汹涌的天河，需要喜鹊搭桥一年才能见一次，但在诗人笔下却是"浅浅的""不甚宽广"的，二人能轻易越过那天河幸福地走在一起。通过教师的讲述，学生更能感受到"浅浅的""不甚宽广"这样的修饰词被作者轻描淡写地讲出来，其实蕴含了作者多大的期盼与渴望，一个"定然"，这样肯定的语气，不仅更能让读者信服，也能表现出作者内心对自由的美好追求。

（二）设疑创设情境

在教学中通过设疑创设情境，引起学生的好奇心与求知欲，激发学生主动参与的热情与兴趣，充分调动学生的自主性，让学生着手去处理，畅所欲言，在讨论中加深理解，获得提高，实现了传授知识，提高能力和培养高尚情操的统一。推动学生从消极的知识承受者转变为积极的言语行为的参与者，从而让他们有独自思考的机会，在自身主动参与的过程中建构精读策略。学生在对问题探究中授课者适当地指点、引领，对于在深入挖掘过程中学生产生的新问题，教师要及时引导学生解读。在探究结束后，教师应及时对学生的作答或提出的问题进行点评、归纳、总结。如教学《天上的街市》一诗时，诗人在诗中使用一个"定"字，四个"定然"，也许就会有学生产生疑问，作者这样的用法有何作用？教师此时也可引导学生参与讨论探究，把这两个词语换成其他的词可以吗？有什么区别？在讨论过程中学生可畅所欲言，在深入挖掘中理解文意，把握诗人的思想情感，更加体会到诗人郭沫若对自由、美好的幸福生活的向往。

（三）运用多媒体创设情境

集文本、图片、音频、视频、动画等为一体的多媒体技术在一定程度上能产生比传统教学更好的效果。中学语文教材中的许多著名诗歌很合适用多媒体进行教学。多媒体可为师生提供声音、行、面的情境结合的教学环境。如恰当贴切的视频、图片等直观材料的展示可以让学生非常容易理解诗歌的内容，把本来要强制学生有意接受的知识，变为无意、轻松地获得，有利于让学生更为主动地参与到教学活动中去。在如此舒适的气氛里，学生与作者之间的沟通上升了一个层次，使学生更加了解作者内心的真实而丰富的情感，这样容易掌握诗歌的基调，研究出其内在的含义。

二、创设情境，运用多元智能理论引导诗歌精读

（一）营造氛围，激发学生的自我认知智能

语言智能培养学生听说读写的综合能力，是现代诗歌精读教学常见的表现形式。什么叫自我认识智能，它是针对自我的了解、约束以及辨认与他人相异的一个能力。教师可以通过创设情境，让学生在情境中，激发逻辑数学能力、语言智能和自我认知智能，吃透教材，体悟情感，例如，讲《雨巷》第一节，教师讲道："在一个烟雨蒙蒙、炊烟袅袅的日子，在一条爬满苔藓印着青灰色的青石板路上，走来一位穿着长袍，步履稳重的撑着油纸伞的诗人。绵绵细雨中，淡淡的雾色让人看不清神色，诗人独自走着，慢慢消失在那条白墙乌瓦、狭窄悠长的古巷中。同学们这幅画给人什么的感觉？独自彷徨的诗人心情如何？"在学生体会画面带来的情感中，又引导学生探究"悠长"的深刻含义。"诗人连用两个'悠长'有何用意？有什么表达效果？"学生思考后得出："也许正是因为诗人此时心里觉得忧愁又苦闷，所以才觉得这雨中的小巷是如此悠长又寂寥。连用两个悠长表现了诗人绵绵无尽头的愁苦。……两个作用，一是造成音韵和谐；二是反复强调，显示诗人内心的忧愁。"教学中这样用言语创设的情境更容易激发学生自身情感，使学生在阅读时获得独特体验，利于学生吃透教材。教师在营造的氛围中，刺激学生已有的认知，学生按照分化的任务，根据意象讲故事，参与话题讨论。这样的教学方式不仅能使学生积极主动地参与到课堂教学活动中，也能激发学生的情感表达和创造欲望。

根据多元智能理论和建构主义理论，学生具有多种智能，通过学生主体主动构建来获取知识，所以，教师在诗歌精读课堂中可以实施以学生为主的诵读活动

来进行教学，学生在教师的指导下，发挥多元智能，充分调动眼、耳、口、脑、心等多种器官，声情并茂地反复朗读文本，在朗读中体味语言的魅力，体会诗人的情感。在精读诗歌时，教师应重视学生的读，指导学生正确运用语音停顿，在朗读中提高语感能力，用以消除"语言习惯"。学生在反复朗读的基础上，基本成诵。教师要给学生起到很好的示范作用，要在把握诗歌内容与情感的基础上，运用正确的朗读技巧，读出自己的理解与情感。学生在朗读时，要做到眼、耳、口、脑、心的主动构建，读出诗句时，要迅速在脑海中浮现出相应的画面，把平面的文字符号转换形象或画面。要在把握文本内容与情感的基础上，掌握本诗朗读的感情基调和朗读技巧，并学会迁移运用。如，读"像梦一般的凄婉迷茫"就要读得轻柔、缓慢，让听者能够感受到那种恍惚和渺茫。

教师的朗读不能代替学生的感受，学生在朗读中主动对自身知识进行建构，获得读得的朗读效果、审美体验。所以，教师在课堂教学活动就可以通过自由诵读、齐读、分角色诵读、个别学生诵读等多种学生自读形式来提高学生的诵读水平，促进学生多元能力的全面发展。

（二）问题探究，激发学生的人际交往智能

数理逻辑智能培养学生使用数理逻辑和推理、抽象思维、分析与归纳等能力进行有关词语、诗句等分析活动，这是数理逻辑智能的激发在精读教学中表现。人际交往智能体现为在课堂精读活动中学生与别人沟通、交往、合作的能力。诗歌精读教学中，"设疑"起到了推波助澜的作用，不仅通过设疑形成对比，引发了深刻的讨论，而且通过设疑，把诗歌几处最能体现诗歌主旨的地方理解得更加的深入。真正起到了以点带面，综合理解的作用。

如，《我爱这土地》诗中第一句"假如我是一只鸟，我也应该用嘶哑的喉咙歌唱"，教师引导学生对"嘶哑"一词进行研读，"一般形容鸟声都是清脆悦耳的，诗中为何用'嘶哑'这样沉重的词来形容鸟的歌唱呢？这只鸟的喉咙为什么是嘶哑的？作者又为何把自己比作一只有着嘶哑喉咙的鸟呢？为什么喉咙嘶哑了还要歌唱？"引发学生思考，对学生的进一步学习有一定的引领作用，还能唤起学生的联想和情绪感知，较好地达到了创设情境的目的。再如《我用残损的手掌》一诗，在教授中，教师可以引导学生对诗中的意象进行精读，在反复研读中思考、体会、感悟。设置问题"诗人用残损的手掌摸索到了哪些地方？他通过什么来表达？"，让学生找出诗句，对诗句中的意象、修饰词、表达的情感进行解读。如"这长白山的雪峰／冷到彻骨，这黄河的水夹泥沙／在指间滑出"有学生这样理解，这句写作者用残损的手掌"摸索"到了长白山、黄河，通过"冷""彻骨"这些消极、冷色调的词语，形容长白山的雪峰，用"指间滑出"来

177

形容黄河的水（泥沙），表达诗人悲苦、忧愁的情感。读时应用语速缓慢、语调下沉的语速和语调来表现这种心情。

以《雨巷》为例，诗歌中的"我""雨巷""丁香姑娘"三个意象描绘出一幅江南雨巷图，构成了一种缥缈朦胧的美。雨巷中的油纸伞、颓圮的篱墙营造出一种凄清、惆怅又寂寥的氛围。诗歌中的"丁香姑娘"历来读者都有着不同理解：有人说，这"丁香姑娘"就只是一个"姑娘"，没有什么其他的意义；也有人认为"丁香姑娘"是"我"爱慕的女子，表达了诗人对渴盼而终不得的美好爱情的留恋、惋惜；还有读者结合当时时代背景认为，"丁香姑娘"是"我"心中美好理想的化身，表达诗人对黑暗现实的不满。在进行教学时，教师可以对"丁香姑娘"这一意象设疑，引导学生参与讨论，在讨论开始后教师可以把别人的集中观点提出，引发学生第二轮深层性的探究。这样操作后大部分学生有事可做，知道探究的内容，便有了探究的积极性，学生在探究中得以创新。

（三）声色结合，激发学生的音乐、空间、自然观察智能等

音乐智能是每个人都拥有的，只是发掘的早晚问题。在青少年时期，主要从他们的听觉以及模仿能力上来触动音乐的潜能。在教学过程中把符合文本主题思想的音乐与教学内容有机地结合，是培养学生音乐智能的主要方法。在讲解诗歌的节奏感的基础上，分析诗歌的内容与情感，提高了学生对音乐的理解力、语感和语言文化的熏陶、激发学习现代诗歌的兴趣和动机。自然观察智能与好奇心和求知欲密切相关，适当锻炼，可以培养学生敏锐的观察能力。在诗歌精读课堂中，教师可利用多媒体创设情境，激发学生的空间智能增强学生对诗歌内容的理解及记忆。诗歌的语言的精读学习尤其需要注意方法和技巧，现代诗歌更注重自然的、内在的节奏感和音乐美。

如，教学徐志摩的《再别康桥》一诗时，教师在课前制作多媒体课件，截取电视剧《人间四月天》中黄磊扮演的徐志摩在作别康桥时的朗诵片段，让学生把整首诗当作可听可看的动画来欣赏。通过视听结合，使诗歌语言变成了可观、可听、可感的优美画面，使学生在无意识状态下就被带入那声像结合的优美意境中，调动了丰富的情感体验和审美体验。再如，教学艾青《大堰河——我的保姆》一诗，诗中有许多叙事成分和细节描写，让学生找出几例，谈谈自己的感想，这样的描写对诗人情感的表达有什么作用。播放阎维文演唱的《母亲》，利用与诗歌情感基调相符的音乐来创设情境，深情的嗓音，歌中满含情感的词调使学生想起了从小时候到现在，母亲默默为他们所做的点点滴滴。正是因为母亲这种无私不求回报的爱，唤起了学生内心深处对母爱最真切的体会。在这样感人至深的氛围中，学生更能感受到艾青对大堰河的依恋与深厚的感情。

三、深入挖掘，运用想象与联想提升学生的多元能力

现代诗歌真实地反映了现代诗人自我价值的实现与个性的发展。诗人在诗歌中运用纷繁新奇的意象来体现其精神特征，这些新奇多变的意象增加了学生体验的阻力，单从语言的表面上很难理解作者所要表达的内涵。学生要想在诗歌精读中获得深层体验，就必须借助联想和想象激发审美感觉，运用联想与想象揭示诗歌的象征意义或比喻意义等隐含的信息。"教一篇文章必须让学生透彻理解全篇思想内容，让文章本身去教育学生"[1]，所以，精读诗歌教学需要学生发挥想象与联想，摆脱日常生活中狭隘的认知范围，突破固有习惯下对思维发展的限制，通过意象进入诗歌的意境，把平面的诗句变成立体的画面，获得持续、新奇的审美体验。想象与联想是深掘文本隐藏意义的主要方法，从平常处见新奇，给学生预留创造空间，引导他们结合自身的生活经验和情感，唤起自身对诗歌的全新的审美体验。

例如，《再别康桥》诗中，诗人描绘出了一系列意象：云彩、金柳、夕阳、波光、青荇、清泉、彩虹、星辉、夏虫等。这些事物都是平常常见的，并没有什么特别的，诗人将这些具体景物与想象糅合在一起呈现在读者面前。读者以往认知里的夕阳、杨柳代表离别、不舍的，诗中的杨柳却是与"金色"与"新娘"的结合，构成诗的鲜明生动的艺术形象，融情于景，借景抒情。在满满的"一船星辉"里"放歌"多么梦幻徜徉的画面，那聒噪的"夏虫"也因我这梦幻美好的独享而"沉默"，"悄悄是别离的笙箫"这些美好的记忆都是自己的，有时无声也是种幸福美好的音乐。学生要对这些意象进行研读，运用多元智能，沟通这些看似不相关的物象，在脑海中构建出诗人在诗中描绘的相似的画面，搭起审美的桥梁进入诗人的意境，与诗人产生共鸣，才能对诗歌的内容及情感有一个形象化的认识，从而在诗歌中得到美的体验。

用想象与联想来精读诗歌情感，是要求学生在审美中重建意象，捕捉现代诗歌的"象外之象""韵外之致"。以《我用残损的手掌》为例。诗人在狱中，通过想象，仿佛看到了自己残破不堪的手掌触摸到了祖国的山川、河流、树木、花草……由这"触摸"的连成一系列的变化。运用通感的手法，从触觉到视觉、嗅觉、味觉、温度感、光感……的不停转换，诗人塑造出一个他眼里祖国的形象。"摸索这广大的土地"，这土地虽然广大，却如同那手掌一样，也是残损的，让读

---

[1] 张国新.引入"陌生化"理论，培养创新精神[J].黑龙江教育学院学报，2001，3：25-27.

者不由得想到诗人和祖国母亲当时所遭受的磨难。诗人将他全部的深情都倾灌于这残损的手掌，所以他对祖国母亲形、质的变化才会如此敏锐。例如余光中《乡愁》，诗歌中的意象组合："邮票、船票、坟墓、海峡"表现出层次上的嬗递，有较强的叙述性、情节性。诗人选取了"邮票""船票""坟墓""海峡"这四种物象表达对故乡、对祖国恋恋不舍的情怀，以及诗人对祖国、乡土的热爱。"邮票、船票、坟墓、海峡"，都是生活中司空见惯的，但诗人却把乡愁与之结合，表达诗人不同时期对乡愁的这种情感的不同认识。这组物象由小到大排序，诗人的情感也是层层递进的：先由"小小的"邮票表达了远在他乡的游子对母亲的思念，然后从"窄窄的"船票表达出新婚就面临分别的恋人对新娘的思念，后来那"一方矮矮的坟墓"是对母亲离世的悲痛，最后诗中"一湾浅浅的海峡"从个人情感升华到对包括历史遗迹文化内容的整个祖国的眷恋。我们只有在艺术的想象与联想中，才感受到其带给我们审美感受上的不同。

现代诗歌精读教学，是教师引导学生发现和建构诗歌意义的过程，教师要重视学生多元智能的激发和提高，促进学生的全面发展。通过这些精读策略，学生能够主动对诗歌进行探究，主动去发现问题、提出问题、分析问题、解决问题，达到对诗歌深层次的理解，提高学生的阅读理解能力。

第四章　元认知理论在中学语文现代诗歌精读教学中的应用策略

在教学中运用元认知理论，教师要教会学生运用元认知监控和调节自己的认知活动，让学生主动地找到一种适合自己的学习方式。元认知理论的认识、体验、监控能让学习主体享受学习过程，在学习开始前做好充分准备，在学习中进行有效的监控和调节，在学习结束后及时地对学习效果进行评估。元认知策略不仅为教师提供了教学方法，也为学生的学习提供了更为有效的策略，有助于提高教师的教学效率和达到学生的学习效果。元认知能让学生快速有效地了解和掌握现代诗歌阅读中每个变量在特定的情境中的关系变化，从而让学生设身处地地去品诗歌，悟诗情。因此，教师能否熟练有效地对学生的学习过程进行调节与控制则与元认知理论这一教学方法在现代诗歌教学中的使用有着密不可分的关系，是使其自始至终伴随学习主体的学习过程并适合学生在新的情境下学习的关键所在。

一、元认知在现代诗歌精读教学中的要求

阅读认知理论认为，阅读理解就是读者运用更为合理、科学的阅读方式和阅读方法达到对文本的认识。元认知因素在学习活动中扮演着最重要的角色，它不但掌控着学生获取知识的全过程，还掌控着学习活动中对信息加工有深远影响的主要心理因素。元认知理论在现代诗歌精读教学中有以下要求：

（一）要改变以往的学生观，注意培养元认知教学的意识

学会学习是学生学习主动性发展的最高阶段，惟有让学生学会学习，才能让他们养成终身学习的好习惯。积极挖掘学生的元认知能力能充分调动学生学习的积极性、自主性以及自觉性，能更好地发挥学生作为学习的主体作用。要求个体对自身认知意识进行监控和调整，达到"自动化"的程度，能够更准确科学地理解诗歌的主旨要义。

在教学过程中，教师应充分运用元认知策略辅助教学。在课堂上向学生阐述和明确该策略的相关内容，向学生说明运用该策略的目的和意义，结合现代诗歌特点和文本，进行元认知策略的精读教学，使元认知策略精读教学具有可操作性。比如，教师在教学过程中要充分运用已有的语文教学资源，引导学生制定语文学科的学习目标、学习的具体内容，激发学生的求知欲，让学生主动去探索语文这一学科的人文性和工具性特点，从中挖掘出语文学科的学习价值和实质，从而明确语文学科的学习的方向和目标。在此过程中，教师应该设身处地地为学生着想，学生一定要从自身实际情况出发，通过师生之间的沟通和交流，制订出一套适合自己学习语文的计划。如何根据不同的学习目标选择不同的学习方方法，检测自己的学习效果，评价自我的认知水平，发现问题并及时采取补救措施，这样自我反思的思维是在任何学习时都受用的，对学生思维性的发展有积极的效果。阅读文本时，学习的主体不应该仅仅停留在文本表面，在走进文本的同时，还要让自己置身于文本之外，结合自己的实际经验，把文本与现实进行观照，让自己的阅读体验源于文本但高于文本，从而超越文本并实现对文本的自我反思和建构。

（二）重新定位教学观

在教学中，教师要明确自己的角色，要与学生建立教学相长的学习机制，教学不是教师的单向输出，而是老师和学生之间进行心灵沟通、思维碰撞的过程。在制订教学计划时，要充分信任学生，避免讲得过多、过细。简单地说也就是教师要起到抛砖引玉的作用。

为了做好引导者，教师必须对文本进行批判性阅读，走进去，出得来，教师

应该站在更高的角度去审视和挖掘文本中有价值但对学生来说比较陌生的地方，引导学生掌握学习的侧重点，在元认知理论下，语文诗歌阅读教学是让学生在阅读的过程中发现问题、自主感受情感学习知识并且反思自我。元认知理论向我们传达了一种反思的精神，在反思中才能不断进步。

（三）注重元认知监控和调节

训练阅读的元认知能力，就是让学生充分发挥学习的主动性和创造力，进行创造性地阅读。

在课堂上，学生质疑现状、反思自我。语文阅读的课堂是自由的，是充满着新发现、新思想的创新性课堂。它不再控制阅读主体整个学习的过程，没有程式化的思想感情把学生的思维引向误区，而是让学生在轻松自由的学习环境中学习，在阅读感受的基础上，进行冷静地反思和思考。由此可见，语文阅读不能依赖文本，而要能够走出文本进行分析。当读者与文本有了共鸣及情绪的连带感以后，还要保持一定距离，从文本里跳出来，站在批判的立场来审视角色、反省自我，这才能达到审美的效果。

元认知理论下的现代诗歌精读教学的过程是一个由认识、体验、监控与反思过程，也是一个学生自我认知与监控调整的双向交叉性过程。王国维在《人间词话》中说道："诗人对自然人生，须入乎其内，又须出乎其外。入乎其内，故能写之。出乎其外，故能观之""使人对于宇宙人生，须入乎其内，又须出乎其外"[1]，这也强调了读者在阅读时，不仅要深入作品之中，对文本内涵进行剖析。也要跳出书外，从宏观着眼重新审视文本，把作品放在新的历史背景下，同接受对象保持一定的审美距离，达到审美心境的和谐，形成自己独特的思考和领悟。"共鸣"不是阅读的最终目标，它仅仅是语文阅读过程中必不可少的一个组成部分。达到共鸣之后，读者必须跳出文本，站在文本之外冷静旁观，分析文本，掌握文本所反映的内容并且对文本做出客观公正的评价。元认知在语文阅读教学中的运用，其实就是在共鸣的条件下，跳出文本，从全新的视角来审视文本、超越自我，挑战权威和思维惯性，打破常规，以自我为出发点来理解和反省自我学习的知识。因此，在现代诗歌教学的课堂上，我们应该进行元认知精读，让学生打破原有的认知结构，做到在精读的过程中与结合自身，从而有所发现，有所突破，有所创新，让他们紧跟时代的步伐，做出顺乎时代、合乎自我的个性化建构。

---

[1] 王国维. 人间词话[M]. 山东：齐鲁书社，1996：104.

二、元认知理论在中学语文现代诗歌精读教学中的应用

通过元认知，教师不仅可以指导学生学会学习、学会认知，同时还可以改进课堂教学方式方法，教师自身的综合素质也会在无形中得到提高。将元认知与中学语文现代诗歌精读教学结合，探讨元认知视角下的精读策略，以期将元认知有效地运用到课堂教学实践当中，改进当前的现代诗歌阅读教学活动。下面将分别从计划策略、监控策略和评估策略进行阐述。

（一）现代诗歌精读教学计划策略的应用

计划策略包括设置各阶段阅读时确定目标之后，阅读材料要去粗取精、预设问题，思考解决问题的方法。放手让学生自己选择侧重的方向，让学生产生浓厚的学习兴趣，对阅读的内容、方法、过程和文本有所侧重，从而为进一步深入的学习做好充分的准备。计划策略包括预设精读目标、预测精读内容、调动背景知识和合理安排时间等。下面分别予以阐述：

1. 预设精读目标

预设精读目标是现代诗歌精读教学中不可缺少的环节。教师要引导学生根据自身实际情况出发，预设精读内容将要达到的目标，例如，这首诗歌或者这句诗精读后可以增进学生对"国家""故乡""民族"等"共同体"的认同感，增强学生的民族自豪感，或者体验到诗人的情感，与诗人情感连带。要提高学生设置目标的意识，让学生认识到精读目标是为了对精读后的评价而预设。学生可以根据现代诗歌的文体特点制定精读目标，如对诗歌中某一诗句，从朗读技巧、意境探究、重要字词的把握等方面设置精读目标。如在《我爱这土地》诗人借鸟儿与土地的关系来展开全诗的艺术境界，构思巧妙，通过转换诗中的抒情视角和写作手法，使得诗人的感情得到升华，表达了诗人一种刻骨铭心、炽热而深沉的爱国情感。教师在精读前可给学生发放任务：如何理解"为什么我的眼里常含泪水"，展示精读目标，学生可将精读任务结合自身实际自主设置精读学习的目标，学生有了明确的目标，才能更好地为精读作准备。学生也可根据自身阅读情况设置精读目标，在学生对诗歌研读探究后，教师可让学生对诗歌中还未明白或理解不透的诗句和字词，提出问题，如，对《秋天》最后一句"秋天梦寐在牧羊女的眼里"，也许会有学生不理解："作者为何用'梦寐'一词？""为何选取'牧羊女的眼里'这一特定的角度？"，通过学生自主提问，让学生有意识、有目的地进行深入探究，从而达到对文本的透彻理解。

2. 预测精读内容

精读预测策略是指学习者对精读文本内容的预见、猜测。学生在阅读文章的

过程中，常常会有一种打破砂锅问到底的精神，他们会对精读的内容进行大胆的猜测和想象。更有甚者，有些具有很强的阅读能力的学生能够根据文本提供的关键信息，充分调动自己原有的知识，预测文本中的内容。与此同时，常常也会有一些阅读能力相对欠缺的学生抓不住文本中的关键信息，所以没有办法对文本进行深入的分析和理解。如《大堰河——我的保姆》中，"我做了生我的父母家里的新客了"这一句诗在有的同学第一遍读出来会觉得很奇怪，他们也许会想"既然是生了我的父母，那就是我的家了，为什么在自己家里还是客人呢？而且还是新客"。这时教师就可引导学生对"新客"一词进行精读，适时向同学们补充诗人艾青的生平背景，通过精读，学生就可懂得这句诗含蓄地表达了诗人内心的心酸与苦痛，学生此时就可以根据前文所述，预测诗人是因为从小就送出去给别人养，所以与亲生父母的关系冷淡，才说自己是"家里"的"新客"。再如教学《金色花》，学生在读到"假如我变成了一朵金色花"这一句时，学生可以想象当作者变成金色花要做什么，预测诗歌的主题是什么？

3. 调动背景知识

精读是一种需要读者主动参与，并积极调动已有生活经验和原有背景知识的复杂的思想行为过程。如看到《再别康桥》，就会从心理唤起有关"新月派"提倡的"三美"理论的知识，从而激活一系列相关诗歌的知识。再如在教授艾青的《大堰河——我的保姆》这首诗时，便可让学生背诵初中时学过的《我爱这土地》这一首诗，学生背诵后就激发了相应的知识回忆及作者的相关背景知识，从而激活一系列关于"悲哀诗人"艾青诗歌的知识，即写出处在社会底层的广大劳动人民群众的苦难与对祖国深层的爱。再如，诗人何其芳在《秋天》中写道"伐木声丁丁地飘出幽谷"，丁丁的伐木声悠远地飘来，才震落了清凉的露珠，作者由听觉诉诸视觉和触觉，读者读来别有一番情韵。有的同学也许会联想到《诗经》中"伐木丁丁，鸟鸣嘤嘤。出自幽谷，迁于乔木"追思那一片世外风光。

4. 合理安排时间

教师应教会学生形成合理安排时间的观念，具有能合理有效利用时间的意识，通过合理安排时间去精读诗歌，进而提高诗歌学习的效率。"有效时间监控是指学习者的自我监控，即学习者在学习的整个过程中，经过评判时间安排与学习任务、自己身心状态等方面是否匹配而做出的指向最优化的时间调整"[1]。在学习中有效地进行自我监控，简单地说就是学习时间与学习任务的安排是否一致、能否在短时间里取得显著的学习效果、充分考虑学生在繁重的学习任务下，他们

---

[1] 刘电芝，田良臣. 高效率学习策略指南[M]. 北京：科学出版社，2011：204.

的身心能不能健康发展,这样的时间安排是否合理。

(二)现代诗歌精读教学监控策略的应用

学生在现代诗歌精读学习活动中就要有意识地通过自我提问、相互提问、出声思维、领会监控等方法训练自己的元认知能力,真正进入到教学活动之中。监控策略是指"在进行认知活动的全过程中,将自己正在进行的认知活动作为意识对象,不断地对其进行积极、自觉的监视、控制和调节"[1]。教师引导学生在精读过程中运用自我监控策略,有助于学生有意识地对自我精读现代诗歌的活动进行监控,及时对自己的精读活动进行控制和调节。下面将分别介绍四种具体的监控策略:

1. 自我提问策略

在对学生进行元认知训练的过程中,教师有意或无意地提供给学生一些让他们在学习中观察自己、对自己的学习行为进行监控、对自己的学习效果进行评价,让学生在学习中反思,在反思中提高学习效率的这种策略称为"自我提问策略"。教师要适当帮助学习者针对精读目的和诗歌的重点提出诸多需要理解诗歌之后才能正确回答的问题。如《我用残损的手掌》鼓励学生提出自己在阅读过程中难以理解的问题和有必要深究讨论的问题,充分发散思维,提出了一系列问题,如:"作者为什么用'残损的手掌'来摸索?""'这一角、那一角、这一片、尽那边、那辽远的一角',诗人为什么要这样写?""为什么'这一片'描写最多?""'因为那里我们不像牲口一样活 / 蝼蚁一样死',作者为什么会如此伤感?"等等。这些问题的提出不仅有利于学生更深入透彻地理解文本,而且也活跃了课堂气氛,体现了学生的主体性。

2. 相互提问策略

相互提问法是将学生以小组为单位,让学生相互提问或者彼此汇报思维过程,可给彼此列出相应的问题清单。如有同学针对《雨说》中的诗句"四月已在大地上等待久了 / 等待久了的……等待久了的……"提出"为什么诗人连用三个'等待久了的'修饰语?这样写有什么作用?",另一个学生依据问题回答自己的理解并向对方提出相应的问题。学生依据问题回答自己的理解并向对方提出相应的问题。学生在这一环节中简单叙述自己对眼前的问题是如何进行思考的,教师在这个时候可以抛砖引玉,启发学生的策略意识,从而达到让学生学会迁移知识的效果,也能让学生回顾自己的整个学习活动以及自己在学习过程中运用了哪些学习策略。如在《雨说》精读诗句教学中,可让学生结合诗歌相关内容,向同学

---

[1] 张大均. 教育心理学 [M]. 北京: 人民教育出版社, 2004: 251.

们汇报思维过程，展示自己对文章的理解。"我对诗歌中雨'说'的话理解正确吗？"。自己评价他们的成功与失败，抛弃那些不合适的方法，确定哪些是有价值的学习策略并总结、推广运用，同时积极寻找新的学习策略。

3. 出声思维策略

当老师正在思考解决问题的计划或方案时，要向学生展示自己的思维过程，给学生做示范作用，方便让学生模仿老师所展示的思维过程以更有序科学地解决问题，特别是他自己的思考过程的详细描述。通过出声思维策略可促进学生思维技能的训练与发展，从而使学生的思维逻辑更加清晰。同时，这种阅读教学策略对于提升学生的精读理解监测能力也有很大的推动作用。如《再别康桥》朗读训练时，教师说道："'轻轻的我走了，正如我轻轻的来'诗人作别母校，心中感慨万千。三个'轻轻的'的使用，使我们仿佛感受诗人那似清风的轻盈的动作，缠绵的情意。请同学们以舒缓的语调，带着对母校的依恋，朗读诗歌的第一节。"新课程标准中强调了"教师为主导，学生为主体"的全新教学理念，这一理念也是对"出声思维"这一教学策略的完美诠释。有助于教师掌握学生对问题的思考过程，能够让学生的思维和表达能力得到充分发挥。

4. 领会监控策略

领会监控是指学生在诗歌精读过程进行自我监控的重要手段。学生在精读活动中，对自我的理解与感悟进行监督、分析、调整。理解是诗歌精读教学所要达成的目标，对自我在精读过程中的理解、感悟与领会的监控则是判断自身是否达到精读的目标，是否及时提取了诗歌中的重要知识点，以及是否把握了诗歌的整体特征及思想情感等的重要依据。在阅读过程中，要重读疑难诗句，敢于表达自我看法，通过后面的知识内容来分析判断自己的猜测是否正确。如《大堰河——我的保姆》中"我呆呆地看着檐头的我不认得的'天伦叙乐'的匾"这是一段让人难以理解的文字，学习者这时就可以采用重读这一策略，重新阅读、仔细分析，诗中叠词"呆呆地"的使用，反映了"我"的微妙心理。"我不认得的'天伦叙乐'的匾"对比的使用，以前不识"天伦叙乐"，现在识得，却没有感受过"天伦叙乐"。

（三）现代诗歌精读教学评估策略的应用

评估策略指"学习者对自己的学习进程进行评价并根据实际情况对学习计划和学习进程所采用的策略进行调整"[1]。在诗歌精读的课堂教学活动中，教师应引导学生运用评估策略，学生对自己的学习进程及结果有一个清楚客观的评估与认

---

[1] 刘电芝，田良臣. 高效率学习策略指南[M]. 北京：科学出版社，2011: 239.

识,并根据评估结果及时调整自己的学习计划和精读学习策略,有利于优化学生精读的效果,培养学生精微的语言辨析能力和丰富的感受力。

1. 监控与评价结合,提倡评价主体多元化

新课标提倡评价主体多元化,以及评价维度的多向性。教师应树立科学的评价观——师生互评、生生互评、自我评价相结合的多向评价。评价包括:教师点拨评价,在学生朗读活动或讨论探究的过程中或结束后,教师马上进行讲解、评价,在鼓励中引导,在点拨中纠错,帮助学生自我监控与调整;生生互评,学生之间进行评价,以对比、交流的形式促进学生的理解,帮助学生更好地认识自我;学生自评,学生对自己精读前计划、精读过程与精读的结果进行评价。元认知理论强调,不能用老师主观感受代替学生的阅读,要注重培养学生的自我评价能力。它需要老师和学生的共同合作才能完成,学生所学的知识和年龄是正相关关系,在这个过程中,学生的自学能力也在突飞猛进,自觉性也在不断提高,因此,学生的自我监控能力也在不知不觉间形成了。然而,这一能力的形成与教师的评价和引导密不可分,但教师在这个过程中的作用是微乎其微的,学生的自我评价才是关键。教师在评价学生的阅读时,一定要注重针对学生的阅读方法、阅读的全过程和阅读的最终结果进行客观的分析和评价。让学生掌握多种阅读方法,在阅读过程中取其精华,去其糟粕,让学生阅读活动不只是为了应付考试,而是通过阅读使自己的心灵得到净化和陶冶。元认知理论能够帮助学生很好地解决中学语文阅读中遇到的瓶颈问题。

2. 重视学生的自我评价,培养反思习惯

学生在自我反思中展现自我,回顾学习的过程进而能更加客观地认识自我。学生在学习的时候要有一套完整的评价标准,只有这样他们才能对自己已经拥有的重要信息进行认真的分析和处理,对照评价标准评价自己学习效果的好坏;根据自己得出的结论及时对自己的学习目标、计划和方法做出相应的调整。只有这样才能更好的提高阅读技巧,更好地提高学习效率,达到事半功倍的学习效果,客观冷静地判断自己的错误和闪光点。学生的自我评价可以通过自我报告和回答一系列关注思维过程的问题逐步形成,直至养成自我评价习惯。比如,《雨巷》"在雨中哀怨／哀怨又彷徨"精读学习这句诗歌时,你准备怎样去精读,采用什么方法?通过这种阅读方法学习到了什么?对你理解诗歌有什么帮助?等等。

教师在教学中应把评价的权利归还给学生。只有让学生学会自我评价,主动评估学习过程和学习结果,这样才能成为学习的主体。学生的自我评价能够有助于学生对自我的肯定,自我肯定与学生的自我监测能力有正相关的关系,当学生的自我效能感高时,学生才能有更加良好的心态反思自身的问题,才能更为客观

地评价，更加主动地改变，使阅读能力得到提高。

只有教师和学生共同努力，才能提高元认知能力，其水平的提高，是多种因素相互作用、相互影响的结果。教师要在现代诗歌精读教学中运用元认知策略，锻炼学生的元认知能力，将这一策略灵活、有效地运用到现代精读诗歌中去，最终提高语文阅读能力。

尽管给出了上述四点关于中学语文现代诗歌精读教学的应用策略，但研究的最终目标不仅是学生，也是教师。精读教学的发展和教师教法的完善都是为了使学生与教师更好地发展。

结　语

中学语文的阅读方法在新课改的推进下越来越受到广大一线教师的关注。中学语文现代诗歌精读教学是基于对新课改的理解，并结合当前对中学语文现代诗歌课题阅读教学现状的反思而提出来的。

第一，笔者在前人对精读教学理论与实践探索的基础上，从建构主义理论、多元智能理论、元认知理论等几方面探讨了精读现代诗歌的应用策略，阐述了几种比较典型的和容易操作的主要策略，在此基础上，结合精读策略应用于现代诗歌精读教学实践中，提供了相应的方法指导，使学生提高阅读能力，获得美的体验。

第二，现代诗歌教学重在朗读与感悟，教师进行诗歌精读教学时有时会精心设计与诗意相关的情境，让学生身临其境获得审美体验，但实际操作时会因现实状况面临一些条件限制，或者学生只关注特定情境中一些不相关的环节而忽视诗歌感悟。

第三，还有一些困惑，在高中语文具体的诗歌编排中，选入教材中现代诗歌的作品是否需要增加？单元要求是学习现代新诗，在教学中是否应该立一个鲜明的主题？在强调精读教学的同时是不是就弱化了基本的字词教学？

中学语文现代诗歌教学中精读策略的运用这一研究还有许多问题要进行反复实验，笔者尽自己最大的努力，结合别人的理论与实践，在拾人牙慧的同时，希望有所发现和超越，然而，由于本人能力有限、研究范围较为狭窄、时间比较仓促，一些见解可能比较浅薄，但我会在日后的学习中不断改进和提升自己。

参考文献

一、著作类

[1] 阿德勒等（蔡永春等译），如何阅读一本书 [M]. 上海：上海译文出版社，1991.

[2] 曹明海. 文体鉴赏艺术论 [M]. 济南：山东文艺出版社，1992.

[3] 钱理群. 经典阅读与语文教学 [M]. 广西：漓江出版社，2012.

[4] 人民教育出版社，课程教材研究所，中学语文课程教材研究开发中心等编. 普通高中课程标准试验教科书（语文）必修1[M]. 北京：人民教育出版社，2007.

[5] 课程教材研究所，中学语文课程教材研究开发中心编. 义务教育课程标准试验教科书（语文）九年级（上、下册）[M]. 北京：人民教育出版社，2009.

[6] 史春华. 语文自主阅读教学的理论与实践 [M]. 长春：吉林大学出版社，2010.

[7] 史大明. 语文教学案例选评 [M]. 北京：学苑出版社，2007.

[8] 王荣生. 语文科课程论基础 [M]. 北京：教育科学出版社，2014.

[9] 王尚文. 语文教学对话论 [M]. 浙江：浙江教育出版社，2004.

[10] 刘电芝，田良臣. 高效率学习策略指南 [M]. 北京：科学出版社，2011.

[11] 王泽龙. 中国现代诗歌意象论 [M]. 北京：中国社会科学出版社，2008.

[12] 叶圣陶，朱自清. 精读指导举隅 [M]. 北京：中华书局，2013.

[13] 詹丹. 语文教学的批评与反批评 [M]. 北京：商务印书馆，2012.

[14] 中华人民共和国教育部. 普通高中语文课程标准（实验）[S]. 北京：人民教育出版社，2003.

[15] 中华人民共和国教育部. 义务教育语文课程标准 [S]. 北京：北京师范大学出版社，2011.

二、论文类

[1] 王翠花. 慢慢走在文本细读的路上 [J]. 语文教学与研究，2011（9）.

[2] 耿红卫，刘歆. 民国时期国文精读教育思想的发展 [J]. 教育评论，2014（9）.

[3] 王小青. 浅谈语文教学中的精读和略读 [J]. 学科教育, 1999 (6).

[4] 杜先宁. 谈新课标语文精读 [J]. 现代语文, 2006 (2).

[5] 欧治华. 叶圣陶语文精读思想及对新课改的启示 [J]. 课程·教材·教法, 2014 (12).

[6] 刘千勇. 语文"精读"教学方法探讨 [J]. 中国西部科技, 2007 (12).

[7] 王志奎. 语文教学中学生精读能力的培养 [J]. 科技致富向导, 2010 (35).

[8] 潘东明. 在精读深思中培养学生的语文阅读能力 [J]. 中学语文, 2008 (8).

[9] 李辉. 大堰河——我的保姆精读指要 [J]. 语文天地 (初中版), 2011 (11).

[10] 吴克维. 诗歌意象精读教学探微——以郑愁予错误为例 [J]. 中学课程辅导 (教师通讯), 2011 (7).

[11] 许伯纯. 文本细读在高中语文现代诗歌教学中的应用研究 [J]. 文理导航 (上旬), 2014 (10). [12] 胡洪强. 建构主义与中学语文的个性化阅读 [J]. 上海师范大学学报 (基础教育版), 2010 (1).

[12] 郑卫政, 李亚民. 多元智能理论在大学英语精读教学中的应用 [J]. 科技信息 (外语教研), 2008 (35).

[13] 刘波, 陈寰琦, 谢晓慧. 基于多元智能理论的对外汉语精读教学研究 [J]. 广东石油化工学院学报, 2014 (10).

[14] 高越. 高中现代诗歌选修课程目标与课程内容探析 [D]. 硕士论文. 河北师范大学, 2012.

[15] 张真毓. 高中语文现代诗的教学现状及策略研究 [D]. 硕士论文. 河南大学, 2014.

[16] 张月萍. 语文现代文阅读教学文本精读策略研究 [D]. 硕士论文. 上海师范大学, 2014.

[17] 孟萍萍. 高中语文阅读教学中元认知策略应用研究 [D]. 硕士论文. 安徽师范大学, 2014.

[18] 唐芳兰. 初中语文元认知阅读策略研究 [D]. 硕士论文. 广西师范大学, 2011.

[19] 赵欣. 体验式学习在高中语文阅读教学中应用研究 [D]. 硕士论文. 山西师范大学, 2015.

[20] 范金豹. 基于建构主义的高中语文阅读教学策略研究 [D]. 硕士论文. 华东师范大学, 2004.

高中语文现代派小说教学策略探究

曹骄阳

摘　要

　　小说是一种很重要的文学形式，它也是中学语文教学的重要组成部分。然而，现代派小说作为 20 世纪西方文学领域的主流一直以来为人们所忽略，以至于在语文教材中也鲜少出现。《普通高中语文课程标准（2017 年版）》曾明确要求我们对各个国家、各个民族、各个地区的文化保持尊重、开放、包容的态度，而现代派小说就是文化交流的重要媒介之一。但在实际教学中，现代派小说选文数量少、教师和学生不重视、教学内容选择不到位、教学策略运用不合理等问题，都导致现代派小说教学难以取得良好进展。针对这一现象，无论是教师还是学者都有必要对现代派小说教学予以重视。

　　首先是绪论部分就选题缘由和核心概念加以阐释，确定研究对象、方法和意义，并对相关文献进行归纳和分析。其次，对现代派文学发展概况进行了梳理，以期对现代派文学、现代派小说有一个整体感知。与此同时，将其与高中语文教材中现代派小说的选文相联系，研究范围为人教版高中语文必修教材、选修教材与语文读本。从文学史的角度去看这些选文的地位与重要性，去探究教材所透露的编者意图。为深入了解现代派小说教学中实际存在的问题，采用问卷调查、访谈交流和深入一线课堂等方式，对高中生现代派小说学习现状进行分析，总结得出现代派小说教学难点主要聚焦于教学内容和教学策略的选取。再次，针对这两个问题，立足现代派小说文体特点，包括象征性、荒诞性、心理性和不确定性，紧扣文体特点、编者意图和教学现状，将现代派小说可选择的教学内容分为：小说三要素、叙述与虚构、表现手法。

最后，在这一根据文体特点选择教学内容的策略基础上，又对教学方式方法进行策略举要，分别是比较阅读法、文本细读法、图式建立法和意识追踪法。以具体课文为例加以细致地分析和解读，以教学策略为载体展示教学内容落实过程。谨以此希望对现代派小说的教学有所启发，为一线课堂教学提供实际的帮助。

关键词：高中语文；现代派；小说；教学策略

绪　论

一、选题缘由

现代派文学是西方现当代文学重要组成部分，展示了19世纪到20世纪西方资本主义社会的动乱。这一思潮也影响了我国作家鲁迅、余华等人的创作，在他们的文学作品中不可避免地留下了现代派印记。所以不论是教材编者，还是教师和学生，都不应对现代派有所忽略，从浪漫主义到现实主义再到现代主义，现代派文学作品的选入可以使学生对文学发展历程有更清晰的认识。

人教版高中语文教材主要按文体分类进行教学，文学作品以诗歌、散文、小说和戏剧四大体裁为主，此外还有实用类文本和理论类文本。纵观人教版高中语文教材的编写，2000年以前高中语文教材并未选入现代派小说，之后的2000年版、2004年版高中语文教材才见其身影。尤其是2000年人教版高中语文必修五开辟一整个单元供学生学习西方现代派文学，选取了卡夫卡的《变形记》、伍尔夫的《墙上的斑点》、贝克特的《等待戈多》和马尔克斯的《百年孤独（节选）》。除《等待戈多》为戏剧作品，其余三篇均为小说。但在到达这样一个高峰后，现代派小说在2004年版高中语文课本中又低调起来，教材编者只谨慎地选取了一篇海明威的《老人与海（节选）》，这一数量变化值得我们关注。

最后将目光聚焦于实际的课堂教学中。一是教学内容问题。有些教师尚未意识到现代派小说与传统小说的区别和它在写作形式上的特殊之处，这使得教师在选取教学内容时可能有不恰当的地方。以文章主题为例，现代派文学从社会、人性的阴暗面看待世界，教师对其阴暗面予以回避或过于强调都不适宜。我们需要让学生直面现实人生，意识到人性的不完满，培养一种独立、理智、客观的思辨能力。当然，作品背后对人性的深刻批判、对小人物的关怀、对人类个体精神的反思也不可忽略。二是教学策略问题。当教学内容选定后，如何将教学内容加以串联和整合呢？这就与教学策略有关。不少教师将小说人物、环境和情节的套路化教学模式照搬到现代派小说教学中，这并不是说小说三要素分析法不可用在现代派小说上，而是在运用这一方法教学时必须有所改变。现代派小说在人物、情节、环境等方面有独特之处，如果教师照搬以往传统小说教学方法，那肯定无法深入解读文章。这种停留在文章表面的学习，只会使学生的学习处于迷茫之中。所以对现代派小说究竟该教什么、怎么教需要我们加以探索。综上所述，对现代派小说教学内容的确定以及相应教学策略的研究是有一定意义的，选题符合基础教育发展的需求。

二、概念界定

"'现代主义'常被不严格地用作 20 世纪文学艺术的主流的代称，一如'新古典主义'之于 18 世纪文学艺术，以及'浪漫主义'之于 19 世纪文学艺术。尽管如此，该术语引起了关于现代文学艺术的本质和命运的一些至关重要的问题。"[1] 然而在 20 世纪 50 年代末 60 年代初，西方有些学者试图用"后现代主义"割裂这一时期的"现代主义"，他们用"现代派"或"现代主义"来形容前期现代主义，用"后现代主义"来形容后期现代主义。

那教材中"现代派"与"现代主义"是两个有区别的概念吗？其实，2000 年人教版高中语文教材必修五有对这一时期的文学加以定义，认为"现代派或现代主义文学是对 19 世纪 80 年代出现的、20 世纪 20 年代至 70 年代在欧美繁荣的、遍及全球的众多文艺流派的总称"，原文引自金元浦等主编的《外国文学史》。这是高中语文教材第一次涉及现代派文学，且在选文后面专门增加了"西方现代主义小说、戏剧的简介"这一模块，进行相关知识的科普。从文中我们可以得知，编者认同金元浦的观点，认为"现代派文学"等于"现代主义文学"，二者为同一概念，仅名称不同。笔者以此为依据，尊重教材编者，避开"现代派"与"现代主义"可能存在的区别和相关争议，将其视为一体，对"现代派文学"和"现代派小说"进行研究。

"此外，各式各样的现代派纷然杂陈，包含自象征主义以来的多种文学流派，比如意识流、表现主义、超现实主义、存在主义、荒诞主义、魔幻现实主义……"[2] 可见"现代派文学"不是某一具体流派的代称，它是对当时这一文学

---

[1] 罗吉·福勒. 现代西方文学西方批评术语词典 [M]. 四川人民出版社，1987：166、167.

[2] 罗吉·福勒. 现代西方文学西方批评术语词典 [M]. 四川人民出版社，1987：166、167.

运动、文艺潮流的总称。其中包含诸多文学流派，因此也造成定义上的困难，因为这个词语本身在概念上就模糊不清。但从教材定义的时间跨度看，19世纪80年代至20世纪70年代，此处的"现代派文学"显然包含我们前文所说的前期与后期，是一种广义的"现代派文学"。所以笔者依照教材编者的界定范围，将本文的"现代派文学"与"现代派小说"确定在广义概念上。

综上，本文将"现代派小说"定义为"现代派小说，或称为现代主义小说，指的是19世纪80年代至20世纪70年代在西方流行的一种独特的小说创作方式统称，它们是现代派文学的一部分。主题多为表现世界的荒诞及危机，揭示人与社会的异化，在写作手法上广泛运用暗示、象征、烘托、意识流、意象等手法，对人的深层意识进行开拓。主要包括意识流、新小说、黑色幽默和表现主义等文学流派创作的小说作品。"

三、研究设计

（一）研究对象

本文以高中语文教材中的现代派小说为研究对象，探究相应教学内容和教学策略。

教材范围为2000年、2004年人教版高中语文必修教材，还有与04版教材相配套的选修教材《外国小说欣赏》和《语文读本》，总共9篇，具体篇目如下表所示：

人教版高中语文教材现代派小说篇目

版本	专题名称	选文名称	作者（国籍）
2000年人教版高中语文必修教材	第四单元 现代主义文学	《变形记》	卡夫卡（奥地利）
		《墙上的斑点》	伍尔夫（英国）
		《百年孤独（节选）》	马尔克斯（哥伦比亚）
2004年人教版高中语文必修教材	第一单元 中外小说	《老人与海》	海明威（美国）
2005年人教版《外国小说欣赏》选修教材	第一单元 话题：叙述	《桥边的老人》	海明威（美国）
		《墙上的斑点》	伍尔夫（英国）
	第八单元 话题：虚构	《沙之书》	博尔赫斯（阿根廷）
		《骑桶者》	卡夫卡（奥地利）

续表

版本	专题名称	选文名称	作者（国籍）
语文读本3 生命进行曲	世态人生	《十八岁出门远行》	余华（中国）
	异域视角	《墙上的斑点》	伍尔夫（英国）
语文读本5 珍贵的尘土	拷问灵魂	《变形记》	卡夫卡（奥地利）
		《第二十二条军规（节选）》	海勒（美国）

（二）研究方法

本文运用理论与实践相结合的研究方式，主要研究方法为：

（1）文献研究法：查找涉及本专题的文献资料，并对相关资料进行整理与分析。了解其研究现状及研究成果，为本论文的研究奠定基础。

（2）观察法：在为期半年的实习生活中，对高中语文课堂教学活动进行实地观察，从而了解现代派小说教学现状和存在的问题。

（3）问卷调查法：在实习期间，通过问卷调查了解高中生现代派小说学习现状，从实际出发选择教学内容、设计教学策略。

（4）谈话法：通过与一线高中教师和学生的交谈，聆听他们对现代派小说教学的想法和期望，探讨相关教学策略的可行性，为本论文的研究提供建议。

（5）案例分析法：以高中语文教材中的现代派小说篇目为案例研究对象，查找一线教师课堂教学实录、教学设计和教后反思等，分析寻找适宜的教学内容和教学策略。

四、研究意义

理论上，本论文就现代派小说文体特点、高中语文现代派小说选编情况与教学现状展开调查和分析，围绕这三个方面对现代派小说教学内容和教学策略进行探究。这一思路，为高中语文教学策略的研究提供了一定的理论参考。实践上，本论文选择了适宜的教学内容并提出相应教学策略，具有一定可操作性。有助于一线教师树立文体意识，认识到现代派小说与传统小说的区别，使小说教学上升到新的层面，使学生能够真正读懂现代派小说，提高学生的学习能力和人文素养。

五、文献综述

目前，语文教育界对高中古典文学和现实主义文学教学内容与教学策略的研究已有一定突破，然而对于现代派小说教学的研究却并不多见。虽然因为高中语文课本的引入，已经有教师和学者对这一方面有所关注，但仍需我们进一步探索。通过查阅相关书籍资料，本文将国内外关于现代派小说的研究大致分为四类：概念研究、解读研究、选文研究和教学研究，并进行一定的分析。

一是概念研究。概念研究是围绕现代派小说这一文学概念展开相关论述，包括它的定义、内涵、发展背景、艺术特征和相关作家作品等等。主要分为两类，一是将现代派小说放在现代主义文学的大背景下进行研究。如刘象愚等主编的《从现代主义到后现代主义》[1]，徐曙玉等编的《20世纪西方现代主义文学》[2]，袁可嘉著的《欧美现代派文学概论》[3]和杨国华的《现代派文学概说》[4]。英国迈科尔·莱文森编的《现代主义》[5]，英国彼得·福克纳著的《现代主义》[6]等等。二是直接对现代派小说这一概念进行整体研究。如陈焘宇、何永康编的《外国现代派小说概观》[7]，王洪岳的《现代主义小说学》[8]，易晓明等著的《西方现代主义小说导论》[9]，陈世丹著的《美国后现代小说艺术论》[10]等等。

二是解读研究。解读研究是从文本解读这一角度出发进行论述。如黄红的《〈墙上的斑点〉艺术特色分析》，从小说的创作风格、叙事角度和所用意象等角度进行研究，通过对小说内涵和语境的分析探究伍尔夫的语言特征[11]。王向东的《〈变形记〉探析》，从《变形记》的奇特构思、认识来源和表现手法这三个方面展示其独特风格[12]。谭祎哲的《论〈老人与海〉中象征手法的运用》，通过探究文章的标题、里面人与物的象征意义来深入理解这篇小说的意蕴[13]。重庆师范大学2005年周和军的硕士论文《论西方现代派小说的模糊美》，从西方现代派小说的特征、模糊美的特征及其生成原因这三个方面，探究现代派小说时空、人物、

---

[1] 刘象愚等. 从现代主义到后现代主义[M]. 北京高等教育出版社，2005.
[2] 徐曙玉. 20世纪西方现代主义文学[M]. 天津：百花文艺出版社，2001.
[3] 袁可嘉等. 欧美现代派文学概论[M]. 上海：上海文艺出版社，1993.
[4] 杨国华. 现代派文学概说[M]. 上海：华东师范大学出版社，1988.
[5] [美]迈克尔·莱文森. 现代主义[M]. 辽宁教育出版社，2002.
[6] [美]彼得·福克纳. 现代主义[M]. 昆仑出版社，1986.
[7] 陈焘宇，何永康. 外国现代派小说概观[M]. 江苏人民出版社，1985.
[8] 王洪岳. 现代主义小说学[M]. 百花洲文艺出版社，2004.
[9] 易晓明等. 西方现代主义文学导论[M]. 河南大学出版社，2009.
[10] 陈世丹. 美国后现代主义小说艺术论[M]. 辽宁师范大学出版社，2002.
[11] 黄红.《墙上的斑点》艺术特色分析[J]. 语文建设，2017，33：30-31.
[12] 王向东.《变形记》探析[J]. 天府新论，2001，2：76-78.
[13] 谭祎哲. 论《老人与海》中象征手法的运用[J]. 语文建设，2015，5：30-31.

情节、语言等方面呈现出的一种不确定的、模糊的美[1]。

概念研究和解读研究并未对高中语文现代派小说教什么和怎么教提供直接建议，而只是将其当作文学现象、文学流派和文学作品进行论述。之所以关注它们，是因为我们能从中得到相关文学理论和文本解读的启示，从而为现代派作品教学内容和教学策略的选择进行指引，推动现代派小说教学的发展。

三是选文研究。指对现代派小说选文情况进行探究，如 2009 年福建师范大学吴俊的硕士论文《高中语文现代派小说的选编与教学初探》，对不同版本教材中现代派小说的选文情况进行探究并提出相应教学建议。[2]这类文章比较少见，因为大多数文章是将其放在语文教材这一大背景下进行探究。如 2012 年华中师范大学卿江秀的硕士论文《对 2009 年人教版高中语文教科书中外国文学选文合理性的反思》，以新版语文教科书中的外国文学选文作为切入点，立足于教学实践，从外国文学选文的教学可行性和编排合理性两方面指出现行语文教科书的不足之处，并尝试着提出改进意见。[3]2010 年华东师范大学沈洁的硕士论文《人教版选修教科书〈外国小说欣赏〉研究》，以《外国小说欣赏》为研究对象，对该教科书进行全面系统的梳理，在此基础上进行分析思考，指出教科书的特色及其存在的不足，希望有助于教科书编写的完善，也有助于师生在教学中合理有效的使用。[4]2016 年福建师范大学李晓艺的硕士论文《人教版高中语文必修教材小说选文研究》，以主要现行的人教版高中语文教材为研究对象，分析高中语文教材中小说选文的情况并进行反思。最后在相关理论的指导下提出了对人教版高中语文教材中小说选文的建议，试图构建更合理更健全的小说选文体系。[5]选文研究中专门研究现代派小说选文情况的文章比较少见。大多将其看作外国文学或现当代文学的一部分，从语文教材选文这一角度出发对不同版本教材选编情况进行探究，并以此为基础对小说教学提出一定的反思与建议。这类文章将重点放在了对选文的研究，对教学只是提出了初步的构想和启发性的思考。选文研究提示了我们对现代派小说教学而言，教材透露的编者意图不容忽略，其中的思考和建议也需要关注。

四是教学研究。它更加具有针对性，主要以曾经入选过高中语文教材的现代

---

[1] 周和军. 论西方现代派小说的模糊美 [D]. 重庆师范大学，2005.
[2] 吴俊. 高中语文现代派小说的选编与教学初探 [D]. 福建师范大学，2009.
[3] 卿江秀. 对 2009 年人教版高中语文教科书中外国文学选文合理性的反思 [D]. 华中师范大学，2012.
[4] 沈洁. 人教版选修教科书《外国小说欣赏》研究 [D]. 华东师范大学，2010.
[5] 李晓艺. 人教版高中语文必修教材小说选文研究 [D]. 福建师范大学，2016.

派小说为研究对象，并从语文教学的角度进行论述，这是需要重点关注的部分。

如就《变形记》这一篇文章而言，有邓彤的《让人性的光辉照耀课堂——〈变形记〉教学退思录》，提出将本文的教学目标定为体验人性、认识人性、张扬美好的人性，并展示了一个课时的教学内容[1]。任富强的《从写实主义到现代主义——以〈变形记〉的教学为例》，提出西方现代派作品的艺术特征为荒诞性、内倾性和反向性，通过对文本的解读来确定教学内容[2]。王赛云的《〈变形记〉教学及反思》，教师从主人公家人的三次"哭"这一细节出发，引导学生把握作品的主题思想[3]。谭周杰的《〈变形记〉的"变形"教学设计》将《变形记》作为一个大的材料或很多小材料片段的组合，要求学生拟出相应的话题，并围绕这种命题式教学法展示自己的教学过程[4]。他们对同一篇文章进行不同的教学设计，思路各异，皆具特色。

就某一文学流派而言，有徐洁的《意象对话，诗文并举——以〈墙上的斑点〉为例浅谈意识流小说的教学》，通过"诗歌介入，贴近文本"和"意象对话，哲思并蓄"的方式，实现读者与作者的对话[5]。刘宝岩的《图式理论和意识流小说教学模式的构建》，在图式理论的指导下，提出在教学过程中教师应充分利用意识流作品中的现实思维线索及小说诞生的时代背景等知识，帮助学生有效地构建意识流小说的阅读图式[6]。陈伟凯的《意识流小说教学内容选择的三个向度》一文，认为意识流小说应从其文体特点、教材功能和阅读取向三个向度进行教学内容的选择[7]。这类文章试图通过以篇达类，让学生掌握具体文学流派的特征及学习的内容和方法。

就其整体而言，有华中师范师范大学乐晓峰2003年的硕士论文《论〈变形记〉中的生存意识——中学语文中20世纪西方现代派文学教学》，文中运用深层

---

[1] 邓彤.让人性的光辉照耀课堂——《变形记》教学退思录[J].中学语文教学，2003，10：29-30.

[2] 任富强.从写实主义到现代主义——以《变形记》的教学为例[J].中学语文教学，2005，6：33-35.

[3] 王赛云.《变形记》教学及反思[J].现代语文（教学研究版），2006，2：87.

[4] 谭周杰.《变形记》的"变形"教学设计[J].语文建设，2005，9：19-20.

[5] 徐洁.意象对话，诗文并举——以《墙上的斑点》为例浅谈意识流小说的教学[J].语文学习，2014，Z1：119-122.

[6] 刘宝岩.图式理论和意识流小说教学模式的构建[J].湖南社会科学，2008，5：225-228.

[7] 陈伟凯.意识流小说教学内容选择的三个向度[J].中学语文，2007，12：60-61.

心理学理论分析研究《变形记》中卡夫卡"探索自我"的生存意识，彰显了卡夫卡式的小说对于生命、对于存在、对于生存的具体理解，提出支架策略、十字交叉策略和创新阅读引导中学生的学习[1]。华中师范大学周薇2012年的硕士论文《幽暗意识的穿越——论语文教育对"灰色真实"的把握兼及人文精神》，针对目前语文教育中幽暗意识缺失的现象，以高中语文教材中西方现代派作品及鲁迅作品的教学为案例与切入点，主要对这种幽暗意识缺失的原因进行分析，并提出应对措施[2]。这类文章因研究体系较为庞大，多为硕士论文。他们立足整体研究现代派小说的教学内容和教学策略，但从文体出发进行现代派小说教学策略的研究仍有可探索的空间。

综上所述，对高中语文现代派小说教学策略的研究是有一定意义的。本论文通过探究现代派文学史和相应教材编者意图，对高中语文现代派小说选文进行研究，并对实际教学现状展开调查，紧扣现代派小说文体特点选择教学内容。在这一内容选择策略基础上，本文又对相应教学方式方法进行策略举要。于前人研究成果上进行更深入的探究，从而提高现代派小说教学的合理性、专业性和科学性。

第一章 高中语文现代派小说选文研究及教学现状

前文已经对现代派小说概念界定清楚，在进行教学研究前，我们首先要对现代派文学发展史有一定了解，以加深对相关背景知识的认知。再将其与语文教学，也就是高中语文教材中现代派小说的选文相联系，从文学史的角度去看这些选文的经典之处。此外教材所透露的编者意图也需要我们着重关注。在对选文进行分析后，笔者通过问卷调查、访谈交流等形式了解现代派小说实际教学现状，以找出教学过程中真实存在的问题。

第一节 现代派文学发展概况

要想了解现代派小说，我们就不得不追根溯源到现代派文学的发展变迁，因

---

[1] 乐晓峰.论《变形记》中的生存意识——中学语文中20世纪西方现代派文学教学[D].华中师范大学，2003.

[2] 周薇.幽暗意识的穿越——论语文教育对"灰色真实"的把握兼及人文精神[D].华中师范大学，2010.

为现代派小说作为一种文学体裁，始终伴随着现代派文学的发展而发展。每当这个时期出现一个新的文学流派，这个流派创作的小说具体来说是属于这一流派的小说，但从"现代派文学"这一大的方面来说，它属于现代派小说。所以，要想了解现代派小说就得从现代派文学的发展入手。

现代派文学的形成和发展主要分为三个阶段。

第一个阶段是19世纪80年代至20世纪末。主要流派是前期象征主义，主要体裁是象征主义诗歌，代表诗人为波德莱尔、魏尔伦、兰波和玛拉美。

前文已经确定现代派文学起点是19世纪80年代，目前学界普遍认为其出现的标志是波德莱尔的诗集《恶之花》。《恶之花》是一部典型的象征主义诗歌，波德莱尔也被看作象征主义鼻祖，在他的影响下，陆续出现了多名象征主义诗人。其中魏尔伦、兰波和玛拉美最为出名，他们的诗歌作品《农神体诗》《醉舟》和《牧神的午后》在欧洲各国广泛流传。与传统文学不同，它们颠覆了前一时期也就是浪漫主义的热情奔放与独立自由，主题多为表现社会与人性的丑陋，浪漫主义热衷于直接抒发情感，现代派则喜欢用象征来进行暗示，用曲折的方法来表达思想情感。它们抛弃直观外部描写，通过挖掘人们内心世界，通过对人们意识的描写来反映人与人、人与社会、人与自然关系的异化。

在波德莱尔影响下，这一时期主要以诗歌创作为主。大部分作家将热情投诸诗歌反被局限在这一体裁内，并未拓展到其他文体领域。此时现代派小说还在孕育之中，暂未崭露头角，但象征这一写作手法已广泛运用。

第二阶段是20世纪末至20世纪30年代，也就是第一次世界大战前后。这一时期出现了后期象征主义、表现主义、未来主义、意识流、和超现实主义等一系列文学流派，代表作家有艾略特、普鲁特斯、卡夫卡、乔伊斯等等。

后期象征主义仍以诗歌创作为主。其中艾略特的《荒原》被认为是一部承前启后、继往开来的不朽名作。他通过一系列"丑"的意象，向我们展示了一幅现代社会生活画，大胆揭露了资本主义社会各种弊端。表现主义除诗歌创作外，开始突破体裁限制向戏剧进军，且成绩斐然，瑞典作家斯特林堡的《通向大马士革之路》和《一出梦的戏剧》，被认为是欧洲最早出现的表现主义戏剧。

与此同时，表现主义在小说方面也进行了突破，尤其让人称道的是奥地利作家卡夫卡，他的小说《变形记》《判决》《在流放地》《城堡》《美国》等掀起了一阵"卡夫卡热"，《变形记》更是入选了高中语文教材。他的出现让表现主义小说放射出耀眼的光芒，让现代派小说开始走入人们的视野。意识流和超现实主义在小说方面也有所建树，意识流小说运用内心独白、自由联想与时序倒置等手法真实地再现人们的思维过程。比如伍尔夫的《墙上的斑点》，这是她的第一部"意识流"小说，主人公把墙上的蜗牛看成一个斑点，并由此产生一系列的联想，最后她的意识又回到墙上的斑点，作者通过描绘人物意识的流动来展现其内心世界。

在这一阶段的现代派小说中，表现主义小说和意识流小说最为出名，卡夫卡和伍尔夫具有历史性的标杆作用，特色鲜明。但这股风潮持续时间不长，且个别流派口号响亮却不进行文学创作，没有什么影响力。

第三阶段是20世纪30年代末至20世纪70年代即第二次世界大战之后。这是现代派文学发展的繁荣时期，主要流派有存在主义、荒诞派戏剧、新小说派、黑色幽默和魔幻现实主义等，代表作家有海明威、马尔克斯、萨特和加缪等。此时现代派文学已在欧洲、拉丁美洲和亚洲等地出现，涉及范围较为广泛。

荒诞派戏剧如它的名字一样为戏剧流派。贝克特的《等待戈多》享誉全球，它没有连贯的故事情节，没有鲜明的人物个性，没有特殊的环境，只有漫无边际的等待，没有人知道他究竟在等待什么，暗示着现代生活的荒诞与毫无意义。其他流派均以小说创作为主。存在主义哲学是存在主义文学的思想基础，他们认为"存在就是荒谬"，萨特的日记体小说《厌恶》就是想说明世界是荒诞的，人的存在也是荒诞的，人们在这样一个世界里无能为力、孤独寂寞。新小说派只描写通过视觉看到的事物表象，它不会赋予事物主观情感，只是真实地记录。如格里耶的短篇小说《咖啡壶》用物代替了人，全文都在围绕咖啡壶进行描述。黑色幽默代表作为海勒的《第二十二条军规》，这种幽默背后带有浓重的阴暗、荒诞和残酷色彩，它对当代人生活进行深刻的反思。魔幻现实主义让现实变得魔幻，以达到揭露现实的目的。马尔克斯作为魔幻现实主义代表作家之一，他的《百年孤独》既真实地描绘了现实生活，但又充斥着魔幻、不可理喻的东西，比如幽灵的出现、特异功能等等。

这一阶段是现代派小说鼎盛时期，陆续出现的文学流派为现代派小说添砖加瓦。他们的作品都带有荒诞色彩，通过一个又一个离奇故事的描述，让人觉得陌生又似曾相识，看到最后则恍然大悟。他们希望读者能够透过极度地夸张、象征和隐喻等手法，看到其背后所表明的现实的无理性和人对自身的无法掌控。西方文学流派之所以会发生这样的变化，与相关文学理论的发展密不可分，比如象征主义文论、精神分析批评、存在主义、结构主义等等，它们为文学流派的发展提供了重要理论支持。

对现代派文学发展史的了解，可以使教师通过对相关背景、理论等的分析，全方位了解现代派小说或其中某一篇小说的地位、写作背景、叙述方式、表现手法……从而挖掘出小说更深层次的内涵，使小说教学取得新进展。

第二节　高中语文教材中现代派小说篇目

在对现代派文学发展史进行梳理后，高中语文教材中现代派小说选文的地位昭然若揭，这也是教材编者选这些文章、学生要学习这些文章的原因之一。前文已经对研究范围进行确定，九篇选文分别来自必修教材、选修教材和语文读本。笔者将深入教材本身，对文本和其中的编者意图进行分析，以期寻找相关教学内容、教学策略选择的突破口。

一、必修教材中的现代派小说

2000年人教版高中语文必修五专门开设一个单元供学生学习西方现代派文学，除《等待戈多》为戏剧体裁外，另外三篇《变形记》《墙上的斑点》《百年孤独（节选）》均为小说。从学生角度来讲，由于个人经验和知识储备的缺乏，他们对现代派文学的解读一般难以推进，常常觉得荒诞而不知所云。而小说这一文体相对来说更具有趣味性，能激发学生学习兴趣，对其中的夸张、虚构也更易接受与理解，因为小说本身就有虚构的成分，所以编者在这一单元选择三篇小说有其合理性。现代派小说代表作有很多，为什么是这三篇，编者有其独特用意。从对现代派小说文学史的梳理中，我们知道，这三篇小说分别是三个文学流派代表作，卡夫卡的《变形记》是表现主义小说代表作，伍尔夫的《墙上的斑点》是意识流小说代表作，马尔克斯的《百年孤独》是魔幻现实主义小说代表作。这三个流派、这三个作者、这三部作品对整个现代派文学史而言有着举足轻重的地位。

书中单元提示部分给了教师教学内容选择的启示，"学习西方现代主义文学，要注意了解它的总体特征，吸收西方现代文学的精华，理解世界各民族文化的优秀成果，尊重世界文化的多样性。"这是同学们第一次接触现代派文学，学生要对其特征、所蕴含的文化有所了解，这一点也恰好契合新课标对外国文化的要求。在这一单元最后，有满满五页对西方现代主义小说和戏剧的简介，这是编者希望学生了解的，也是教师要让学生了解的相关背景知识。

再看如今正在使用的2004年人教版高中语文必修教材，整个现代派文学单元被完全剔除，这点值得我们关注与思考。在查阅相关文献后笔者发现，不少教师对这一单元的教学存在很多疑惑也提出了自己的看法，篇幅太长、文章难懂、学生无兴趣等等都成为教师对这些文章难以下手的原因。此外对文章教学内容的确定、教学策略的运用也举棋不定。在发生如此多争议后，2004年版高中语文教材编者决心舍弃这一单元，仅在必修三放入一篇海明威的《老人与海》，所在单元另外两篇文章为《林黛玉进贾府》和《祝福》。这一单元任务是"学习中外小说",显然,作为现代派小说的《老人与海》其独特性被弱化。从单元提示可知,编者想让我们将目光聚焦于传统小说三要素中的人物,"要着重欣赏人物形象,品位小说语言。"但编者也没有放弃让读者认识现代派小说,"现代小说则注重人物内心世界的剖析,有淡化情节的倾向。""注重叙述语言和人物语言的不同特点……体会不同作者的不同创作风格。"编者希望教师和学生意识到《老人与海》这篇文章使用了大量内心独白,它淡化情节,注重对人物内心世界的探索,这是这篇文章在人物塑造上的与众不同,也是现代派小说特点之一。编者没有告诉我们这是现代派小说,也没有用什么专业名词来困扰大家,而是直接将《老人与海》的特点说了出来。让学生阅读这三篇文章时运用比较思维,通过对比意识到中外小说不同之处。由此可知,教师在教学这几篇文章时就可运用比较阅读法,将中国小说和外国小说中人物塑造方法进行对比,找出其各自特点。

二、选修教材中的现代派小说

选修教材与必修教材不同,编者将这本教材的课程目的定义为"引导学生欣赏外国小说以及初步感知小说这一文体的基本特征。与此同时,适当地勾勒外国小说史的大致轮廓,在话题方便之处简约地介绍外国小说的创作方法以及诸种流派"[1]。这也是教师的教学任务,对我们教学内容和教学策略选取有所启发。从"初步感知""适当地""大致""简约"等词语,我们可以感受到编者的纠结与小心,编者自身也明确知道,让学生完全理解这些外国小说有一定困难。所以要学的东西也就是教学内容不宜过多,主要是帮助学生加深对外国小说这一文体的感悟,它与中国小说在写作形式上的区别。这要求教师在教学时,必须有明确的文体意识,感知现代派小说与一般小说在文体上的区别,教给学生除传统小说三要素以外的东西,一些新鲜有趣、学生之前没有接触过的东西,而这些选文正是我们了解外国小说的媒介。从这部分内容我们可以看出,文体特点是我们把握现代派小说的关键点。

相比于必修教材的谨慎,选修教材则不吝于选入现代派文学作品。2005年人教版选修教材《外国小说欣赏》中有四篇现代派小说。分别是第一单元:海明威的《桥边的老人》、伍尔夫的《墙上的斑点》,所讨论话题为"叙述"。第八单元:博尔赫斯的《沙之书》、卡夫卡的《骑桶者》,所讨论话题为"虚构"。其中《墙

---

[1] 人民教育出版社. 普通高中课程标准实验教科书:语文选修外国小说[Z]. 人民教育出版社,2007.

上的斑点》退居二线，从必修教材进入选修教材，海明威和伍尔夫则依然是我们熟悉的作者。对于教学内容的确定，每个单元的话题部分给了我们提示，"每一个单元所提供的小说文本，都是按照某一话题所择定的，这一话题正是小说的某一基本元素。"[1] 比如第一单元话题为"叙述"，我们可以教"叙述角度"和"叙述人称"，第二单元话题为"虚构"，我们可以教"对虚构的确认"。具体分析笔者会在后文教学内容部分展开叙述，这些都是我们从教材本身得到的信息。

此外，《墙上的斑点》与《骑桶者》为略读课文，选修教材中对略读课文的要求是："要学生自行阅读，老师也可以采用课内或课外的方式指导学生阅读。"《桥边的老人》和《沙之书》为精读课文，这要求教师在课堂上带领学生进行有一定深度的赏析，对文章内容和形式都有所了解。这些文章也均为外国小说中经典作品，海明威所属流派为"迷惘的一代"，伍尔夫为"意识流"代表作家，博尔赫斯为"超现实主义"流派，卡夫卡是"表现主义"流派，他们都是各自领域代表作家，所选作品也是其代表作。

三、语文读本中的现代派小说

新课标尤其强调学生核心素养，它指的是"学生通过学科学习而逐步形成的正确价值观念、必备观念和关键能力"，要想实现这一目标，仅靠课堂上的学习是远远不够的，课外阅读也必须引起重视。除选修教材可供我们学习外，教材编者还提供5本语文读本鼓励学生扩大阅读视野、积累相关知识，它包含不同时代、不同文体、不同作家的经典之作，对学生阅读量的增加有很大帮助。

语文读本中选择的现代派小说有4篇，除重复的《墙上的斑点》和《变形记》外，多了海勒的《第二十二条军规》和余华的《十八岁出门远行》。海勒是"黑色幽默"派代表，第二次世界大战爆发后，海勒应征入伍在美国空军服役，这也是他小说创作素材的来源。他花了七年时间创作《第二十二条军规》，起初这篇小说因情节结构和内容的混乱而饱受批评，但十年后读者惊讶地发现，海勒以夸张的手法、漫画式地勾勒，将人物心理活动以个性化的语言生动再现。他用那些看似荒诞的故事，向我们展示战争的残酷无情、世界的荒诞无理，那些满是辛酸尖锐的讽刺大大地震撼读者心灵。而教材正要求我们去体会这种"黑色幽默"的表达方式。

在前面选文都是西方现代派小说的情况下，中国作家余华的出现让人很是惊喜，这篇小说也曾入选过其他版本高中语文教材，比如2005年语文出版社的高

---

[1] 林峥.探索现代主义文学解读模式[J].语文学习，2009，5：23-26.

中语文必修一就选过这篇文章。现代派文学风潮从20世纪初开始由欧美吹向亚洲各国,那么中国是什么时候开始出现真正意义上的现代派小说呢?1932年施蛰存受现代书局委托创办了文艺刊物《现代》,其中刊载了他本人与刘呐鸥、叶灵凤等人被称为"新感觉派"的小说。新感觉派是当时中国出现的第一个现代文学流派,他们的小说不追求对社会生活的真实描摹,而是运用意识流、直觉、夸张、暗示等现代派常用写作手法,表现小说主人公内心世界及其思维过程,以展示社会生活中男男女女心灵的躁动不安、迷惘无措。此后涌现一批现代派作家,余华就是重要代表人物之一。

但当时中国现代派文学一味地模仿西方,不得精髓,甚至因为吸取某些不良思想而饱受争议。余华将西方现代派文学写作手法与中国传统文学巧妙结合,呈现了较为成熟的作品,《十八岁出门远行》就是其代表作。教材要求我们仔细品味小说的象征手法和语言特点,可见教材对作品独特的表现手法有所关注。

综上,从语文教材中的提示我们可以发现,教材编者选编现代派小说的意图主要集中在三点:一是让学生了解现代派文学及经典作家作品;二是让学生分析由于文体特点导致的现代派小说在人物、环境、主题、语言等方面的变化;三是让学生学习现代派小说不同于传统小说的叙述方式、表现手法。第一点要求教师在教学过程中不能忽略相关背景知识的介绍。第二点编者给出了"对比"这个关键词供教师参考,表明了比较阅读法的可行性。第三点要求教师关注现代派小说这一个特殊文体在叙述方式和表现手法上的独特之处。教师在教学时要将这三点有机融合、各有侧重,有取舍方才有所得。

第三节　高中语文现代派小说教学现状

既然高中语文教材有意识地选择了这些现代派小说,它们就肯定有存在的必要性。那高中语文课堂中学生学习现代派小说的情况究竟怎么样呢?笔者于研二上学期在xx高中进行为期半年的实习工作,并利用此次机会,采用随机抽样的方法,对高中生现代派小说学习现状进行问卷调查。问卷发放数量为400份,回收有效问卷392份,问卷有效率为98%。笔者从学生学习情况出发,力图找到高中语文现代派小说教学中实际存在的问题,使之后教学策略设计更具有针对性,切实解决教师与学生遇到的难题。

一、调查结果展示

本文以表格形式对问卷调查结果进行数据统计,结果如下:

表1.1 学生对"现代派"概念了解程度统计

问题1	选项	人数	比例
你知道"现代派"这一概念吗?	不了解	66	17%
	大概了解	234	60%
	比较了解	92	23%

表1.2 学生对现代派小说喜恶情况统计

问题2	选项	人数	比例
你喜欢阅读这些现代派小说吗?	不喜欢	101	26%
	一般	203	52%
	喜欢	88	22%

表1.3 学生对现代派小说重视程度统计

问题3	选项	人数	比例
考试中基本不会出现代派小说的阅读题,那我们还有必要学习现代派小说吗?	没必要	63	16%
	可以学几篇	174	44%
	全部学	155	40%

表1.4 学生对现代派小说篇目熟悉程度统计

问题4	选项	人数	比例
对于这些出现在教材中的现代小说篇目,你熟悉几篇?	1-2篇	30	8%
	3-4篇	253	65%
	5篇以上	109	27%

表1.5 学生对《老人与海》意识程度统计

问题5	选项	人数	比例
你有意识到《老人与海》不同于其他传统小说吗?	没有	76	19%
	有一点	184	47%
	完全有	132	34%

表 1.6 现代派小说教学和传统小说教学差异程度统计

问题 6	选项	人数	比例
教师对现代派小说的教学和传统小说的教学有差异吗？	没有	165	42%
	有一点	156	40%
	非常有	71	18%

表 1.7 学生对现代派小说难点选择统计

问题 7	选项	人数	比例
你觉得阅读现代派小说最大的难点在哪儿？	篇幅太长	104	27%
	枯燥乏味	75	19%
	难以理解	179	54%

表 1.8 学生对现代派小说学习方法选择统计

问题 8	选项	人数	比例
你觉得现代派小说的学习方法应该是怎么样的？	自学	18	4%
	教师引导学习	211	54%
	小组合作学习	163	42%

表 1.9 学生对现代派小说课后学习情况统计

问题 9	选项	人数	比例
在老师教学完之后，你会怎么做？	不再接触	227	57%
	会进行一些反思	112	29%
	会寻找相关书籍去了解	53	14%

表 1.10 学生对现代派小说学习目标选择统计

问题 10	选项	人数	比例
你认为学习现代派小说，我们要实现怎样的目标？	了解这篇课文就可以	56	14%
	对这一类文章有所了解	148	38%
	对现代派小说有较清楚的认知	188	48%

从调查结果看，83% 的同学对"现代派"这一概念有所了解。无论是教师讲解、教材呈现，还是课外积累，都或多或少接触过。对于这一类小说只有 26% 的

同学不喜欢，22% 喜欢，可见学生对现代派兴趣表现一般。但即使在以往考试中并没有出现有关现代派小说的阅读题，在高考可能不考的情况下，84% 的同学认为现代派小说的学习是有必要的，甚至有 40% 的同学支持将这九篇文章学习完。虽然高中生学业非常紧张，但同学们仍不吝于进行一些看似"无用"的学习，不管是出于对紧张学业的调剂还是纯粹好奇心的驱使，这一态度值得赞扬。除必修教材中出现的现代派小说篇目《老人与海》外，92% 的同学在选修教材、语文读本或课外读物上都阅读过两篇以上的数量，27% 的同学读过 5 篇以上，涉猎的阅读范围更广泛。在进行必修三选文《老人与海》的学习时，40% 的同学有意识到其不同于一般传统小说，18% 的同学认识到它与传统小说有很明显的区别，这部分同学的感觉相当敏锐。

在课堂教学时，42% 的老师也就是说差不多一半的老师，虽然也能意识到二者文体上的差异，但仍按照传统小说教学方法进行教学。54% 的同学认为现代派小说学习困难点在于难以理解，此外，过长的篇幅、看似无趣的情节也为学习增添阻碍。所以在有如此多困难情况下，自学显然就不是一个好方法，只有 4% 的同学支持自学，大家更倾向于教师引导学习和小组间合作学习。在课堂学习结束后，57% 的学生就将其抛诸脑后，29% 的同学会对进行一定反思，只有 14% 的同学会由此产生兴趣并查阅相关资料进行课外拓展学习，考虑到学生繁重的学习压力，这一点可以理解。在大多数同学看来，学习这样的文章不能局限于对这一篇文章的理解，而是要以篇达类，对这一类文章甚至是整个现代派小说有较清楚的认知，可见他们对学习有一定要求。但学习之路任重而道远，没有量的积累很难达到质的突破，教师的引导帮助更是尤为重要。

总的来说，现代派小说教师教学情况、学生学习情况都不容乐观，这也是现代派小说教学需要关注的原因。调查结果对笔者启发很大，让我对学生学习情况更加了解，也为我之后教学内容选取、教学策略研究指明一定方向。

二、调查分析小结

结合问卷调查结果，笔者又深入一线课堂教学，与语文教师和同学们进行深入交流，发现背后还有一些被忽略的问题。比如选修里的四篇现代派小说老师让学生看了，却并没有在课堂上讲解或只是大概提及。由此笔者进行归纳总结，得出之所以现代派小说不受重视，教学时困难重重，主要是因为：

一是教师与学生重视程度不够。虽然学生对现代派小说有一定兴趣，但由于课业压力、课时压力，教师只是让学生稍作了解，且精心准备涉及每一篇课文也不现实。每月一次的考试需要去准备，平时繁重的作业要完成，课外活动也要积极参加，学生课余时间一再被压缩，留给语文的时间也一再被压缩，教师也要分精力完成班级和学校事务。有的学生虽然看过这些文章，也有困惑的地方，但并没有去问老师或是查阅相关资料解决疑问。而是秉持着得过且过的态度，没有进行深入探索与思考，更多是将其当成一篇普通小说去看，没有注意到它独特的文体特点，只是完成老师布置的阅读任务。

二是教学内容选择不到位。由于绝大多数现代派小说善用各种表现手法遮掩自己的写作目的，文中处处是夸张、隐喻、象征和暗示，对文本的解读存在一定困难，且连教师在解读文本时都会不解就更别说是学生了。即使教师跨过文本解读这座大山，对这篇文章要教什么也会产生困惑。现代派小说流派众多，写作手法丰富多彩、富于变化，这使得文章中人物、情节、主题、语言……都有独特之处，可进行教学的点有很多，教师对教学内容的选取会感到踌躇。而且有的小说篇幅较长，教学时更是增加了难度。

三是教学策略运用不合理。在前面两个问题困扰下，不少老师或疲于准备，或有心无力，直接运用传统小说三要素教学法按部就班地寻找文中人物、情节、环境，并最终看似顺理成章得出主题。学生将主题一抄，万事大吉，其实等于没学，这不仅仅是浪费一堂课的时间，更是浪费一篇优秀的文章，其中问题就在于教师教学策略的使用。千篇一律的小说套路化教学方式使学生倍感无趣，原本有趣的现代派小说也被教成一个样，特色全无。现代派小说文体特点有别于传统小说，教学内容的选择、教学策略的使用得有所改变。

比如有的教师在教学《墙上的斑点》时，将教学重点放在人物形象上，执着于对主人公身份的探索。把文中主人公的内心独白也就是意识流，当作简单的人物心理描写来分析，对人物身份加以猜测，对人物性格加以分析，甚至试图找出创作原型——伍尔夫本人。这是走了传统小说教学的老路，在现代派小说教学中完全行不通。在这里，传统小说的心理描写不会这么长篇大段，不会这么有连续性，我们不能将其简单等同于心理描写去分析。此时主人公的身份、性格特点都不是重点，真正需要探究的教学内容是意识背后透露的思想，是意识流这一表现手法。其中折射出作者思想情感，展示出这篇小说独特的表现手法。可以说这种教学在教学内容和教学策略的选择上都是有问题的。所以，意识流小说的特殊性导致原本的教学内容、传统的小说教学方法不再适用，我们有必要对其专门研究。

基于这些问题，笔者认为对于现代派小说教学，首先教师和学生在态度上必须予以重视。教师在安排教学进度时，应结合实际情况选取两至四篇小说进行精读，甚至可以用一个课时时间对现代派小说概况进行介绍，做到知人论世；其次是教师要有相应的知识储备，积极查阅相关资料，对现代派文学、现代派小说、所教这一篇小说都有一定了解。并在此基础上，谨慎思考小说教学内容选择问题，只教不懂的，不教已懂的，教了就一定得讲透；最后，教师要根据选择的教学内容采用恰当的教学策略，用合适的方式教合适的内容。对于最后两点，笔者教学内容的选择主要是以现代小说文体特点和教材编者意图为相关依据；教学策略的使用也是在内容选择策略基础上，结合文体特点和编者意图加以考虑。当然，教学现状也不容忽视。

第二章　现代派小说文体特点及教学内容的选择

"文体是文学或文章体裁的简称，指文章作品反映客观事物、再现社会生活、表达思想感情的具体样式或类别，是文章作品构成的一种规格和体式。它反映了文章作品从内容到形式的整体特点。"[1] 由此可知，文体会影响到文章表达形式及呈现内容，而内容和形式是所有文学作品创作的重点，前文教学现状的分析也告诉我们必须要关注文体。所以，笔者将对现代派小说文体特点进行归纳，立足文体，结合编者意图选择相应教学内容。这一根据文体特点选择教学内容的策略也可称之为"内容选择策略"。

第一节　现代派小说文体特点

现代派小说不同于传统小说，其文体特征包括象征性、荒诞性、心理性和不确定性。所以教师在选择教学内容前，必须准确把握现代派小说文体特点，也就是要先辨体。但这些特点并不是孤立存在的，它们相互包容，你中有我，我中有你。比如余华的《十八岁出门远行》既体现了象征性，又有荒诞性和心理性，也就是说这篇文章体现了不止一个文体特点，教师在解读这类文章时要加以注意。

一、象征性

"象征"解释为借用客观事物，去表达或暗示某种抽象、难以表达的主观思想情感。也就是说作者通过象征这一手法，将主观情感与客观事物相沟通，化无

---

[1] 林文勉，程克夷，程国安. 基础写作辞典 [M]. 湖北辞书出版社，1989：50.

形与有形，使抽象的思想情感变得具体可知。这是现代派小说和传统小说都会使用的写作手法。

但现代派小说的象征与传统小说的象征有些许不同。传统小说作家笔下的意象与象征意有着密切联系，所选意象较为常见，读者在读的时候也较易理解。但现代派小说里意象与象征意的关系并不那么密切，而且他们喜欢用一些古怪、新奇甚至匪夷所思的事物，通过比喻、对比和夸张等写作手法去隐晦而曲折地表达思想，使读者难以理解。甚至某些意象的象征意根本无法确定，因为作家不希望自己的作品被固定化，是故意而为之。

在余华的《十八岁出门远行》中，刚成年的少年被父亲"放逐"离家，他走在险象环生的马路上，遇到各种奇怪的事与人。小说中的事件，如找旅店，搭汽车、抢苹果、抢背包、在汽车中休息……它们都具有一定象征意义，作者描述的事件很离奇，没有前因也没有后果，让人摸不着头脑。其实作者本意就不是去讲一个完整而逻辑清晰的故事，去交代事件真相，而是想表现少年个人主观感受，以十八岁少年的身份去经历一切，描绘他眼里真实的成人世界。作者以这种象征手法将少年初入社会的期待、迷茫、疑惑用一桩桩离奇事件表现出来，化无形的情感为有形的事件，这正是少年难以理解成人世界的表现，他想告诉我们：青年人走向社会必然会遇到挫折与失败。具体以"旅店"象征意为例，少年从文章一开始就在寻找旅店，这里的"旅店"不仅是旅行途中歇脚点，更是人生路上落脚点。我们在寻找"旅店"过程中，不断认识自己、认识世界，并最终找到一个现实生活中自我精神的归宿——旅店。教师引导学生解读这篇文章时，要在理解课文内容基础上，从关注文章内容延伸到关注文章写作形式，也就是象征这一重要表现手法，这是教材中明确强调的。

二、荒诞性

荒诞或者说是怪诞，指对事物进行极度地夸张，以至于让人感觉怪异而荒谬。现代派小说在讲述故事时，往往倾向于塑造一个行为举止怪异、思维跳跃混乱、怪异不若常人的人物形象，故事情节不完整，发生的事情也是违反常理、不合逻辑。但这种荒诞绝不是毫无合理性，荒诞背后是理性的真实，作者正是通过这些"怪"来表达他们的中心思想——"人生无意义……世界是荒诞的，人类生活的这个世界是一片混乱，不合理性"[1]。他们通过荒诞的夸张来预示某种意义，去表现人、人的存在、人与环境的冲突，以达到以荒诞来写荒诞的目的。

---

[1] 彭彩云.西方现代主义文学专题研究[M].湖南大学出版社，2006：199.

传统小说则以一定的世界观为背景来发展，它非常在意事件的合理性、情节的完整性、发展的顺序性、逻辑的严密性，强调因果联系。即使发生了跳出逻辑的"怪事"，也会在前文用伏笔进行暗示。而且传统小说将"怪事"当作怪事来写，但现代派小说却将"怪事"当作正常事来写，这种反向思维令人耳目一新。

教材中《第二十二条军规》节选章节为第十一章"布莱克上尉"，布莱克上尉为升官获取更高地位，在军营里发起忠诚宣誓运动。"所有作战的官兵到情报室领取图囊时，都得签一个忠诚誓约。到降落伞室领取防弹衣和降落伞时，得签第二个誓约，还得向管理摩托车的鲍金顿中尉签第三个誓约，然而才获准从中队部乘卡车到飞机场去。只要转个身就得签上一个忠诚誓约。甚至领饷、到军中小卖部去买东西、让意大利的理发师理个发等等，也都要签上一个誓约。"[1] 这些事情看起来是如此荒唐而不可思议，但下属们都在认真执行这个命令，仿佛是一件再正常不过的事。小说就这样叙述了一个个看似不合情理，仔细推究却富含哲理的场景，用荒谬的喜剧去讽刺军事官僚集团的专制、暴力，而这需要读者结合写作背景仔细体会。在作者看来"战争只不过是由官僚机构策划的'有组织的混乱'和'制度化的疯狂'，是以极端形式表现出来的荒诞世界的局部存在"。教师教学这篇文章时，需要对相关背景知识加以介绍，比如必要的战争知识、作者曾经参军的经历等等，它使我们透过荒诞去重新审视这篇文章。

三、心理性

叔本华曾说"世界就是我的意志"，在他看来，整个世界都是人意志的反映，所有事物都是人意志的具体化与客观化，这无疑也是现代派作家所持观点。他们不再追求对世界表象的描写，而是着重表现人物心理活动，以求刻画其内在灵魂。描绘这种心理活动采用重要表现手法就是"意识流"，它认为人的意识不是割裂的状态，它如水一样连续地流动，流动过程中包含我们感觉到的、正在思考的和想要做的一切。作家写作时，通常使用自由联想、内心独白和时序倒置等方法来表现人的主观印象和感性活动。因此呈现的作品逻辑并不严谨，情节联系也不紧密，但它想表现的正是人们在思考时思维的发散状态，那种潜意识的心理活动。

如果说现代派小说热衷于描写人物意识的流动，那传统小说则更在意对人物的肖像描写、语言描写、动作描写和心理描写，并试图创作出一个具体可感的人

---

[1] 人民教育出版社. 普通高中语文课程标准实验教科书：语文读本⑤珍贵的尘土 [Z]. 人民教育出版社，2007：70.

物形象。现代派小说的心理性主要体现在内心独白和意识流等表现手法的使用，它绝不等同于传统小说中的人物心理描写。传统小说心理描写对人物塑造起辅助作用，而现代派小说描绘的意识流有时是主人公形象和文章的全部，它的连续性、广阔性、自由性都是传统心理描写无法相比的。

比如《墙上的斑点》没有像传统小说去介绍主人公的姓名、性别、外貌，也没有具体故事情节，而是直接从"我抬起头来，第一次看见了墙上的那个斑点"出发，讲述了"我"从斑点引发的种种联想。人物的显意识和潜意识如水一般"流"过并覆盖整篇小说，它看似没有确定的方向，没有特别的印记，一直在跳跃与闪烁。此时小说关键不是人物形象，也不是故事情节，更不是小说环境，而是人物的精神，他的意识活动。看似杂乱无章的行文结构，正反映人思绪的无常与不可预测，作者将一些没有客观联系的事物通过主人公的精神活动关联起来。整篇小说结构的中心就是墙上的斑点，六次对斑点的联想，正是主人公意识的发散与收回，我们要紧紧抓住这一线索，在梳理线索过程中，体会杂糅其中主人公的思想和认识，这是无序意识背后的理性真实。对于这样一篇将心理活动放大到极致的文章，我们需要专门探讨适宜的方法，通过对主人公意识的追踪来理清文章脉络，感悟意识流表现手法。

四、不确定性

现代派文学是一个内涵十分丰富的文学流派，它随着时代变化而变化，由无数小的文学流派聚合而成。在它演进、变化过程中，其发展趋势难以预料。此时社会因世界大战已陷入一片混乱，人们对世界、人生的意义都产生怀疑，由此造成作者笔下世界的意义也不确定。他们将现实夸张、将事物赋予象征意、将人性变得扭曲……作者想用所有不确定来表现这个不确定的世界。在他们看来，整个世界都是不确定的、无意义的、荒诞的，将事物固定化、统一化反而难以解释其本质。

传统小说创作则有一个固定的世界观，不管是人物、环境还是情节都是确定的，是有逻辑的。"但20世纪现代派小说则表现出文本的多义性、语言的歧义性、人物的抽象化、符号化，情节的淡化或缺失、时空的颠倒、无序与交错、闪回等众多不确定因素的交织，呈现出一种不确定的、模糊的美。"[1] 可以说现代派小说的象征性、荒诞性和心理性导致这类小说呈现的状态是：不确定。

比如马尔克斯的《百年孤独》，这部小说在主题上就体现不确定性。它写了布恩迪亚一家七代人在落后、荒僻的农村小镇马贡多居住时经历的生活，由盛至

---

[1] 周和军. 论西方现代派小说的模糊美 [D]. 重庆师范大学，2005：14.

衰，长达百年，反映拉丁美洲的历史变迁和现实生活。一般来说，讨论得比较多的是"孤独"这一主题，"马尔克斯深刻体会到孤独的含义，他自己的生活也充满了孤独，因此他将眼光转到了拉丁美洲独特的风土人情，通过神奇的社会现实来探索人性，将魔幻和现实结合在一起，表现拉丁美洲人独有的孤独意识。"[1]还有"命运"主题，"走过百年孤独的家族寄托着人类历史命运的寓言，《百年孤独》是作者对人类社会历史中性别结构的剖析及人类命运的预言。"[2]还有"寻找"主题，"更反映了马尔克斯对近百年来拉丁美洲人民乃至全人类的生存途径、人生责任和意义以及孤独出路的探寻及思考"。受文体特点影响，现代派小说内涵十分丰富，人们从各个角度出发解读文章皆具有合理性。教师在与学生交流时，不能限制他们思维，不可过分追求一个完美、唯一的答案，应当鼓励学生思考，说出自己的合理看法。

第二节　根据文体特点可选择的教学内容

王荣生教授一直主张语文教学内容需要重构，在他看来上好一节课的最低要求是老师知道他在教些什么，"包括三点：教师对所教的内容有自觉的意识、所教的是'语文'的内容、教学内容相对集中"[3]。而现代派小说教学内容的选取需要考虑其独特的文体特点，根据文体特点选择适宜的教学内容才能更好认识其本质，这也是本文所提出的一项最基本的教学策略——内容选择策略，后文教学方式方法的策略举要均以此为基础。再考虑到前文教学现状中教师对现代派小说教学内容的困惑和相应编者意图，笔者认为现代派小说可选取的教学内容主要包括：小说三要素、叙述与虚构和表现手法。

一、小说三要素

现代派文学虽说反传统、反理性，但准确来说，它对传统有继承，有反对，也有超越，这是文学本身自然而然发展变化的结果，其中皆有迹可循。以我们要谈的小说为例，大多数现代派小说依旧脱离不了小说三要素，故事仍围绕着人物、环境和情节展开，并最终为主题的彰显服务。即使笔者提到现代派小说在这

---

[1] 苏婕. 小说《百年孤独》中"孤独"的主题分析 [J]. 语文建设，2015，33：51-52.

[2] 田丽华，韩旭. 关于人类命运的寓言——《百年孤独》[J]. 佳木斯大学社会科学学报，2005，5：71-73.

[3] 王荣生. 听王荣生教授评课 [M]. 华东师范大学出版社，2007，5：16.

三个方面有淡化倾向，但淡化并不等于没有，我们要关注的是它在这些方面的不同之处，也就是它的"淡化"究竟是如何实现的。所以教师还是可以选择它们作为教学内容，关注其与众不同的地方，通过比较阅读来细细体悟。

（一）人物

传统小说作家乐于描写外在真实，如人物姓名、外貌、衣着和居住环境等等。巴尔扎克在《高老头》中描写高里奥第一次见到沃凯太太的情景，"高老头初来时衣箱填得满满的，服装被褥华丽考究，俨然一副退出商界仍不忘捞一把的阔商派头。沃凯太太对十八件荷兰亚麻细布衬衣赞赏不已，面条商在他的襟饰上别了两枚用小链子系在一起的别针，上面各镶一颗大钻石，更显出衬衣料子的精美。他平日穿一件淡蓝色上衣，每天换一件雪白的凹纹布衬衣，滚圆的肚子在下面蠕动，把一条挂有小饰物沉甸甸的金链子震得直跳。金制的鼻烟壶里有一个塞满头发的颈饰，仿佛他交了桃花运。"[1] 这一段肖像描写交代了高里奥起先的阔绰与富贵，这与他最后的落魄、贫穷形成鲜明对比。这些都是为刻画人物形象服务的，可以说人物形象的塑造是传统小说家创作的重中之重，以达到"塑造典型环境中的典型人物"这一目的。

但现代派作家与此相反，他们笔下人物特征是心态化、类型化。他们排斥外在真实，突破固有框架，主张"向内转"，对人潜意识、主观感受、内心体验等进行探索。"现代派小说中的人物却多半是'心态人物'，淡化人物形象，直面心灵世界。人物形象不再个性鲜明，少外貌描写，无背景介绍。深入人物的内心，直接对人物心灵进行描写。"[2] 也就是说人物语言、行为不再是关注重点，而应将目光聚焦在人物意识和心灵的变化上。当人物个性消失，那他就不再代表他个人，而是变成某一类人、甚至整个人类的影像。这是一种全新的人物，他被抽象化、符号化，人物性格变得更加模糊不清，所有有关他的一切都不再具有明确意义，而只是人物心灵的展示。如《墙上的斑点》中，我们不知道主人公姓甚名谁，不知道她的背景，也不知道她的性格……留下的只有她内心思考的痕迹。如果说人物在现实主义小说中是可能真实存在的人，那么现代派小说中人物更多是一种人格、人性的象征，变得愈加抽象起来。在当时这样一个面临多重危机的世界，人物的类型化更多的是对客观世界的象征，是人类无法摆脱现实困境后的反思与感悟。这样就实现了小说人物的淡化。

---

[1] [法] 巴尔扎克著，周宗武译. 高老头　欧也妮·葛朗台 [M]. 北京市：中国和平出版社知识出版社，1999，9：13.

[2] 吴俊. 高中语文现代派小说的选编与教学初探 [D]. 福建师范大学，2009：20.

所以，在教学现代派小说时，教师教学内容的重点是人物内心情感的变化、意识思维的流动。不应一味地分析人物动作描写、肖像描写或者环境描写等等，因为这些可能没在文本中出现过。遇到这种情况，我们要抓住人物心理变化并由此延伸到客观世界上去，实现从心理活动到思维意识再到意识形态的跨越。

（二）情节

"情节"指将作品中事件的发生按照逻辑关系或因果关系逐步展开的设计与谋划。传统小说家善于设计情节离奇曲折的故事，他们虚构情节，用精彩的桥段引发读者阅读兴趣。如雨果的《巴黎圣母院》中，丑陋的敲钟人卡西莫多为救美丽的吉卜赛女郎埃斯梅拉达而将其带走藏身于巴黎圣母院中，乞丐群众误以为卡西莫多要伤害女郎而想攻入教堂营救她，由此爆发一场悲剧般的"大战"，最终善良的姑娘没有逃离死亡的结局。这篇小说故事情节相当扣人心弦，小说情节运行遵循着"开端——发展——高潮——结局"的模式，并在高潮部分给人猛烈一击，让人心头一震。

而现代派小说的情节则更加淡化、无理化。他们不重视时间、地点、环境……这些组成小说的因素，既没有写下感人肺腑的故事，也没有精心建构完整的情节，《墙上的斑点》就是这么一个极端例子。作者只是展示主人公思维过程，从开始联想到联想结束就是整篇小说的构成内容，所有小说该具备的要素它几乎都没有。因此，在现代派小说中直接寻找一波三折的故事情节可能是徒劳的，它更趋向于对人物心理、意识的描绘与展露，情节则隐秘地蕴含其中。一个个碎片化的记忆构成小说情节，并由主人公意识串联。不同于传统小说由主人公情感的错位推动故事情节发展，现代派小说则是主人公意识活动在推动情节发展，贯穿小说的线索就是主人公的思绪。这也由此实现了小说情节的淡化。

教师在进行文本解读和选取教学内容时，只要抓住人物意识流这一条线索，就能理清文章脉络，了解文章内容。学生由此可体会到现代派小说在情节设置上的妙处，然后从无理的情节本身去挖掘更深层次的东西。

（三）环境

"环境"指的是人物行为和事情展开的时间、地点、气氛、情况等等，它包括自然环境与社会环境。现代派小说与传统小说的自然环境没有什么不同，都是通过自然环境描写去衬托人物、营造氛围等等，在此就不再赘述。但二者在社会环境描写方面却各有特色，传统小说会有关于社会环境的直接描写，所描写的内容是真实存在的，作者也尤其强调这一典型环境的塑造。但在现代派小说中，大部分作者避免对社会环境进行直接的提及，而是通过象征和荒诞等表现手法去虚构和暗示，因此造成小说中社会环境的疯狂和喧嚣。小说环境这一要素的淡化正是借此体现。比如《第二十二条军规》里作者通过荒诞的手法塑造了一个连吃饭都要签字宣誓的军营环境，这在现实生活中是不存在的，作者以此来讽刺军事官僚集团的专制与蛮横。

联系到2004年版高中语文教材的选文，编者去掉《百年孤独》《变形记》和《墙上的斑点》而保留《老人与海》这一"正能量"文章，其用意可想而知。《百年孤独》《变形记》和《墙上的斑点》所塑造的社会环境是自然和社会对人性的压迫、人与人之间的冷漠无情，可以说是对人性阴暗面的展露。可能有些同学可能会疑惑，这些情感我们在鲁迅的文章中有接触到，算不得有所回避，但从深刻性上来说，现代派小说展示和批判的要比鲁迅更深一步。如果说《药》中夏瑜坟头的花环是黑暗中的希望，保留着人性最后的温暖，那现代派小说带来的则是全然的绝望与无情。编者可能觉得这种消极、悲观、虚无的情感倾向不适合三观还未成熟的高中生，阅读时也可能由于经历尚浅而无法理解。可见当前高中语文教材在选文上仍比较倾向于那些主题积极向上的作品，但笔者认为，只有了解黑暗才能更好地拥抱光明，要适当地让学生去接触这类作品。它里面确实有颓废、有痛苦，但更有着呼唤与渴望。

所以，教师在教学时要透过复杂的表现手法去看现代派小说中的社会环境，要将其透露的幽暗意识和人文精神结合起来。正确引导学生去判断事物，学会换位思考，锻炼学生的细节观察能力、思辨能力与语言表达能力。

二、叙述与虚构

"小说的基本问题，无论是从本体论来看，还是从认知论来看，是一个虚构性问题。这个问题就是小说世界的性质问题。"[1]而现代派小说可以说是将虚构这一要素完全体现了出来。所以学生阅读现代派小说时，首先要保持着"虚构"的阅读态度，它要求我们更多去关注小说虚构的方法，而不是虚构的内容。王尚文先生也在《语感论》中指出"任何言语内容都不可能脱离一定的言语形式而存在，任何有效的言语形式也都不可能不表达一定的言语内容，两者互为依存，不可分割"[2]，体现其对小说形式的关注，而叙述学就是专门研究文章写作形式的。

（一）虚构

我们都知道小说是虚构的，可传统小说极力营造一种真实的环境，塑造一些

---

[1] 廖昌胤.小说悖论：以十年来英美小说理论为起点[M].安徽大学出版社，2009：157.

[2] 王尚文.语感论[M].上海教育出版社，2006：246.

真实的人物，编织着看似真实发生过的故事，甚至有些小说标榜着根据真人真事创作完成。但事实上，只要经过作者的"创作"，其中就肯定有文学性的二次加工。传统小说作家在写作过程中极力回避其中的虚假，向真实靠拢。这导致读者常常在阅读时将虚构这一点忽略，全身心地投入到故事中去，因主人公的经历或悲或喜。随着时代的发展，各种文学理论层出不穷，作家们的文体意识也越来越强，他们意识到小说绝不等同于现实，它可以有全新的世界，世界里可以有全新的规则、人物、事件……我们不必非要去描摹现实生活。

从前文对的教材分析我们可知，《外国小说欣赏》第八单元的话题是虚构，所选例文为两篇现代派小说：《沙之书》《骑桶者》，这是笔者教学内容选取的重要参考依据。博尔赫斯的《沙之书》在文章开头第一段就写到"如今人们讲虚构的故事时总是申明它千真万确；不过我的故事一点儿不假"，但看完这篇小说的读者马上就会意识到：这篇文章是虚构的。沙之书无穷无尽、无始无终，即使每次翻到相同位置，看到的内容也完全不同，这在现实生活中不可能发生。所以读者此刻再回头看作者开头写的那段话，会发现它更近似一种调侃、一种提醒。现代派小说家不会去费尽心机编造那些"真实"的故事，他不惧承认自己作品的虚构性，甚至乐于揭示小说的虚构性，他们所写的故事无时无刻不在向读者表明其内容的虚假与不真实。领会到这一点，教师在解读文本时，就必须要让学生在阅读过程中树立起"虚构"这一阅读态度。不要纠缠于故事的真假，比如"沙之书究竟存不存在""真的有本书能无穷无尽吗"等等流于表面的问题，而是去思考其背后寓意。如果书不可能无穷无尽，那什么是无穷无尽的呢？书在这里究竟代表了什么？这才是需要我们去思索的，这是隐藏在虚构背后的真实，需要教师对学生加以引导。

（二）叙述

有虚构这一阅读态度后，我们需要进一步思考作者是如何虚构的，也就是作者是如何去叙述的，这是对文章言语形式的探索。1967年法国作家罗兰·巴特提出"作者已死"，他当然不是指作者身体上的死亡，而是指作者在作品中的"死亡"，也就是说作者不再出现于文本里，他隐藏在文字之后，甚至独立于文本之外。现代派小说一直以来就秉持这一观点，由此造成小说在叙述上的转变。

与虚构这一教学内容相同，这也是从教材得到的启示。《外国小说欣赏》将叙述分为叙述角度、叙事人称、叙述腔调和速度控制这四个方面，对教师教学内容的选择做出提示。以叙述角度为例，传统小说大多采用全知全能的叙述角度来讲述故事，如上帝俯瞰众生，一切尽在掌握之中。比如莫泊桑的《羊脂球》中，女主人公羊脂球因妓女身份被同车旅客施加暴力与残害，他们的做法看似"合情合理",可在具有上帝视角的读者看来,这是对一个无辜少女的伤害与压迫。而现代派小说作者"就是要做一个'反(非人)'去写一部'反小说',而且不以让读者(人)看懂或者从中获得一般的正常的阅读快感为目的"[1],所以它采用的一般是有限视角。作者在叙述时会隐藏自己意图,也不会对人物行为做出过多解释。再从叙述人称来看,"当代英美小说深刻地触及大量隐蔽的主观世界。你若随意计算一下,1920年以来所发表的小说,就会发现已过于频繁地运用第一人称和由一个人物叙述这种形式了。"[2]这也是现代派作家偏爱这种叙述方式的原因,它更能展现主人公的内心世界。教师在解读此类文本时就可从主人公的角度看这个世界,用自己的知识和经验去发现、去体悟、去思考,找到人物意识背后的秘密。

因此,教师在选取叙述作为教学内容时,就可从这四个方面出发,找到小说在某一方面的突出特点。如余华的《十八岁出门远行》就是以一个刚刚十八岁成年少年的角度来叙述这个故事,通过未经世事少年的眼睛来看这个世界,他一言一行都彰显着少年人性格特点,少年人迷茫无措,经常在寻找"旅店"路上;少年人乐于助人,看到司机苹果被抢会主动上前帮忙;少年人热情开朗,看到陌生人也会主动上前问好搭讪。教师就可指导学生从叙述角度、叙述腔调这两个方面对人物进行解读,以达到对文章内容与主题的理解。

三、表现手法

"一定的言语内容生成于一定的言语形式,一定的言语形式实现一定的言语内容。因而可以认为,比之言语内容,言语形式是更本质、更关键、更重要的东西。"[3]从以往的教学来看,教师大多将教学重点放在对人物、情节和环境等的分析上,忽略对小说本身表现手法的探索。尤其是现代派小说在人物、情节、环境等要素上都有淡化的倾向,我们就更要关注文章的言语形式。前文的叙述与虚构属于言语形式一部分,而表现手法也同样是我们需要关注的言语形式。若学生对现代派小说使用的表现手法毫无了解,那他就不可能真正读懂现代派小说,因为这些表现手法正是作品精髓所在,这也是前文分析教材时编者屡次要求我们关注的重点。

现代派小说有诸多流派,除了对人意识、心理的关注是共同点外,对各种表

---

[1] 王洪岳. 现代小说作者论[J]. 浙江师范大学学报, 2004, 2005, 3: 9-13.
[2] 雷班·乔纳森. 现代小说写作技巧:实用文艺批评集[M]. 陕西人民出版社, 1984: 16.
[3] 王尚文. 语感论[M]. 上海教育出版社, 2006: 246.

现手法的追求也是他们的重要特点之一。他们对形式和技巧的追捧甚至超过对内容本身的关注，总是绞尽脑汁创作出各种新奇多变的表现手法运用于写作，并由此开创出一新的文学流派。之前提到现代派小说文体特点有荒诞性、象征性和心理性，这其实对应现代派小说三种常用的表现手法：荒诞、象征和意识流。此外还有暗示、反讽、黑色幽默、蒙太奇、多层次结构、现实与幻想的结合、思想知觉化……这些创作手法都可以成为教学过程中的关键点，并由此带出对整篇小说的解读。以意识流小说为例，"正统的"意识流小说应该具备五种表现手法："第一，时序的颠倒和融合。第二，跳跃穿插的自由联想情节。第三，心理分析式的内心意识独白。第四，大量运用各种象征手法。第五，语言与文体上标新立异的离奇实验"[1]所以当教师选择意识流这一表现手法作为教学内容时，就可从这些方面去具体分析小说中意识究竟是如何流动的。《第二十二条军规》所用表现手法是"黑色幽默"，"幽默"原本代表是轻松、温和、逗趣，但加上代表着黑暗、阴冷、痛苦和怪诞的"黑色"后，也沾染上沉重、冷淡和阴暗的色调。它通过喜剧的形式来呈现悲剧的内容，站在一个旁观者的角度，用看似轻松幽默的笔调去描写战争与死亡。"海勒的幽默包含着悲哀与病态，他的陌生化和冷漠感是一种聊以自慰的无可奈何的笑。他对自己描述的世界怀着极度的厌恶以至绝望。他用强烈的、夸张到荒谬程度的幽默和嘲讽的手法，以荒诞隐喻真理"[2]这种"黑色幽默"表现手法学生平时很少接触，要引导学生关注和理解，不懂海勒的这种黑色幽默，就无法读懂这篇小说。此外，丰富学生有关表现手法方面的知识，对他们平时写作也大有裨益。

当然，现代派小说中某些手法过于极致地追求奇特，比如达达主义的基本原则为"破坏一切"，他们否定一切，对现实采取不屑一顾的嘲讽态度，认为艺术是没有思想的，崇尚虚无。在写作过程中，他们以自我为中心，追求随意与偶然，故意不遵循语法结构，杜撰一些没有实际意义的单词与语句，这种绝对的自由精神对后人有一定启发意义。但从文学创作本身而言，它对于文学进步是弊大于利。再看语文教材的选文篇目，这些作品都是被剔除在外的，作为教师也要意识到编者在选文时的谨慎与良苦用心。

---

[1] 姚婧．浅论邓斌小说的东方意识流叙事风格[J]．现代语文：上旬，2010，2：85-86．

[2] 邓芳．从《第二十二条军规》中解读黑色幽默[J]．荆楚理工学院学报，2009，8：55-56．

第三章　高中语文现代派小说教学策略

现代派小说文体的特殊性要求我们必须从文体出发，根据文体特点选择教学内容。这一内容选择策略有助于我们抓住现代派小说的本质。为进一步落实相关教学内容，笔者结合编者意图和教学现状对具体教学方式方法进行策略举要，包括文本细读法、比较阅读法、图式建立法和意识追踪法。以相关策略为载体将教学内容加以串联和整合，使学生难以理解的问题找到突破口，使教学过程得以展开。

通过比较阅读法，可落实有关小说三要素教学内容，突出现代派小说在这三方面的独特性。通过图式建立法和专门针对意识流小说的意识追踪法，落实叙述与虚构、表现手法方面教学内容。其中文本细读法可贯穿另三个策略，比如在比较阅读过程中就可用到文本细读法去细读小说中的人物，也可以通过细读比较二者在叙述和表现手法上的差异。当然，其中穿插着对现代派小说文体特点的把握。所以，这些教学策略和教学内容不是强制性地必须对号入座，教师在运用过程中可根据实际情况灵活调整，将内容与策略进行恰当组织与融合，以求在课堂教学中达到良好效果。

第一节　文本细读，以小见大

"细读是对一部文学作品彻底的和细致入微的分析，尤其强调文学各个组成部分（典故、意象、声音效果等）的相互关系。"[1] 后细读法被推广到对其他文本体裁的分析中。当然，细读法在运用到不同文本体裁时会有所变化，对诗歌的细读需要抓住其中意象，并由此对这些意象所形成的境，乃至最后的情进行分析。而小说的细读则涉及对人物、情节和环境等要素的分析，它是对文学作品的内部探究。这要求我们立足作品本身，关注文章细微之处，对文中每一个细节、每一处语意的转折都保持高度警惕。

在语文教学领域，我国学者孙绍振在文本细读的理论上和实践上都做出卓越

---

[1] 黄光伟. "新批评派"的"范例"及其历史意义 [J]. 学习与探索，2009，3：188-191.

贡献。"孙绍振的文本细读法是在呼唤'回归文本'却又苦无良策的环境下应运而生。这种解读方法可以有效解决语文教学中'脱离文本''盲目拓展''伪分析'等问题，孙教授结合具体案例的微观分析研究也为我们展示了文本细读法很强的可操作性。"[1] 所以，当教师或学生解读现代派小说遇到困难时，不妨运用文本细读法，从小说的矛盾点、关键点和留白点入手，以小见大，将一些看似不重要的细节点升华为与文章主题、叙述方式、表现手法等相关的重点。

一、细读矛盾点

前文提到现代派小说在文体上具有荒诞性的特点，这主要表现在小说的语言、情感、思想、情节等等都"遵循着反因果的逻辑"[2]。这些不合逻辑、违反常理之处就是教师与学生所要关注的矛盾点，每个矛盾点背后都有着作者的深刻用意。有些矛盾点与文章主旨密切相关，是文章重要突破点。

教师可以设计一系列问题，通过提问法来引导学生关注矛盾点并进行反思。在余华的《十八岁出门远行》中就处处充满着矛盾，比如对于文章开头几段学生就可提出不少问题。为什么"我"在马路上走了一天都没发现旅店？为什么每一个遇到的人都让"我"走过去看看？现实生活中是否会发生这样的事？不会，我们不会在马路上走一天，不会走一天都不累，不会走一天就只碰到一辆车，不会每个人都回答相同的话……这种与日常生活经历相矛盾的地方就需要仔细揣摩。因为文中的马路绝不是现实生活中的马路，它实际象征着看不到终点的人生之路，十八岁的我们踏上人生之路，心中满是迷茫与无措，懵懵懂懂。旅店是人生中暂时休憩的地方，是人们精神的归宿。刚开始我们带着不知者无畏的精神不知疲倦地向前进发，后来我们开始关心旅店在哪儿，想休息一下。但没人能告诉我们可以在哪儿停留，人生之路的终点在哪儿，一切都是未知数。作者运用象征和荒诞的手法向我们讲述刚步入社会的少年在人生路上可能会遇到的人和事，展示少年人心路历程。仅从这些看似渺小的矛盾点我们就可以对小说主题有所把握，了解小说的叙述角度与表现手法。

《骑桶者》中矛盾点是：老板娘究竟有没有看到讨煤的"我"？因为老板娘在与丈夫对话中反复强调"我什么也没有听见""我什么也没有看到""没有人，街上空空的"。但以主人公"我"的角度来看，文中写到"她当然马上看到了我"，但在老板娘否认后，"我"的说法又变了，"她什么也没有看见，什么也没有听

---

[1] 龚帅. 论孙绍振先生的文本细读法 [J]. 文学教育（上），2015，4：61-63.
[2] 孙绍振. 文学文本解读学 [M]. 北京：北京大学出版社，2015：298.

见；但她把围裙解了下来，并用围裙把我扇走。"两个人的说法不一样，"我"前后说法也不一样，这是为什么呢？教师就可以抓住这一矛盾点，让学生去思考老板娘有没有看到"我"，并说出自己的理由。学生们认为老板娘看到"我"了，但因为"我"没有钱买煤，只是来乞讨，老板娘就不想搭理"我"，假装没有看见、没有听见。当"我"看到老板娘这冷漠无情的态度后，心中满是绝望与愤怒，那句"什么也没有看见，什么也没有听见"实则是"我"的讽刺之语，并不是说对她的话予以认同。作者通过两人话语矛盾，表现老板娘的无情与吝啬和"我"作为穷苦百姓的卑微与无奈。教师就可从这一处话语矛盾联系到两人身份的差异、阶级的差异，小说主题自然也就出来了。

二、细读关键点

治病讲究"对症下药"，阅读小说也要抓住小说里的关键点，这里的关键点指小说里关键字、关键词和关键句。它们可能出现在小说标题，或者是小说开头、中间、结尾任何一个地方。"关键"这个修饰语说明它的地位，它与文章主题相联系，与作者情感息息相关。

小说《变形记》一个关键点就藏在文章标题里——"变形"。捕捉到这个关键词，教师就可围绕它向学生提问，小说里面谁变形了？变形成了什么？主人公变形前后的生活发生怎样的变化？为什么会发生这样的变化？小说里其他人物有没有变……通过这一系列层层深入的提问，引导学生一步步走进文本中心。他变形后家人、老板态度的变化，象征着这个社会的人情冷暖。在这种冷漠、无情的人际关系下，格里高尔外表变了但他的心没变，他依旧善良温暖，对家人关怀备至。真正变的是家人对他的态度，是社会对他的态度，也就是说实际上变形的是亲情，是整个社会。所以标题里"变形"二字，不仅指格里高尔的变形，还指这个家庭、整个社会的变形，这种"异化"现象正体现了文章主题。可见格里高尔的变形身不由己，它反映资本主义社会普遍存在的"异化"现象，主人公就是被资本主义社会压榨和吞噬的小人物代表。

还有，我们在读《变形记》时总被一种阴暗之感包围，整个人情绪都处于低落状态，"黑""暗"这些关键字，在其中起着不可忽视的作用，它们在文中反复出现。"那阴暗的天气""在黑暗中环顾了一下四周""可是下面格里高尔的身旁却是一片黑暗""致使他躲在房间里的暗处"，这里的"黑""暗"有时代表时间流逝，有时代表主人公处境，有时代表主人公心情……总之，它们对小说氛围的营造不可或缺。与这些关键词相对的是"光"与"亮"，"街上的电灯在天花板上和家具的较高部稀稀拉拉投下淡淡光晕""自己却可以看见全家人坐在被照亮的桌子旁边",光明是格里高尔向往和追求的,是他可望而不可即的宝物。当家人在阳光下生活,在灯光下交谈时,他只能在阴暗房间里默默看着。因为他不能出现在阳光下,他的变形为家庭与社会所不容,并最终死在那个黑暗房间里,消失于这个黑暗世界。可见"黑"与"暗"在这里象征着现实世界的压迫,是黑暗的社会现实导致他的死亡。

所以,《变形记》里的关键词"变形""黑""暗"等在文中皆具有象征意味,体现现代派小说"象征性"这一文体特点和象征这一重要表现手法。而这种象征意味往往与小说主题有关,这些都是我们从关键词得出来的。还有《百年独孤》里的"孤独"二字也值得细细探究,谁在孤独、怎么孤独了、为什么会孤独……《老人与海》里关键句是桑地亚哥内心独白"可是一个人并不是生来要被打败的",这是主人公的生活准则,他在与鲨鱼搏斗过程中将这句话里的硬汉精神贯彻到底。总之,这些与文章内容密切相关的字词句教师都要重点把握。

三、探究留白点

留白手法起先用在绘画艺术中,好的画家善于运用留白给观看者留下丰富的想象空间,达到不必言传,只需意会的境界。现代派小说没有相对完整的故事情节,作者也不屑于去解释这个故事,而是在文中留有大量空白,让读者自己去揣摩、思考,这与绘画中的留白手法有异曲同工之妙。教师要引导学生关注这些留白点,给学生一些想象、探索的空间,去探究留白点背后的深刻意蕴,不断提升学生想象力和思辨力。

《桥边的老人》最后留给我们的画面是:老人在路旁尘土中坐着,木然地说着"我只是在照看动物"。我们不知道故事结局,老人究竟有没有过桥,那些动物最后怎么了,"我"之后又去了哪儿,这些都是海明威在结局给我们留下的空白。他将那一天发生的事定格在桥边,将老人永远地留在战火的喧嚣中,仿佛是一幅画一样让我们细细欣赏,这正是作者写作上的高明之处。学生会在脑海中勾勒出这幅画面并对它留有深刻印象,桥的一边有着他放心不下的事物,但充满着危险;桥的另一边是安全的,却没有任何属于他的东西。老人最终停在桥边,这是他对于人生选择的无奈,他无法回头也不能前进。这种看似没有结局的空白,留给学生回味的余地。让他们更深入体会到老人内心的迷茫与痛苦、战争的残忍与无情,对老人的同情之心、对战争的厌恶之情也就油然而生,文章主题也就显现出来。

在《十八岁出门远行》中,"我"见司机苹果被抢,立马冲上去帮助,结果"我被打出几米远。爬起来用手一摸,鼻子软沓沓地,不是贴着而是挂在脸上了","我"被打得这么惨,为什么文中没有描写"我"的痛苦呢?与现实主义的写作手法相比,这是一处空白。孙绍振先生就对此解读道"余华之所以不写鼻子打歪的痛苦,那是因为他要表现人生有一种特殊状态,是感觉不到痛苦的痛苦:在鸡毛蒜皮的小事上痛苦不已、呼天抢地,而在性命交关的大事上麻木不仁。这是人生的荒谬,但人们习以为常,不但没有痛感,相反乐在其中"[1]。这一解读很是新颖,学生在解读时可能不会这么到位,但这给了我们启示:教师在教学过程中不妨放开手脚,让学生针对这些空白点,发挥想象和联想去表达自己看法。对这些留白点的探究更容易让我们体会到现代派小说主题的不确定性,从而对小说进行多元化的解读。此外,教学现状也告诉我们,学生面对这一类比较陌生的文章常常无从下手,而细读就是一个很好的切入口,从点到面,符合学生的认识规律。所以在教学过程中,教师就可通过细读文中的矛盾点、关键点和留白点,以达到对文章主旨、表现手法等的理解,将相关教学内容予以落实。

第二节 比较阅读,同中求异

现代派小说和传统现实主义小说相比,在人物、情节、环境上各有特色。可在教学现状调查中,不少学生并没有体会到它们的不同。为让学生意识到二者由于文体而导致的差异,笔者从教材单元提示得到启发,思考"对比"的可行性。下面将以《变形记》和《祝福》的比较阅读为例,通过比较阅读落实小说三要素等相关教学内容,有利于减少学生对现代派小说的陌生感,激发学生阅读兴趣。

一、比较人物如何塑造

前面提到现代派小说中人物被淡化,而淡化的表现就是人物的心态化、类型化,这是其与传统小说人物不同之处。那学生就可对这两篇小说,在人物形象、人物塑造方法上的异同进行比较。

首先我们要明确一点,并不是随便两篇文章都可以用来比较阅读。祥林嫂和格里高尔都是现实生活中的普通小人物,正因为二者有相同之处,教师才可以把这两篇看似风格迥然的小说进行比较阅读。明白这一点,学生才能更好地把握教师布置的学习任务。所以教师要先让学生找到祥林嫂和格里高尔的相同之处,这点可以让学生阅读完文章后,从人物事件入手进行概括与归纳。

一是经历相似。《祝福》中第一次来到鲁镇的祥林嫂虽然失去了丈夫,生活

---

[1] 孙绍振.文本分析的七个层次[J].语文建设,2008,3:4-8.

困苦，但两颊还是红的，精力充沛，工作起来毫不懈怠，脸上也渐渐有了笑影，大家对她也挺满意。改嫁后的祥林嫂，第二任丈夫去世，孩子也丢了，于是她第二次来到鲁镇。这时她脸色青黄，没有先前的精神，手脚也不灵活，整日哭丧着个脸，周围人开始嫌弃她。《变形记》中虽没有直接描写格里高尔变形前的生活，但从相关语句我们可以知道，变形前的格里高尔是家庭支柱，工资用以养活一家人，家人对他也很是感激亲近。而变形后的格里高尔成为家人累赘，大家对他甲虫的外表感到害怕恐惧，对他不再能提供金钱而不满愤怒。可见这两人的人生都是凄惨的，他们的一生都发生过重大变故，由此导致的变化不仅是外表、生活上的改变，还涉及周围人态度的转变。

　　二是性格相似。祥林嫂一直以来都勤劳、踏实、能干，她没有抱怨命运不公，一直自发地与命运抗争。她想逃离改嫁的命运，于是来到鲁镇，虽然最终还是抗争失败。但改嫁后的她依然认真努力生活，还有了新家庭，然而命运又再次将她压垮。这时她只得又回到鲁镇做工，想要开始新生活。而格里高尔一直以来对家人关心爱护、无私奉献。变形前兢兢业业地上班供养家人，变形后也依旧担心着家人的生活，想送妹妹去音乐学院学习，想用自己之前节省的零花钱偿还父亲的债务。由此可知，虽然他们都遭遇到人生挫折，但他们的本质都是善良、温柔的。

　　三是结局相似。祥林嫂在鲁镇祝福的热闹背景下，落寞死去。短工对祥林嫂的死是淡然的，鲁四老爷觉得她死得时间不合宜而骂她是"谬种"，在得知祥林嫂可能是穷死后，"我"的心情也由不安变得轻松。格里高尔在被父亲的苹果砸伤后，顺从他们心意，在被锁住的房间里"自愿"默默死去。老妈子在发现他死后"吹了一声口哨"，是看热闹的新奇与庆幸。家人在短暂忧伤后，有的也只是轻松愉悦，打算开始新的生活。这两人的死亡可以说是必然，周围人冷漠的态度也令人感到心寒，是黑暗无情的社会"杀死"了他们。如果说相同点是我们进行比较阅读的原因，那不同点才是真正需要分析与探究的，我们要去找到"这一篇"小说的特别之处。阅读《祝福》后，我们发现鲁迅在肖像描写上十分高明，主要从人物穿着、眼睛和脸色变化进行前后对比。他曾说："要极省俭的画出一个人的特点，最好是画他的眼睛。我以为这话是极对的，倘若画了全副的头发，即使细得逼真，也毫无意思。"[1] 所以祥林嫂那一双眼睛将她一生的悲惨命运都"讲"了出来，从中可以看出她的性格、心理活动。教师可以让学生找出文中肖像描写，这三次肖像描写对应祥林嫂人生三个阶段，并最终将目光聚焦于她眼

---

[1] 鲁迅. 鲁迅散文集 [M]. 万卷出版社，2013：159.

睛的变化，通过细读她的眼睛来看祥林嫂的一生。

第一阶段：初次来到鲁镇祥林嫂"只是顺着眼，不开一句口"，一个低调温和、安分耐劳的普通劳动妇女形象便出现在我们面前。第二阶段：再次来到鲁镇后，她仍"顺着眼"，但"眼角上带些泪痕""抬起她没有神采的眼睛""直着眼睛，和大家讲她自己日夜不忘的故事"，经历一连串打击后，祥林嫂心灵饱受摧残，内心满是痛苦和空虚。而捐完门槛的祥林嫂"神气很舒畅，眼光也分外有神"，此时她又重新燃起希望，但在四婶不让她碰祭品后，她又"失神地站着""不但眼睛窈陷下去，连精神也更不济了"。她终于明白即使捐了门槛也毫无用处，没有人会因为这件事高看她一眼，这是对她精神信念的沉重一击，她被彻底摧毁。第三阶段：最终，沦落为乞丐的祥林嫂"消尽了先前悲哀的神色，仿佛是木刻似的；只有眼珠间或一轮，还可以表明她是一个活物"，她如行尸走肉般流落街头，整个人失去精气神。只有在向"我"询问魂灵问题时，"没有睛采的眼睛忽然发了光"燃起一丝希望。可以看到，临死前祥林嫂依旧被鬼魂、地狱等问题困扰与折磨，带着恐惧一步步走向死亡。

再看《变形记》，其中自然也有肖像描写，"他仰卧着，那坚硬得像铁甲一般的背贴着床他稍稍一抬头，便看见自己那穹顶似的棕色肚子分成了好多块弧形的硬片，被子在肚子尖上几乎待不住了，眼看就要完全滑落下来。"这是文章开头第一段格里高尔变成甲虫之后对他甲虫形态的肖像描写。作者写实地对格里高尔变成甲虫后的外貌和动作进行叙述，但因为他是虫，所以并不会涉及神态变化，因为虫说的话没人听得懂，所以他和人没有语言交流。那作者是如何表现格里高尔性格的呢？学生通过肖像描写分析人物形象碰壁后不难发现，作者花费大量篇幅描写格里高尔的内心独白，通过他心理活动的变化、他一系列的联想和想象交代故事相关背景，从而推动小说情节发展，这是其与《祝福》塑造人物的不同之处。

教师要引导学生细读格里高尔内心独白部分，并从中得出相关信息。比如课文第六段写格里高尔看到柜子上闹钟后，引发的内心独白和进行的自由联想。他看到闹钟此时时间为六点半，他立马想到他上班要迟到了，此时他想象出三个情况：一是因为他的货样还没包装好，精神也不佳，所以肯定赶不上车。二是即使赶上车，因为迟到也会被老板骂。三是向老板请病假，但老板也不会理解，甚至会带着医生的诊断驳回他的抗辩。这是格里高尔由一个小小闹钟引发的一系列猜想。这一段内心独白交代了他变形前的工作日常和他与老板的关系，他每天四点就起床包装货样，然后赶五点的火车去上班，工作五年从来没请过病假，"他是老板的一条走狗，没有骨气和理由。"总是挨骂。从工作时间和老板态度看，他一直被老板压榨着，但为赚钱养家他不能丢掉工作。所以即使变成甲虫，他也无法顾虑自己，而是真心实意地害怕失去工作。教师在教学《变形记》时要将重点放在主人公内心独白和自由联想部分，这正是现代派小说人物心态化的体现，同时也表明现代派小说心理性这一特点。

格里高尔的身份是甲虫，所以很多现实主义小说中刻画人物的方法，在《变形记》中不再能自由灵活地运用。卡夫卡将人异化为甲虫，这种荒诞手法、这种"异化"主题正是现代派小说推崇的。所以究其根源，二者的不同是由文体差异导致，这是教师要带领学生体悟的。

二、比较情节如何展开

总的来说，《祝福》仍用着传统小说运行模式来安排情节，故事有开端、发展、高潮和结局。教师首先要按照这一层次引导学生对小说情节进行梳理，这项任务比较简单。小说的序幕是祝福景象和鲁四老爷，开端是祥林嫂初到鲁镇，发展是祥林嫂被迫改嫁，高潮是祥林嫂再到鲁镇，结局是祥林嫂落寞死去，尾声是祝福景象和"我"的感受。在这里，作者采用倒叙手法，从一开始就将祥林嫂的悲剧结局告诉我们，通过设置一系列悬念引发读者好奇心，这是这篇小说在叙述上特色之一。故事情节一波三折、跌宕起伏，引得读者心情也跟着上上下下。

学生还可以按照人物经历及其情绪状态，将情节起落进行一个划分。首先祥林嫂死了丈夫，成了寡妇，这时情节本身就处于落的状态。祥林嫂不想改嫁于是逃到鲁镇，在这里她日益满足，心生欢喜，这是情节的一起。夫家的突然闯入打破原本平静的生活，她被掳回去卖给别人做妻子，这又是一落。原本以为会是悲惨的命运，结果幸运的是她嫁的男人是个好的，生了孩子，人也胖了起来，这是一起。可天有不测风云，人有旦夕祸福，祥林嫂的丈夫死了，孩子也被狼叼走，这是一大落同时也是文章高潮部分。祥林嫂省吃俭用捐了门槛，想着死后就不用锯成两半分给两个男人，重新燃起生的希望，这是一起。然而四婶仍不让他摆祭品，她大受打击，最后被赶走成了乞丐，这又是一落。结局时，纠结魂灵存在与否的祥林嫂向"我"询问，想抓住最后希望，这是一起。而"我"的逃避和祥林嫂的死亡是最后一落。小说就在情节的起落和摇摆中慢慢走向终点。

《变形记》写了格里高尔变形成甲虫后的生活，而人不能变成甲虫，故事开头也没有交代主人公为什么会变成甲虫，这是个毫无理由的开头，人怎么就突然变成甲虫？这是情节无理化的体现，也是现代派小说常用的荒诞表现手法，对其进一步探究，可落实表现手法这一教学内容。再聚焦到文本本身，学生在概括故事情节时会发现，它描写的都是一些零星琐碎的日常生活细节，甚至有些烦琐而拖拉，整个故事和情节都被淡化处理，连主人公格里高尔的死亡在文中都是那么平淡无奇，引不起人们一丝波澜。荒诞、无理化背后是社会的真实，在那样一个人性被金钱湮没的时代，人与人之间情感淡薄、人性的扭曲与异化被体现得淋漓尽致。无价值意味着被抛弃，被抛弃就将走向死亡，这是格里高尔必然的宿命。结尾没有告诉我们失去格里高尔的萨姆沙一家最后结局如何，只简单写道"他们想到，现在已经到了为她找一个如意郎君的时候了。到达目的地时，女儿第一个站起来并舒展她那富于青春魅力的身体，他们觉得，这不就是对他们新的梦想和良好意愿的一种确认吗？"可以说，一切仍然在按照萨姆沙一家日常琐事的发展进行着，没了格里高尔他们自然要开始新生活，而下一个被压榨对象显然就是他们的女儿。一切都看似这么顺理成章、平淡地推进着，没有什么大的情绪起伏，仿佛格里高尔变成甲虫不是什么奇特的事。学生要去思考为什么卡夫卡要将这些琐事作为故事情节？因为作者想呈现的正是人变成甲虫后所发生的真实生活状态，想告诉我们人的异化在现实生活中已是一件平常事，现实生活没有那么多曲折和意外，这种真实背后影射的是社会的真实。最后我们还可以带领学生进一步思考，究竟是什么在推动着故事情节发展？《祝福》中故事发展都不是祥林嫂所乐意的，人与事、事与事之间都充满矛盾，一个个重大、偶然事件的发生改变了人物命运，祥林嫂也在这起与落的摇摆间渐渐走向死亡的结局，仿佛有一只命运之手强迫她前进。相反，《变形记》有些情节的发生反而是主人公自己心理活动在预示、推动着。当他想到"老板一定会带着医疗保险组织的医生来，会责备父母养了这么一个懒儿子"，他果然在打开房门后看到秘书主任。当他想着"也许确实还是让母亲进来看看的好，当然不是每天都来，不过也许每星期一次"，这个愿望不久便实现。就连最后的死亡都是他自己决定的，"他认为自己必须离开这里，他的这个意见也许比他妹妹的意见还坚决呢。"抱着这样的想法，他如愿离开这个世界。可见，《祝福》情节发展来源于主人公意愿与现实生活矛盾的碰撞，这种情感错位也是大多数小说展示的。但《变形记》情节的发展是主人公意识的自主推进，是贯穿全文的线索，体现了现代派小说心理性特点。

还有一点需要注意的是，《祝福》中有一个特殊人物见证了祥林嫂的死亡，那就是"我"，"我"的所见所闻串起祥林嫂的一生，作为线索推动故事情节发展，是这篇小说的叙述角度，而这也正是传统短篇小说惯用手法——作者的介入。"传统短篇小说在情节开展中总会介入作家的声音，或抒发对于作品主人公的或同情或惋惜的感叹，或就所发生的事件作以一番评论。"[1]在这里，鲁迅不是

---

[1] 徐晗. 凯·曼斯菲尔德短篇小说现代主义特征[D]. 上海师范大学，2006：108.

直接介入小说之中，而是通过"我"的形象，间接地对这件事、这个人抒发情感。"我"讨厌鲁四老爷，深切地同情祥林嫂，有着鲜明的反封建思想，这是作者本人态度与思想的映射。但"我"懦弱无力，有着担心祥林嫂的善良却终究冷漠以对，只能压抑自己的思想，这同样也是作者内心矛盾的真实写照。鲁迅想拯救饱受封建思想摧残的国民，想拯救这个摇摇欲坠的国家却始终感到无能为力。而现代派小说主张作者的隐退，强调"读者的介入"，认为作品的最终完成靠的是读者。所以《变形记》是以旁观的第三人称为叙述角度，从头到尾都没有另一方声音介入去透露作者情感以及思想。他将自己的爱憎融入人物自身血液中，通过一个"真实"故事的呈现让读者自己去进行反思，由此造成现代派小说的不确定性。这是二者在叙述角度上的差异，实现叙述角度这一教学内容的落实。

三、比较环境如何营造环境

环境作为小说三要素之一是故事发展的重要背景，可分为自然环境和社会环境，《祝福》与《变形记》都有关于环境的描写。自然环境描写点明故事发生的时间和场景，起着渲染气氛，烘托人物心情，间接表明人物思想和性格，推动情节发展的作用。比如《祝福》中四次对雪景的描写就属于自然环境描写，"小说开头这样写到'天色愈阴暗了，下午竟下起雪来，雪花大的有梅花那么大，满天飞舞，夹着烟雾和忙碌的年色，将鲁镇乱成一糟。'如此的开头，已为全文的感情奠定了沉重的基调，更是一种对严酷冷漠的现实背景的暗示。"[1] 社会环境与自然环境描写在作用上有相似之处，它的独特在于交代故事发生的特定时代背景，而这与人物命运息息相关。鲁迅的《祝福》就是通过塑造典型环境中的典型人物来体现小说主题，这也是这篇小说在环境营造上的特色。

小说的名字叫作"祝福"，祥林嫂的故事就是在"祝福"景象中开始和结束。所以学生要关注到文中关于"祝福"的环境描写并进行细读。以小说开头第一段为例，"旧历的年底毕竟最像年底，村镇上不必说，就在大空中也显出将到新年的气象来。"紧接着，作者从视觉（爆竹的闪光）、听觉（爆竹的钝响声）、嗅觉（爆竹的火药香）等多角度描述故事发生的特定背景——"鲁镇年终的大典"，在一声声爆竹声中他们迎来鲁镇年终祝福的热闹景象。大家在这一天的任务是"致敬尽礼，迎接福神，拜求来年一年中的好运气的"，而热闹背后是女人们辛勤的付出，她们"杀鸡，宰鹅，买猪肉，用心细细地洗，女人的臂膀都在水里浸得通

---

[1] 汤轶菲.《祝福》与《林教头风雪山神庙》中雪景的比较阅读[J]. 文学教育（中），2011，6：25.

红",但"拜的却只是限于男人"。地主老爷们只需坐享其成,等着最后的祝福即可,可劳动的穷苦女人们却连拜的资格都没有。通过这一段社会环境描写,小说揭示了人与人之间阶级地位的矛盾冲突,这种封建思想、封建制度是祥林嫂悲剧结局的社会根源。"年年如此,家家如此,——只要买得起福礼和爆竹之类的——今年自然也如此",联系当时的写作背景,《祝福》的完成时间为1924年,此时中华民国已建立十三年之久,但大家仍过着旧历年,改革风潮并未影响到这个小镇一丝一毫。"辛亥革命后的农村社会状况可见一斑。封建思想、阶级关系、传统习俗乃至贫富差距都没有太大改变,甚至可说变得更坏。这不仅反映了当时的小镇氛围,更显示了当时的社会环境。从某一程度上说,这一环境描写揭示了祥林嫂乃至整个中国社会悲剧的根源。"[1]鲁镇是当时病态社会的一个缩影,是当时社会文化的反映,在这样一个封闭落后的环境中,里面的人同样也是残酷、冷漠的,所以祥林嫂的死亡可以说是必然。

《变形记》里也有环境描写,比如第三段"格里高尔接着又朝窗口望去,那阴暗的天气——人们听得见雨点敲打在窗格子铁皮上的声音",这里自然环境描写作用与《祝福》中相同。但文中并没有直接描写典型的社会环境,而是通过写人变成甲虫后所经历的一切去表现当时的社会环境,这是现代派小说对环境这一要素淡化的表现。那为什么卡夫卡要以一只甲虫作为故事的主人公?这里运用了现代派小说重要的表现手法:象征与荒诞。推销员格里高尔一夜醒来突然变成一只大甲虫,人变成甲虫是不可能在生活中发生的,这个故事一开头就交代其荒诞本质。但联系到现实生活,我们谁都可能碰到一些无法预测、无法躲避、匪夷所思的事,生活的荒诞与故事的荒诞实际上有相似之处。而且在看完这篇小说后,我们也不得不承认,荒诞故事的背后却是社会生活的真实。在当时金钱至上的社会背景下,格里高尔变形后不再具有价值,他从一个赚钱工具变成了拖累家里人的累赘,于是他被挖苦、嘲讽、虐待,直至孤独地走向死亡。

人变成甲虫象征着人的"异化","甲虫式的人,可以说是人的'异化'或'物化'的一种象形符号,是对这种现象的一种独特的典型概括,也是一切倒霉人孤独和悲哀的象征。"[2]而人的"异化"必然导致社会的"异化"。于是格里高尔失去原本看似温馨和谐的家庭,亲情的温暖荡然无存,有的只是金钱与利益,小说正是通过这种异化现象去批判资本主义社会残害人性的丑恶本质。此外,教

---

[1] 王顺顺.浅析《祝福》中的叙事手法、环境描写与人物刻画[J].开封大学学报,2011,3:47.
[2] 贾春晓.卡夫卡的黑白世界[J].科教文汇,2008,4:154-155.

师可以引导学生进一步思考为什么是变成甲虫而不是其他别的生物,这其中有什么象征意义?在现实生活中,人不能理解甲虫,甲虫也不能理解人,当二者合二为一就出现人形虫心的格里高尔。此时格里高尔能理解人,但人却不能理解他,他甲虫的这一层保护壳,其实就象征他与人之间的隔膜。我们在不同场景中扮演着各种各样的角色,披着各式各样的"外壳",内心深处却有着漫无边际的虚无与孤独。祈求关心与理解,却又常常用保护壳封闭住自己,这正是现代人的生活困境。这种"卡夫卡式"的风格,就是以象征去表现真实世界的荒诞无理、人的孤独消极。可以说小说运用象征和荒诞的表现手法,直接将现代资本主义社会人与人之间的冷酷无情展示在大众眼前,成功营造了一个黑暗现实的社会环境。同时也在"为被损害的孤苦无告的受难者呼唤着同情、怜悯和援助。提醒人们重视这些问题"[1],这是《变形记》在主题上的两面性,学生均需了解。

《祝福》对封建礼教、封建迷信的"吃人"本质进行揭露,旨在批判封建思想、唤醒民众。而《变形记》由人变成甲虫的荒诞故事,深刻揭示资本主义社会触目惊心的"异化"现象,以及人与人之间的疏远隔阂与冷漠无情,表现西方世界"小人物"强烈的压抑感、灾难感和孤独感。由此可知,这两篇小说都对现实生活进行揭露与批判,通过社会环境描写体现文章主题,想要警醒世人。但在社会环境营造方法上,《祝福》进行了直接的描写,而《变形记》则是通过象征与荒诞的手法来写,这是二者的不同特色,体现了现代派小说的象征性和荒诞性。

第三节 图式建立,学习技巧

德国哲学家伊曼努尔·康德于1781年在《纯粹理性批判》一书中提出"先验图式"一说。他认为在人们的经验之前,人的心灵深处就已经有各种范畴和图式,要将新知识与头脑中已有知识建立联系,学习才会有意义。瑞士心理学家皮亚杰对"图式"这一概念进行更深入的研究,他将认知心理学和当时哲学、逻辑学中新观点结合起来,于20世纪60年代年代提出发生认识论,也就是皮亚杰的图式理论,他认为图式的建构其实是在同化与顺应作用下完成。

当图式理论运用到语文学习中就产生语文学习图式,而其中最重要的就是阅读图式。阅读图式理论认为学生阅读能力主要受三种图式影响:语言图式、内容图式和形式图式,它们与文章的语言、内容和形式息息相关。其中语言图式是阅读文章的基础,内容图式是帮助我们理解文章意,形式图式是让我们对小说写

---

[1] 穆睿清,姚汝勤.外国文学参考资料下册[M].地质出版社,1984:506.

作形式，比如叙事结构、表现手法等有一定了解。编者意图中了解现代派文学和相关作家作品主要就是通过内容图式来实现，形式图式承担着落实叙述与表现手法有关教学内容的责任。总之，对这三种图式掌握得越熟练、越丰富，学生理解课文就更简单、更迅速、更深入。

一、语言图式是基础

"语言图式"指学生对所学文章相关语言知识掌握程度及运用语言能力，包括词汇知识、语法知识和句式知识等等。只有具备这些知识学生才能建立起语言图式，并利用同化与顺应将新知识归入已有图式或建立新图式，从而激活头脑中的内容图式和形式图式。这样就能对文中关键信息有所把握，对整篇文章有所把握，使学生认知结构不断得到发展。语言图式是学生阅读理解文章的基础。简单来说就是你有语言图式才能读懂文章中字词句，才能知道文章写了什么。对于语文教学来说，小学是语言图式建立关键期，比如拼音、汉字的学习。而对于笔者研究的高中生来说，他们已经在这一阶段建立起体系相对完整的汉语语言图式。再具体到笔者研究的现代派小说，虽然这些现代派小说选文以外国小说为主，但经过汉语翻译后，以高中生的语言基础，他们对文章字面内容的理解没有任何困难，即使碰到陌生字词也能通过上下文语境、课后注释或是工具书加以解决。

所以，对于现代派小说的学习而言，教师不用在语言图式建构上花费太多时间，且高中生具有一定自学能力，文章的读通、读顺、读懂是课前准备工作。教师只需要让学生在课前预习即可，将不认识、不懂的字词利用字典解或者使用导学案进行归纳总结。此时教师只需在课堂上花几分钟时间进行简单的检测，或查看学生导学案的完成情况，就能了解他们预习情况。比如在《老人与海》中就有许多不常见的词汇，教师在完成课文导入后，就可对以下生字词进行检测。

1. 生字注音

鲭鲨（qīng）　　嘎吱（gā）　　攮进（nǎng）　　鳐鱼（yáo）
攥住（zuàn）　　啐（cuì）　　背鳍（qí）　　榫头（sǔn）
桅杆（wéi）　　舵柄（duò）

2. 词语释义

Dentuso：西班牙语，意为"牙齿锋利的"，这是当地对凶猛的灰鲭鲨的俗称。

攮：（用刀、叉）使劲儿刺。

啐：用力吐出来。

榫头：竹、木、石制器物或构件上利用凹凸方式相接处凸出的部分。

磅：英制质量单位，1磅合0.4536千克。

哈瓦那：古巴首都，是个港口城市，位于墨西哥湾入口处。海明威一生中三分之一的时间都在这里度过。哈瓦那也是主人公桑地亚哥的居住地。

此处语言图式的建立与传统小说教学中语言图式的建立基本没有不同。但由于文化环境的差异，有些字词即使经过翻译，学生也因平时很少接触而不知道指的是什么。所以在现代派小说教学中，语言图式首先要建立牢固。

二、内容图式助理解

"内容图式"指学生对所学文章相关背景知识和主题掌握程度，包括作家背景、写作背景和文章主题等等。在语文教学中常常会出现这样的情况，学生已经具备一定的语言图式，文章中出现的字词句也都能认得，单独看他都知道是什么意思。可一旦放在某个特定情境中组成一个句子或者变成长篇大段，就不能理解它的意义，以至于对整篇文章的理解出现困惑。这也是阅读现代派小说经常会出现的问题，归根结底在于学生没能激活大脑中的内容图式。由此可见，即使有了丰富的语言图式，没有内容图式的助力，学生依然会对文章理解产生困难。所以在构建内容图式时，教师在教学中尤其要关注文章作家背景与写作背景，通过相关知识的介绍以达到对文章主题的理解，也就是所谓的知人论世。下面笔者将给大家介绍三种构建内容图式的方法，它们也是教师进行传统小说教学时常用的方法，但在具体运用时有所不同。

（一）知识介绍法

由于教材里现代派小说大多是学生不熟悉的作家作品，以往从未接触过，所以这个时候直接向学生介绍相关背景知识是可取的。教师可以在导学案里呈现相关背景知识介绍，让学生在预习时提前了解，或者让学生自己在课下查阅相关资料，在课上与同学们分享。当然，并不是每篇文章我们都得在讲解课文前就让学生了解背景知识，有些背景知识可以在课上讲到某一个点时提及，给学生思考余地，或者在文本探究完成后提及，给学生反思空间。对于这种全新的知识，我们可以运用知识介绍法，使学生在理解与吸收后构建一个全新的内容图式，为课文理解提供助力。例如在讲到《百年孤独》时，我们就可以为学生介绍作者马尔克斯。他曾获得过诺贝尔文学奖，是魔幻现实主义代表作家，他为哥伦比亚文学做出了杰出贡献，评论界认为他是继聂鲁达之后最伟大的天才。这是对马尔克斯历史地位的介绍，以此引起学生重视和激发阅读兴趣。

"加西亚·马尔克斯于1928年出生于哥伦比亚马孔多香蕉园附近的小城阿拉卡塔卡,他的父亲是医生,母亲出身世家。外祖父当过上校,为人善良、倔强,思想激进;外祖母见多识广,善于讲故事。他幼年多在外祖母家生活,听外祖母讲过不少故事,据说他七岁时能熟读《天方夜谭》。1940年,他全家迁往首都波哥大,马尔克斯入教会学校读书。1947年考入哥伦比亚国立大学攻读法律,翌年辍学。后任《观察家》报记者,在哥伦比亚先锋派文学创始人博尔达的帮助下走上文学道路。"[1]这是对马尔克斯生平经历的介绍,当学生看到"马孔多"这一地名时,很容易联想到这篇小说故事发生地点就是在"马贡多"。两个相似地名很容易让学生产生猜想:小说中马贡多可能就是以真实存在的地点——马孔多为原型进行创作。小说描写内容荒诞离奇,马贡多仿佛是独立于世界之外的小岛,与外界没有交流,发生着各种离奇事件,让人觉得这个地方是不可能存在的。但里面又有着一些真实的地点与人物,比如里面提到了那西安素,它是小亚细亚古国卡帕多细亚的首都。这种现实与虚幻的结合正是魔幻现实主义重要特征,而这种真实由于学生没有相关内容图式加以辨别,他们就不会知道人物与地点的真实,这时课下注释就起到重要作用。在传统小说中作者常常力图营造一个真实的小说环境,学生也抱着真实的态度去阅读这些小说,教师也希望学生投入到小说里,以至于大家意识不到其中某些情节的虚构。其实教师此时的任务应该是点出其中的虚构,去思考小说是如何虚构的。但现代派小说中的虚构我们是可以直接意识到的,从一开始就知道是"假的",但里面也存在着真实。这时教师的任务反而是点出其中的真实,让学生意识到这种现实与虚幻相结合的表现手法,意识到小说荒诞性背后的真实性。

1967年马尔克斯呕心沥血18年的长篇小说著作《百年孤独》终于完成,小说发表后立即引起文学界的轰动。"他的获奖作品《百年孤独》则是他对孤寂的阿拉卡塔卡的讽刺模拟,故事讲述了一个七大家族的兴起、衰落乃至灭亡的故事。通过它,作家审视了哥伦比亚乃至整个拉丁美洲的孤独与落后。"[2]以上是对作品《百年孤独》的介绍,由于教材只节选小说第一章,对整本小说的介绍有利于学生更好地理解节选部分,而且可以激起学生阅读兴趣,对新课标中的"整本书阅读"起促进作用。

---

[1] 罗明洲.现代主义与后现代主义[M].北京:中国国际广播出版社,2005:608、610.

[2] 罗明洲.现代主义与后现代主义[M].北京:中国国际广播出版社,2005:608、610.

（二）联想回忆法

并不是每本小说都需要直接进行知识的讲解以建立新图式，学生还可以通过联想和回忆，将先前存储在脑海中的知识提取出来。比如可以将学习过的某一现代派作者相关背景知识进行迁移，因为他们都属于现代派，在思想、写作手法或者文章主题表现上可能有相似之处，学生就以可利用已有图式对全新知识进行推测和预示，这就是皮亚杰所说的"同化"。

比如学生在学习完《老人与海》后，就会对作家海明威有一定了解，对他文章写作风格、写作手法和写作主题等也会有一定了解，这样学生就会建立起有关海明威和《老人与海》的内容图式。在学习到选修《外国小说欣赏》时，学生就可运用这一图式去学习海明威另一篇文章《桥边的老人》。在学习《老人与海》后，我们知道作者海明威在"中学毕业后在堪萨斯州《星报》当过六个月的见习记者。不久，他投身于第一次世界大战志愿在意大利红十字会车队的司机。1918年7月他在意大利受了重伤，康复后重操旧业，作为报刊记者长住巴黎。他去过很多战后混乱不堪的欧洲国家，用笔记录下一切。他目击了帝国主义给人类造成的空前浩劫，可又对此感到束手无措，对人类前途丧失信心"[1]。《老人与海》既强调桑地亚哥身上"一个人并不是生来就要被打败的"的硬汉精神，又写出他身上的孤独感与宿命感。老人与海的关系实际上象征着人类与大自然的关系，作者将这种关系具体化，把一个人在大自然中、在社会中人生的沉浮给再现出来。经历过两次世界大战的他，正是靠着这种硬汉精神存活下来，同时也鼓舞人们要具备这种不服输的硬汉精神。

构建以上内容图式后，学生阅读完《桥边的老人》就能清晰地认识到这篇作品就是以战争为题材背景，其主题也与战争有关。文章开头描写的是人们逃难的场景，"士兵""侦查""敌人"等关键词也透露故事发生背景，后文更是直接提到"战争""法西斯"，还有与西班牙有关地名"托尔托萨""巴塞罗那"。再结合历史知识，学生能够根据已有图式推断出故事时代背景：20世纪30年代西班牙内战时期。最后具体到文本，老人不愿离开的坚守、对动物的放心不下，实际上就是他在战争背景下对故乡的不舍，对原本平静生活的怀念，但如今这一切都没了，他不想无情地转身离开，于是选择留下。

（三）情境体验法

"'情境'有两个因素；一个因素是'情'，是'意'，就是我们所说的思想情感；一个因素是'境'，是物理空间，构成'情境'二者必须高度地融合，情感

---

[1] 石昭贤编.欧美现代派文学三十讲[M].贵州人民出版社，1982：123.

的纯净和浓度、空间的博大和无限决定了情境的高度。"[1]而情境体验法就是让学生在阅读文章时,将自己思想、情感带入小说所创造的境中,用自己的生活体验去解释所发生的一切,通过引起情感共鸣让读者去感受作者思想情感。若学生难以从作者文字进入情境中,教师还可以利用辅助手段,比如展示照片、播放音频等来创设情境,激活学生大脑中内容图式。

笔者曾经询问过实习班级学生:"《老人与海》的故事你们觉得是真是假?"大部分同学给出的答案是"假的",所说理由也十分充分:"老人年纪已大,出海工具也十分简陋,不可能抵挡住这么多次鲨鱼的攻击。"但正如前文所提到的,在现代派小说教学中教师的任务是点出它的真实,是让学生去体会老人精神的可贵。

比如在教学时教师可以播放桑地亚哥和鲨鱼搏斗时的一小段影片,利用影片渲染当时战斗的激烈氛围,让学生直观感受到鲨鱼的狡猾凶猛,老人的沉着冷静。在神秘莫测的大海上,在他们一次次的搏斗中引起学生情感共鸣,体会主人公永不放弃的硬汉精神。或者也可以让学生将自己带入角色中,假设自己就是那个渔船上的老人,你会怎么做?怎么想?作为一个上了年纪的老人,你在与鲨鱼搏斗的五个回合中,手一直在流血,腿疼痛万分,工具也从刀变成短的桨把,最后只能用舵把,且在这一过程中你心爱的大马林鱼也在一次次变少。此时,你的体力会怎么变化?你的心情会怎么变化?大多数学生说会放弃,因为自己已经体力不支,精神也接近崩溃,手边又没有攻击武器,可能会直接丢掉这条鱼,毕竟保命要紧。但正是这与常人不同的选择,才更能凸显出桑地亚哥精神的可贵,能忍常人所不能忍、能与不可知的自然力量相搏斗,这种英雄气概实在令人敬佩。学生在这种情境的营造中,就自然而然地领会到文章主题,教学内容也于情境中自然生成。

在传统小说教学中,大多数教师将教学重点放在对内容图式的建构上,对形式图式甚少关注。但对现代派小说教学而言这是远远不够的,教师也并不能将它当作教学的主要内容,多样化的形式图式才是重中之重。

三、形式图式是目标

"形式图式"指学生对所学文章表达形式掌握程度,包括文章体裁、叙事结构、艺术技巧等等。不同体裁文章都有各自独特表达形式,学生对这些表达形式

---

[1] 杨云生.颠覆与重建:课堂文化建设的探索与实践[M].浙江大学出版社,2016:76.

越了解，知道文章内容是如何组织、段落之间有什么联系、常用修辞手法是什么……就会对文章内容理解得更深刻。聪明的学生会在脑海中构建许多形式图式，并在解读文本过程中选择相应形式图式进行激活，以指导其对文章的理解。比如说议论文三要素：论点、论据和论证，这就是关于议论文这一文体的形式图式，找到三要素就能对议论文重点有所把握。学生可以利用这种形式图式，举一反三，实现对这一类文章的把握。所以，在一定量的积累后，教师的一项重要任务就是帮助学生构建不同文体相应形式图式，以形成质的突破。

倪文尖曾提出"面对丰富多样的现代小说，我们需要有针对性地形成一些新的阅读图式，假如没有一张更为全面的小说'地图'，是难免要在复杂的小说世界里'迷路'的。因此，建构新的阅读图式的任务非常紧迫，也是讲读那些现代小说过程中的主体性课程内容。"[1]他在这里讲的"图式"其实就是形式图式，包括心理图式、荒诞图式、象征图式、写意图式……这些都是常用阅读图式。其中心理图式、荒诞图式、象征图式、反讽图式恰恰是解读现代派小说时经常会使用到的，它同时也体现了现代派小说文体特征。

以象征图式为例，"我总是试图根据冰山的原理去写它，露出水面的是八分之一，而有八分之七是在水面之下。你可以略去你所知道的任何东西，这只会使你的冰山深厚起来。"这是海明威提出的"冰山理论"，而《老人与海》正是验证其"冰山理论"的典范。这篇文章初读起来浅显易懂、平淡无奇，似乎只是一个老人与鲨鱼搏斗的故事。但只要稍加咀嚼，就会发现小说里人物、景物寓意内涵极其深厚，字里行间均有意犹未尽之感，作者巧妙地运用象征手法来造特殊的环境氛围。所以，在学习《老人与海》时，教师就应带领学生构建象征图式。教师首先要引导学生去细读小说里反复出现的人与事，包括桑地亚哥、大马林鱼、鲨鱼、大海……这种反复绝对是一种有意经营。然后让学生在小组间交流讨论，为什么海明威要写一个渔夫与鲨鱼搏斗的故事？这是一篇纪实小说吗？这些反复出现的事物代表着什么？作者的用意是什么？这需要学生结合背景知识和生活经历加以体会。其实，老人一直追逐、不愿放弃的大马林鱼象征着人生理想，与老人搏斗的鲨鱼象征着与人对立的邪恶势力，大海象征着神秘莫测的大自然，而一直与鲨鱼抗争的桑地亚哥象征着永不服输的硬汉精神。作者用这种象征手法来渲染文章主题，描写人类与大自然之间搏斗的场面，既歌颂人类力量的伟大，又对在命运安排下必然失败的人生发出绝望的哀叹，他希望人们即使失败也要守住自

---

[1] 倪文尖，朱羽.重塑小说观建构新图式——《现代小说阅读》编写札记之一[J].语文学习，2005，3：14-19.

尊，去奋勇拼搏，绝不向困难低头。学生通过对这些意象的解读就能进一步了解文章主题。

当象征这一形式图式构建起来后，学生在阅读其他现代派小说时，就会更加游刃有余，去自发地探究文中有哪些人与物，他们有没有象征意味，由此进行更深层次的思考。现代派小说文体特点之一就是象征性，所以象征这一形式图式在绝大多数现代派小说中都适用。《骑桶者》里作为能量供给的煤象征着人的精神能量，《桥边的老人》里"复活节"象征不灭的希望、"灰色"与"尘土"象征着不幸、桥的另一边象征着未知命运……学生可以开拓思维，在不脱离文本前提下进行自由的、多元化的解读。

第四节 探究意识，理清脉络

在现代派文学诸多流派里，意识流小说是其中最为特殊的一类。如果说其他现代派小说还保留了传统小说里某些要素，那意识流小说可以说是完全抛弃传统小说的形式与结构，它将现代派小说心理性的特点体现到极致。小说中人物隐退了，情节隐退了，环境也隐退了，甚至连主题我们也把握不住。传统小说中心理描写大多是为塑造人物形象服务，是带有明确目的的理性思维，而意识流小说忠于心理活动本身，将意识的流动作为小说主要内容，其中有理性思维，也有非理性思维下的潜意识、错觉、梦境等等。意识流小说不以时间的流动推动故事情节发展，一切以主人公意识的流动为最高准则。从教学现状我们可以得知，意识流小说这种特殊性常常让教师与学生无从下手，所以我们有必要将意识流小说单独拎出来，专门研究其适用的教学策略。

既然意识流小说将心理描写放大到极致，教师就不如从人物意识入手，抓住这条线索。首先要去找出主人公意识里有哪些事物，熟悉文章内容；其次去追踪其意识流动轨迹，找出意识之间联系，顺着它理清文章脉络；再次去思考主人公意识活动内涵，也就是为什么作者要写这一段思维过程，他想告诉我们什么，找出其背后隐秘；最后是探究小说写作形式，这里的写作形式指的是前文提到的教学内容：叙述方式与表现手法。也就是作者是怎么写的，怎么将意识具体化的，这关系到现代派小说文体特点。笔者将以教材选文中唯一一篇意识流小说《墙上的斑点》为例，按以上步骤进行解读。

一、寻找意识里的事物

"大约是在今年一月中旬，我抬起头来，第一次看见了墙上的那个斑点。"这是小说开头第一句，同时也是主人公思维触发点，可以说整篇文章都是围绕这个斑点展开联想，没有这个斑点，这篇文章将不复存在。所以学生一开始就要抓住这个点，找出由斑点所生发的，意识里的事物。

主人公为确定是在哪天第一次看见斑点，对当时的场景进行回忆，意识里的事物包括：炉子里的火、火光照着的书页、壁炉上圆形玻璃缸的三朵菊花。在确定那是一个冬天后，"我"对斑点进行第一次联想，意识里的事物包括：火红的炭块、城堡楼上飘扬着的一面鲜红的旗帜、无数的红色骑士。

"我"的幻觉被打断后，又觉得这个斑点是钉子留下的痕迹，于是开始第二次联想，意识里的事物包括：一幅贵妇人的肖像画、以前房子里的房客、郊外别墅里的老太太和年轻人。

"我"觉得它太大、太圆了，不像是钉子留下的痕迹。于是"我"进行第三次联想，想到生命的神秘、思想的不准确、人类的无知与人类生活的偶然性。比如说人们经常会遗失一些物件，包括：三只装着订书工具的浅蓝色罐子、鸟笼子、铁裙箍、钢滑冰鞋、安女王时代的煤斗子、弹子戏球台……又想到生活速度的飞快，意识里的事物包括：开满水仙花的草原、邮局的棕色纸袋、跑马。最后又想到来世，意识里的事物包括：粗大的绿色茎条、杯盏形的花、青草、巨人的脚趾、树、玫瑰花形状的斑块。

接着，"我"觉得斑点很可能是什么暗黑色的圆形物体或一片夏天残留下来的玫瑰花瓣，于是"我"对它进行第四次联想，此时意识里的事物包括：壁炉上的尘土、特洛伊城、罐子的碎片、莎士比亚、紫色花穗的花。"我"想到人类保护自我形象的本能，想到社会、内阁大臣、伦敦的星期日、桌布的规矩、惠特克的尊卑序列表。

"我"在某种光线下看墙上的斑点时它好像是圆形的、凸出在墙上的，于是"我"进行第五次联想，意识里的事物包括：古塚、坟墓、古收藏家、白骨、退役的上校、年轻的工人、牧师、首府、牧师的老伴、樱桃酱、箭镞、营地、博物馆、一只中国女犯人的脚、一把伊丽莎白时代的铁钉、一大堆都铎王朝时代的土制烟斗、一件罗马时代的陶器、威尔逊用来喝酒的酒杯。然后"我"又否认自己，认为它是一枚巨大的旧钉子的钉头，意识里的事物包括：女仆、墙壁雪白而炉火熊熊的房间、学者、可爱的世界。

最后，"我"为知道斑点到底是什么东西，越加仔细地看它时，就觉得好像在大海中抓住一块木板。于是"我"对它进行第六次，同时也是最后一次联想，"我"想到树与树的生长。意识里的事物包括：树、母牛、小河、雌红松鸡、鱼群、水甲虫、雷雨、树液、田野、月亮、桅杆、鸟儿、小昆虫……

文章最后突然有一个人俯身对"我"说话，让"我"去买报纸，是他打断"我"的思维。此时"我"从思维的流动中跳出，发现这个斑点其实是一只蜗牛，"我"瞬间恍然大悟，文章也戛然而止。

这篇文章篇幅较长，初读让人觉得杂乱无绪，人物、情节、环境的淡化，让学生很难在脑海里留下深刻印象，而只有点点碎片。但在对意识里的事物进行梳理后，我们发现整篇文章的脉络变得清楚起来。主人公围绕墙上的斑点进行六次联想，她的思维好像一个弹力球放出又收回，始终有一根线紧紧拉拽着它回到主人公手中，防止球飞出去就是防止思维跳脱得太离谱。所以，教师让学生课上默读或课下预习这篇小说时，一定要提前给学生布置阅读任务，让他们在导学案上将主人公意识里的事物写出来或在书上进行圈点勾画，这样学生在读的时候才不会因为主人公思维的混乱而难以进行下去，反而越读思路越清晰，对文章结构也有一定把握。

二、追踪意识流动轨迹

梳理完主人公意识里的事物后，学生很容易发现，这篇文章就是以主人公思维的顺序来安排文章。每一次意识的发射都以斑点为起点，往复六次后，最后终点依旧是那个斑点。所以教师可以引导学生顺着主人公意识流动轨迹，将文章划分为以下六个部分：第一段是对斑点的回忆与第一次联想，第二段是对斑点第二次联想，第三至四段是对斑点第三次联想，第五至七段是对斑点第四次联想，第八至十二段是对斑点第五次联想，第十三段至最后第十七段是对斑点第六次联想，最后主人公的思绪突然被打断，她也终于找到了问题答案：那个斑点是一只蜗牛。

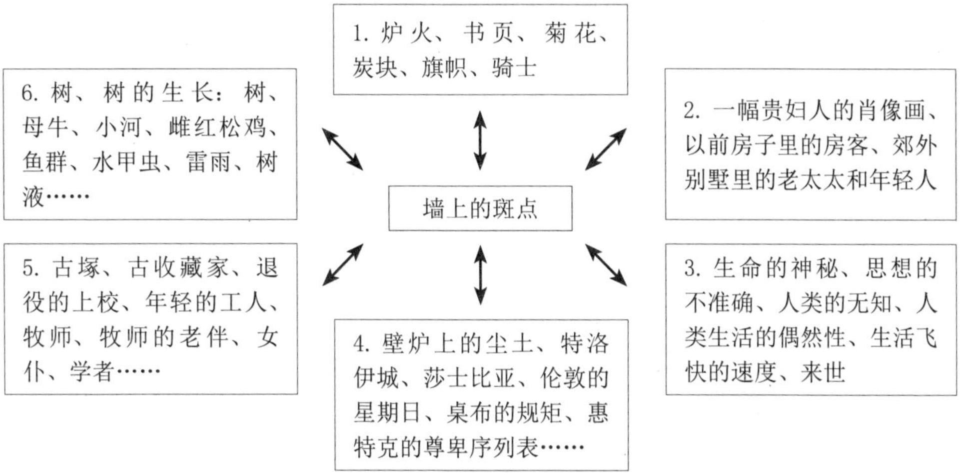

1. 炉火、书页、菊花、炭块、旗帜、骑士

6. 树、树的生长：树、母牛、小河、雌红松鸡、鱼群、水甲虫、雷雨、树液……

2. 一幅贵妇人的肖像画、以前房子里的房客、郊外别墅里的老太太和年轻人

墙上的斑点

5. 古冢、古收藏家、退役的上校、年轻的工人、牧师、牧师的老伴、女仆、学者……

3. 生命的神秘、思想的不准确、人类的无知、人类生活的偶然性、生活飞快的速度、来世

4. 壁炉上的尘土、特洛伊城、莎士比亚、伦敦的星期日、桌布的规矩、惠特克的尊卑序列表……

图 3-1

教师还可以利用图形填空来辅助，让学生对其意识流动轨迹有一个更清晰的认识。通过整理分析我们发现，除斑点是一个总触发点外，其实每一次联想、每一次思维的流动也有自己的小触发点，这是需要学生去找到的，以保证对每一次联想的准确把握。

第一次联想的小触发点是红色。当"我"回忆起我是冬天发现斑点后，"我"想起炉子里的火和火红的炭块，由这个颜色"我"想到城堡楼上鲜红的旗帜和红色的骑士，这是由"红"这个颜色引发的联想。

第二次联想的小触发点是钉子的痕迹。"我"想到它可能是用来挂贵妇人肖像画的，想到挂这幅画的房客，想到"我"和房客的分别，想到我们分别时的场景就像坐火车一样迅速而无感。

第三次联想的小触发点是"我"不知道它是怎么发生的，于是由这种思维的无知状态想到生命的神秘、思想的不准确、人类的无知、人类生活的偶然性，从偶然性我想到一系列丢失的物件，由丢失的物件我想到生活飞快的速度，一切都那么偶然、那么碰巧。在感慨同时，"我"想到来世，并对其进行思考，觉得人们再过五十年也弄不清楚这些东西。

第四次联想的小触发点是玫瑰花瓣，认为可能是管家由于疏忽没有将夏天留下的花瓣打扫干净。"我"想要静静地思考，于是想到莎士比亚的思考，想到"我"和莎士比亚在对话。"我"想到在对话前给自己打扮一下，但是现在不可以，于是"我"想要拿本书掩盖自己，由这一行为"我"想到人们总是本能地保护自己的形象，不能面对真实，反而在排除现实，追逐幻影。在"我"看来，那些所谓正统的事物：社论和内阁大臣，伦敦星期日时大家的习惯，同样也都是幻影。这些所谓的标准规矩，比如惠克特的尊卑序列表都是男人制定的，是他们在支配我们的生活，我们没有真正的自由。

第五次联想的小触发点是斑点的凸起状态。这个凸起像是小小的古塚，古塚代表着死亡，死亡让我想到英国人偏爱的忧伤，他们散步结束时会想到草下埋着白骨。由白骨我想到古收藏家会将它挖出来，古收藏家身份可能是退役的上校……"我"就这样从一个点到另一个点跳跃着进行一系列联想，然后又回到斑点。"我"认为这个凸起像旧钉子的钉头，一代又一代女仆的擦拭使它露了出来，经过时间的流逝，于是到了如今的现代生活。现代生活崇尚知识，这让"我"想到所谓学者追寻知识，不过是在熬草药、盘问老鼠等等，这些都毫无意义。"我"渴求一个没有学者与尊卑序列表、可爱又宁静的世界。

第六次联想的小触发点是"我"仔细看斑点时所引起的现实感。这个斑点是真实的，现实世界也是真实的，那这些真实是如何产生的？"我"以树为例，想到它真实的生长，它在大自然所看到、听到、经历的一切，最终成了人类环境的真实：人行道旁的树、房间的护壁板。男人和女人在房间里抽着烟由树引发思考，这也是"我"此时此刻的状态。

在如此细致的分析后，我们终于知道主人公意识的流动轨迹。主人公没有对她为什么会联想到这些事物进行解释，就像笔者前文提到的，现代派小说的情节联系并不紧密，尤其是意识流小说更是主人公想到什么就写什么。但这种联想不是绝对的无序，思维的逻辑顺序时隐时现，虽说难以把握，但绝对有迹可循。这些触发点就是主人公意识的出发点，它无形中对主人公的意识加以约束，表明其思维的顺序性。学生在这样进行第二次梳理后，对其意识是如何流动的、每次联想的原因、事物之间的联系就有一定了解，对小说内容熟悉程度也更进一步。

三、思考意识活动内涵

那主人公的意识为什么会这么流动呢？为什么事物之间会产生联系呢？实际上这是人物思维操作的结果，她的思维一步步深化，意识也就一点点发散。那每一次意识流动背后是什么样的思维在操作她呢？在前两次梳理过程中我们已初见端倪，如果教师和学生将之前工作做到位，这一步就顺理成章。学生此时要将意识里的事物暂时丢到一边，在意识流动轨迹中找到连接这些事物的思维，也就是那些抒情和议论的句子，通过细读相关语句体会作者观点与情感。第一次与第二次联想，作者想表达的观点是"我们的思绪是多么容易一哄而上，簇拥着一件新鲜事物"，也就是人们思绪的广阔性、多变性、偶然性，作者在这里用两次联想告诉人们意识的这一特性。

第三次联想时主人公对斑点仍一无所知，由此作者想表达的观点是：生命是十分神秘的，相较之下人类是无知的，人们的思想不准确，人们的生活带有偶然性，一切都那么偶然、那么碰巧，就如同主人公对斑点的无知、对斑点的偶然联想。这种偶然性又让作者进一步想到人生命的偶然，并对人的存在进行一番思考，最后得出结论——"别的什么都不会有"，此时人生的虚无感就体现出来。在作者看来，人生就是偶然的、虚无的，一切都是空的，没有人能够搞清楚，也没有人能把握住它。

第四次猜想作者想表达的第一个观点是：我们要"离开表面上的生硬的个别事实""抓住第一个一瞬即逝的念头"。这其实是作者对写作提出的要求，她认为传统小说的形式和框架是生硬的，所写的事实也是个别的，只有抓住主人公"第一个一瞬即逝的念头"才能深入主人公意识，进入主人公内心世界，这不仅是作者的写作原则，也是意识流小说提倡和遵守的写作原则。第二个观点是：过度地保护自我形象其实是一种自我欺骗。人们想要打扮、美化自己，没有这些他们就不能存活，但这种对现实的排除、对幻影的追逐有极大危害。作者把这一观点拓展到社会意识形态上，由此得出第三个观点：人们制定的一系列规矩也是幻影。他们在生活里按照规矩生活着，有着习惯的说话方式、衣着打扮、桌布规矩……这些都是外在赋予的，是人身体和心灵不自由的证明。作者在这里尤其批判惠特克的尊卑序列表，这是她对女权主义的宣告，男人支配我们的人生、控制我们的自由，我们必须引起重视并进行反抗，她呼吁人们去打破这些"幻影"。

第五次猜想作者想表达的观点是：那些正统的"知识"也是幻影，是虚假的。所谓学者做的那些事是迷信而令人感到滑稽可笑的，但现实生活中人们却推崇这些知识、这些学者，这也是人们思想上不自由的体现。"没有教授、没有专家、没有警察面孔的管家，在这里人们可以像鱼儿用鳍翅划开水面一般，用自己的思想划开世界……这里是多么宁静啊——假如没有惠特克年鉴——假如没有尊卑序列表。这是作者心中理想的生活状态、生命境界。教学中可通过对重点段落文字的朗读，引导学生抓住一些富含哲理的语句，体悟作者对生命、生活的深刻思考，用自己的心去发现'人'的存在价值，进而反思自己的人生之路。"[1] 人人都是自由而独立的，这是作者对经院哲学的反叛、对知识霸权的抨击。

在第六次猜想时，作者意识到这种理想世界难以实现，是虚幻的梦境，而她处在真实的人间。人类起先像树一样生长着，经历着令人欢喜的一切，也承受着暴风雨的摧残。但在最后一场暴风雨下，在社会的不断压榨下，自由失去了，但我们仍然"坚毅而清醒"，我们不会放弃对自由的追求。相比前文思绪中的哀叹与愤怒，作者在这里传播出"正能量"，这是她对社会人的警示与鼓励。

在对六次意识活动背后的思维进行探究后，作者想表达什么我们已经大致清楚。这个斑点并不仅仅只是一个小小的斑点，它承载着作者伍尔夫对生命、世界、知识等的思考，在她看来外在的客观现实都是短暂、虚假的，只有人的意识活动是真实、永恒的。人们在现实世界里是如此的不自由，只有在这样进行联想的时候才能求得片刻安宁与自由，这也正是她一直崇尚与追求的——精神上的自由。可见每一次意识的流动都是相应的思维在推动，对这些思维的解读正体现了现代派小说主题的不确定性。

---

[1] 冯梅，禹永红. 生命教育视域下语文教学探析 [J]. 河北师范大学学报（教育科学版），2011，8：64-67.

四、探究小说写作形式

那作者是如何将这种深层次情感表达出来的呢？也就是如何将意识流动状态用文字来呈现。这就涉及到文章写作形式的探究，而写作形式在这里主要指的是其独特的叙述方式与表现手法。

从叙事角度来看，这篇文章使用的是第一人称"我"。"我"没有交代自己的身份、性别、职业，但从意识活动里的细节："我"对尊卑序列表的厌恶、对男性支配生活的愤怒、想要打扮自己、提到铁群箍和珠宝……从中可以知道"我"应该是一个受过一定教育的女性，她有着丰富的想象力，喜欢沉思与冥想，思维跳脱而活跃。当然，此处对主人公身份的分析不是重点，重点是主人公为什么要这样写？对于意识流小说而言，第一人称的使用带有很强主观性，它可以将主人公的喜怒哀惧全都表现出来。在读者面前主人公无须隐瞒，所展示的就是她毫无保留的全部，真正做到了深入主人公内心世界，这是现代派小说人物心态化的体现。而这种无法确定身份的个人也是人物类型化的体现，她代表千千万万被压迫的女性发出呼声，渴望得到真正的公平。再从叙事结构来看，主人公意识的流动推动故事发展，六次联想是这篇文章的组成结构，它与传统小说按故事情节来发展有很大不同。看似散乱的思绪其实始终是以斑点为中心，从未离题，是斑点串起这六次联想，其中隐含一定顺序性。体现了现代派小说心理性的特点。

最后从表现手法来看，这篇文章无疑使用意识流的叙事手法，文章内容就是展示意识流动过程，其背后是思维在推动。那作者具体运用哪些手法来展现意识的流动呢？在这里，教师可以让学生结合具体语句进行分析。第一是回忆，比如对斑点第一次出现的时间进行回忆；第二是联想，比如由火红的炭块想到红色的旗帜和红色的骑士，这是由红色所引起的联想；第三是感受，比如作者由概括突然想起伦敦的星期日，这是一种瞬间的感受，作者抓住这瞬间的感受展开联想；第四是幻想，文中有许多梦幻的描写，这些都是主人公的幻想。比如她在幻想树生长的时候，文章语句描写就突然变得生动、活泼起来，氛围也变得迷蒙、梦幻起来；第五是情绪，"给我们大家留下一种令人陶醉的非法的自由感——如果真存在自由的话……"作者在这里明显是在感叹——现实的人生没有自由！作者从这句话透露出无奈与绝望的情绪，同时也隐含讽刺。这种情绪在文中随处可见，在幻想理想世界时的喜悦情绪也是属于其中；最后是内心独白，其实这篇小说就是主人公内心独白，是她一个人躺在椅子上看到斑点时的内心活动，在这一过程中她没有说话，也没有人和她交流，是她内心在自说自话，这是意识流小说常用的重要手法之一。海明威的《老人与海》也运用到了这一手法。

作者的这些回忆、联想、感受、幻想、情绪和内心独白推动论了主人公意识的流动，这种集中于人物意识的流动，倾向于挖掘人物内心世界的小说就是"意识流"小说。它深刻体现了现代派小说心理性这一文体特点。

结　语

现代派小说从体裁上来说仍属于小说这一文体，但因其本身文体特点更加突出，从具体内容和表达形式上来看它都有别于传统小说。其内容的荒诞无理，表达形式的丰富多变，都导致教师和学生阅读时困难重重。在教学时，教师对其文体上的差异也甚少提及。现代派小说的象征性、荒诞性、心理性和不确定性，使得我们无法再简单地套用小说三要素分析法进行文本解读。本文针对现代派小说教学内容选择不到位、教学策略运用不合理这两个问题，为现代派小说教学内容和教学策略的选择提供参考建议。

现代派小说特殊性是由其文体特点决定的，而文体特点决定教学内容的选取，于是有了根据文体特点选择教学内容这一基本策略。再考虑到编者意图和教学现状，笔者将现代派小说教学内容定为：小说三要素、叙述与虚构、表现手法，并对相应教学方式方法进行策略举要，将教学内容加以串联和整合以实现教学过程。

文本细读法主要是通过细读现代派小说中的矛盾点、关键点和留白点，以小见大，以点带面，最终达到对文章主旨、表现手法、叙述方式等的理解，可与其他策略结合使用。比较阅读法主要落实的教学内容为小说三要素，通过比较现代派小说和传统小说在人物塑造、情节发展和环境营造方式上的异同，不断加深学生文体意识，凸显现代派小说的独特之处。图式建立法是通过语言图式、内容图式和形式图式的逐步建立，最终将所形成的某种形式图式迁移到对其他小说的阅读中，使学生认识结构不断完善，学习能力不断提升。意识追踪法是专门针对意识流小说可采取的教学策略，主要分为四个步骤：寻找意识里的事物、追踪意识流动轨迹、思考意识活动内涵和探究文章写作形式，通过相关步骤的落实对人物、情节、坏境都淡化的意识流小说有所把握。图式建立法和意识追踪法主要是为落实表现手法和叙述有关的教学内容。

但本文在选择教学内容和教学策略时，对现代派文学相关理论知识掌握得不够多，对文体特点的把握不够深入，对文本的解读也尚有不到位之处。在之后的学习生活里，笔者将深入课堂教学力图使理论与实践相结合，使本论文的研究更进一步。

参考文献

一、著作类

[1] 曹文轩. 小说门 [M]. 人民教育出版社，2010.

[2] 格非. 小说叙事研究 [M]. 北京：清华大学出版社，2002.

[3] 蒋曾勇. 现代文化视野中的西方文学 [M]. 上海：上海社科院出版社，1988.

[4] 刘象愚等. 从现代主义到后现代主义 [M]. 北京高等教育出版社，2005.

[5] 李海林. 言语教学论 [M] 上海：上海教育出版社，2006.

[6] 刘恪. 先锋小说技巧讲堂（增订版）[M]. 天津：百花文艺出版社，2012.

[7] 孙绍振. 经典小说解读 [M]. 上海：上海教育出版社，2016.

[8] 孙绍振. 文学文本解读 [M]. 北京大学出版社，2015.

[9] 王荣生. 阅读教学设计的要诀——王荣生给语文老师的建议 [M]. 北京：中国轻工业出版社，2014.

[10] 王荣生. 语文教学内容重构 [M]. 上海：上海教育出版社，2007.

[11] 王荣生. 小说教学教什么 [M]. 上海：华东师范大学出版社，2015.

[12] 王尚文. 语感论 [M]. 上海：上海教育出版社，2006.

[13] 徐葆耕. 西方文学：心灵的历史 [M]. 清华大学出版社，2002.

[14] 徐曙玉. 20世纪西方现代主义文学 [M]. 天津：百花文艺出版社，2001.

[15] 杨国华. 现代派文学概说 [M]. 上海：华东师范大学出版社，1988.

[16] 袁可嘉等. 欧美现代派文学概论 [M]. 上海：上海文艺出版社，1993.

[17] 钟启泉. 课程与教学论 [M]. 上海：华东师范大学出版社，2008.

[18][美] 彼得·福克纳. 现代主义 [M]. 昆仑出版社，1986.

[19][英] 福斯特. 小说面面观 [M]. 广州：花城出版社，1981.

[20][英] 戴维·洛奇. 小说的艺术 [M]. 上海：上海译文出版社，2010.

二、学位论文类

[1] 后慧玲. 高中语文《外国小说欣赏》教学方法研究 [D]. 华中师范大学，

2017.

[2]乐晓峰.论《变形记》中的生存意识——中学语文中20世纪西方现代派文学教学[D].华中师范大学,2003.

[3]李月花.高中外国文学作品阅读教学研究[D].天津师范大学,2011.

[4]渠欣.审美与审丑的换位——中学语文课程中现代派文学作品解读方式初探[D].首都师范大学,2011.

[5]史梦云.多元文化视野下《外国小说欣赏》教材探析[D].湖南师范大学,2016.

[6]田梦丽.试论西方现代派小说教学与中学生人文精神建构[D].华中师范大学,2012.

[7]温馨.高中语文必修教材外国文学作品选编的比较研究[D].华中师范大学,2016.

[8]吴俊.高中语文现代派小说的选编与教学初探[D].福建师范大学,2009.

[9]徐雅帆.中学语文西方现代派作品解读方法研究——以《百年孤独》为例[D].华中师范大学,2006.

[10]杨爱国.高中语文现代派文学教学初探[D].河北师范大学,2006.

[11]赵青青.高中语文外国小说教学现状及对策研究[D].南京师范大学,2017.

[12]周和军.论西方现代派小说的模糊美[D].重庆师范大学,2005.

[13]周静.高中小说鉴赏教学研究[D].四川师范大学,2017.

[14]周薇.幽暗意识的穿越——论语文教育对"灰色真实"的把握兼及人文精神[D].华中师范大学,2010.

[15]周泽慧.高中语文现代派作品教学初探[D].华中师范大学,2008.

三、期刊类

[1]曹卫军,丁念保.中学语文课与西方现代派文学[J].甘肃教育,2004,12:23-24.

[2]程永超.外国小说教学内容选择与确定[J].语文建设,2016,22:32-35.

[3]褚树荣.确定《外国小说欣赏》教学内容的几个维度[J].语文学习,2012,4:59-62.

[4]邓彤.让人性的光辉照耀课堂——《变形记》教学退思录[J].中学语文教学,2003,10:29-30.

[5]黄荣华.中学语文:不能拒绝"现代主义"[J].中学语文教学参考,

2006，9：17-18.

[6] 蒋承永，曾繁亭."实验"观念与"先锋"姿态——从"实验小说"到"现代主义"[J].外国文学研究，2018，1：61-77.

[7] 李海林.文学作品阅读教学思路[J].语文学习，2010，6：21-24.

[8] 李海林.走向后现代的语文课程与教学[J].新语文学习（教师版），2005，4：28-32.

[9] 李节.外国现代主义小说的阅读与教学——北京大学中文系教授、博士生导师吴晓东访谈[J].语文建设，2009，1：4-8.

[10] 刘洪涛.中学外国文学教学现状研究[J].北京师范大学学报（人文社会科学版），2001，1：135-141.

[11] 刘锡诚.1982："现代派"风波[J].南方文坛，2014，1：96-103.

[12] 倪文尖，朱羽.重塑小说观构建新图式——《现代小说阅读》编写札记之一[J].语文学习，2005，3：14-19.

[13] 任富强.从写实主义到现代主义——以《变形记》的教学为例[J].中学语文教学，2005，6：33-35.

[14] 师彩霞.论《变形记》创作的不确定性特征[J].河北北方学院学报，2007，4：12-17.

[15] 王相东.高中语文教材中外国文学作品的有效教学路径浅探——以《变形记》教学为例[J].喀什师范学院学报，2015，3：110-112.

[16] 王雅华.西方文学中现实主义的含义及其嬗变[J].国外文学，2018，1：9-17.

[17] 吴俊.文学作品中的"荒诞"——以中学语文课文为例[J].安顺学院学报，2007，2：30-33.

[18] 夏芳旦.小说欣赏中的"摇摆"与延迟[J].语文建设，2012，9：53-55.

[19] 叶红珠，徐朝晖.外国现代派文学作品教学对教师文学素养的要求[J].语文教学之友，2005，8：7-9.

[20] 朱于新.《外国小说欣赏》选修课：专题探究提实效——以《礼拜二午睡时刻》为例[J].现代语文（学术综合版），2013，7：133-137.

四、教材及其他

[1] 人民教育出版社.普通高中课程标准实验教科书：语文必修3[Z].人民教育出版社，2007.

[2] 人民教育出版社.普通高中课程标准实验教科书：语文选修外国小说

[Z]. 人民教育出版社，2007.

[3] 人民教育出版社. 普通高中语文课程标准实验教科书：语文读本③生命进行曲[Z]. 人民教育出版社，2007.

[4] 人民教育出版社. 普通高中语文课程标准实验教科书：语文读本⑤珍贵的尘土[Z]. 人民教育出版社，2007.

[5] 中华人民共和国教育部制定. 普通高中语文课程标准（2017年版）[S]. 人民教育出版社，2018.

附 录

附录1：高中生现代派小说学习现状调查问卷

亲爱的同学们：您好！我是黔南民族师范学院的学生，为了更好地了解同学们现代派小说的学习现状，特地展开此次调查。此问卷以高中生为调查对象，请根据您的真实情况填写，勾选一个答案即可。调查问卷采取不记名形式，不会泄露您的个人信息，所得结果仅用于教学研究且严格保密，谢谢您的参与！

1. 你知道"现代派"这一概念吗？
○不了解
○大概了解
○比较了解

2. 你喜欢阅读这些现代派小说吗？
○不喜欢
○一般
○喜欢

3. 考试中基本不会出现代派小说的阅读题，那我们还有必要学习现代派小说吗？
○没必要
○可以学几篇
○全部学

4. 对于这些出现在教材中的现代小说篇目，你熟悉几篇？
○1-2篇

○ 3-4 篇
○ 5 篇以上

5. 你有意识到《老人与海》不同于其他传统小说吗？
○ 没有
○ 有一点
○ 完全有

6. 教师对现代派小说的教学和传统小说的教学有差异吗？
○ 没有
○ 有一点
○ 非常有

7. 你觉得阅读现代派小说最大的难点在哪儿？
○ 篇幅太长
○ 枯燥乏味
○ 难以理解

8. 你觉得现代派小说的学习方法应该是怎么样的？
○ 自学
○ 教师引导学习
○ 小组合作学习

9. 在老师教学完之后，你会怎么做？
○ 不再接触
○ 会进行一些反思
○ 会寻找相关书籍去了解

10. 你认为学习现代派小说，我们要实现怎样的目标？
○ 了解这篇课文就可以
○ 对这一类文章有所了解
○ 对现代派文学有较清楚的认知

附录2：《老人与海》教学设计

教学目标：
1. 了解海明威的生平和文学功绩，认识作者的创作风格。
2. 掌握内心独白对人物形象塑造的作用。
3. 利用情景体验法，让学生深入主人公的内心世界，学习主人公桑地亚哥永不服输的顽强精神。

教学重点：结合具体小说情节，通过老人的内心独白去解读其硬汉形象。

教学难点：理解桑地亚哥这一形象的象征意义，并能汲取其精神指导自己的学习生活。

教学课时：一课时

教学方法：情景体验法、合作讨论法、探究法

教学过程：

一、导入

播放动画片《老人与海》，通过观看老人与鲨鱼搏斗的精彩片段（时长4分钟）引起学生情感的共鸣，带领学生走入今天所学习的课文——《老人与海》。

二、自读检测

（一）走近海明威

明确：要求学生结合课下搜集的资料对海明威进行简单的介绍

教师补充：海明威中学毕业后在堪萨斯州《星报》当过六个月的见习记者。不久，他投身于第一次世界大战志愿在意大利红十字会车队的司机。1918年7月他在意大利受了重伤，康复后重操旧业，作为报刊记者长住巴黎。他去过很多战后混乱不堪的欧洲国家，用笔记录下一切。他目击了帝国主义给人类造成的空前浩劫，可又对此感到束手无措，对人类前途丧失信心。

他的作品以其特点可分为前后两个时期。前期以《太阳照常升起》《永别了，武器》为代表，主要表现的是一战后西方青年一代迷惘、颓唐的精神状态。后期的作品《丧钟为谁而鸣》《老人与海》等，主人公大都是具有坚韧不屈精神的硬汉形象，尤以《老人与海》中的桑地亚哥最为典型。海明威也因此被称为是美利坚民族的精神丰碑。

（二）简介《老人与海》的故事

明确：要求学生提前对《老人与海》进行整本书阅读，并在课上概述整篇小说的内容，重点突出节选部分的内容。

三、走近文本，合作学习

（一）小说内容梳理

1.浏览全文，从大马林鱼和鲨鱼两个方面填写下列表格：

	第一次	第二次	第三次	第四次	第五次
袭击者					
数目					

续表

	第一次	第二次	第三次	第四次	第五次
老人战斗武器					
结果					

明确：填写表格是为了让学生进一步梳理文章内容，对小说中的人物、动物和相关故事情节有准确的把握。

2.角色代入：如果你是老人，每一次战斗时你的心里是怎么想的？

明确：学生自由发言说出自己内心的真实感受，体会老人精神的可贵。

（二）人物形象分析

1.你认为桑地亚哥是个怎样的形象？

明确：勇敢无畏、充满智慧；豁达乐观、坚强执着；永不屈服、永不放弃。学生在回答这个问题时，要以具体情节的分析作为依据。

2.五次过招，杀死数鲨，活着归来，老人凭借什么？

明确：坚强的意志、高贵的自信和永不言败的生命准则。

（三）小说写作形式分析

1.文章是如何刻画桑地亚哥这一人物形象的？

明确：语言描写、动作描写、心理描写等正面描写和侧面描写。教师在学生回答这个问题时，要引导学生联系文本，用文本说话，并简要分析哪些语句表现出人物什么样特点，以及这些描写有什么作用。

教师补充：这里的语言描写属于内心独白，内心独白即用第一人称的口吻进行的心理描写。这一描写更能突出人物的内心世界，进而更有效地表现人物性格。本文的主人公桑地亚哥就有很多内心独白，给读者表现了人物最真实的一面。

2.鉴赏文中内心独白（启发学生关注那些能够表现桑地亚哥内心矛盾甚至有些消极的语句）

（1）"想点开心的事吧，老家伙。""你想得太多啦，老头儿""但是，只要我有桨，有短棍，有舵把，我就一定要想办法去揍死它们。""我要跟它们斗到死。""然后把你的手弄好，因为还有麻烦的事儿还没有来到呢。"

（2）"这也许是一场梦""这要是一场梦多好，但愿我没有钓到这条鱼，独自躺在床上的报纸上面""但愿这真是一场梦。"

（3）"可是一个人并不是生来要给打败的"，"你尽可把他消灭掉，可就是打不败他"

3. 鉴赏本文的哲理和象征意味

这篇文章仅仅是在说一个渔夫和鲨鱼搏斗的故事吗？联系前面的背景知识和你自己的生活经验，它能让你想到什么，这些反复出现的事物象征着什么？

明确：桑地亚哥勇猛果敢、坚韧不拔、不屈不挠、毫不畏惧灾难与死亡，是"硬汉"形象代表，向我们诠释了"虽败犹荣"这个成语的含义；大马林鱼象征人的理想、最高境界；鲨鱼象征与人对立的邪恶势力；大海象征着神秘莫测的命运。它们体现了人与自然既对立又和谐的统一关系。

四、合作探究

从老人与第一条鲨鱼搏斗丢失 40 磅鱼肉开始，厄运接连向他袭来，他清楚地知道将大马林鱼带回去几乎是不可能的事。大马林鱼渐渐支离破碎，老人也受伤流血，体力透支。最后大马林鱼只剩下残骸，老人只得"失败"而归。但他在每一次搏斗中都拼尽全力，满怀自信。他这样做有意义吗？

明确：请大家就此展开讨论，说说自己的看法。

【评析】本教学设计将教学内容与教学策略进行合理编排。第一部分是导入。通过播放影片，以情境体验法将学生带入文章所创造的氛围中，激起他们情感共鸣，为课文的学习做好铺垫；第二部分是自学检测。运用知识介绍法让学生对作者海明威有所了解，为后面更深次理解作者情感、小说象征意打下基础；第三部分是走进文本，合作学习。首先，因为这篇文章篇幅较长，表格的填写可以让学生对小说内容加以梳理，把握小说发展节奏。内容梳理完成后，学生可以清楚意识到老人与鲨鱼搏斗的艰难。其次，老人的形象在梳理情节的过程中已初现端倪，此时让学生根据相关情节对人物形象加以概括，体会老人坚强的意志、高贵的自信和永不言败的生命准则。最后，教师带领学生探究老人这一硬汉形象是如何塑造出来的，这涉及对文章表现手法的分析。除动作描写外，文章中有许多语言描写，但这些语言是老人的自说自话，一段段内心独白直接表达老人内心的真实想法。而这篇小说塑造人物上的独特之处就是内心独白的运用，通过细读内心独白更能体会老人的硬汉精神。但这篇文章之所以成为经典，还在于其丰富的哲理意味和象征手法，这点可让学生结合前面背景知识加以探讨，实现从内容图式到形式图式的过渡。第三部分是合作探究。跳出文本之外，从现实角度去思考老人的行为，体会其精神的可贵。

总的来说，整个教学过程较为流畅，环环相扣。选择的主要教学内容为人物内心独白、象征这两个表现手法，并通过文本细读法和图式建立法加以落实。但本教学设计也有不足之处，对哲理意味和象征手法的分析较为仓促，还需仔细思考，进一步完善。